英大传媒 能源评论 Energy Review 特别出品

中国经济形势与能源发展报告 2010

China's Economic Situation and Energy Development Report 2010

中国电力出版社
www.cepp.com.cn

图书在版编目(CIP)数据

中国经济形势与能源发展报告. 2010/《中国经济形势与能源发展报告》编委会编. —北京：中国电力出版社，2010

ISBN 978-7-5123-0335-5

Ⅰ. ①中… Ⅱ. ①中… Ⅲ. ①经济发展—研究报告—中国—2010②能源经济—经济发展—研究报告—中国-2010 Ⅳ. ①F124②F426.2

中国版本图书馆CIP数据核字(2010)第070777号

中国电力出版社出版、发行

(北京三里河路6号 100044 http://www.cepp.com.cn)

北京丰源印刷厂印刷

各地新华书店经售

*

2010年5月第一版 2010年5月北京第一次印刷

787毫米×1092毫米 16开本 17.25印张 285千字

印数0001－5000册 定价 59.00 元（含光盘）

总　编　辑　　王海啸

执行总编辑　　宋　芃

主　　　编　　刘建冬　程洪瑾

编　　　辑　　牛秋梧　王　伟　张晓燕

　　　　　　　韩　伟　于　涛

市场化不够仍是中国能源发展的最大问题

茅于轼

在中国能源经济领域，最基本的问题仍然是用计划还是用市场的问题。

今天的一个社会弊病是，讲GDP不讲环境，大家吃得好、穿得好，然而环境却变糟糕了。想享受好环境，就得少享受好物质。所以，为了改善人类生活的环境，应该牺牲一点物质，中央提出要建设环境友好型的发展模式，就包含了这层意思。

现在，我们国家要改变增长方式，从高劳动消耗、高资源消耗、高环境污染的经济增长方式，转变成效率高而不是浪费高的经济增长方式，这个目标是很对的，问题是，我们该用什么手段实现这一目标?

今天，计划经济在包括能源行业的许多行业中依然大行其道。一些主管部门认为中央出台一个指标，各地方政府、各经济主体依照号令来施行就可以了，所以基本上还是采取行政办法。在市场经济条件下，这种做法很容易激发社会冲突。以提高能源效率为例，目前各地的做法是一刀切，直接关闭那些能源效率低的小企业，这样就产生了矛盾。这些企业都有明确的产权，拥有合法的工商登记，在还未出台相应法律规定的情况下出现法律情势变更，或用行政命令强行关闭这些小企业，无疑都是违法行为。

类似的例子还有很多，再以节能减排为例。前几年制定的“十一五”规划，规定2005年到2010年GDP单位能耗要降低20%。一些企业原本运营得不错，为了实现这个目标，却不得不更换生产设备。最后，节能的目标是达到了，企业却赔钱了。不少城市的节能减排都面临这样的情形。政府官员也感觉左右为难。再让企业赔钱节能，经济发展肯定会受到很大影响；但是，要完成上级安排下来的节能减排任务，除了淘汰落后设备似乎又没有别的办法。

良好的环境有利于每一个人的身体健康，所以，节能减排在一定程度上算是公共物品。让企业赔本为社会公共物品负完全责任，逻辑上显然存在问题。在这种情况下，节能不但没有用最经济的手段完成，有时甚至是用很浪费、很赔钱的方式去节能。这种情况也使计划和市场的紧张对立关系凸显了出来。

节能的办法有成百上千种，为什么我们只用某种或某几种而不用其他更多方法呢？答案在于，大部分节能方式都费钱。

我们都明白一个道理，除了毒品这样的非法物品，钱能买到一切商品。因此，钱是一个度量所有资源的尺度。钱代表总的资源量，包括能源、土地、资本、劳动，等等。费钱意味着这些节能的方法浪费了别的资源。为了节能，浪费了土地、 资金或其他资源，就如同我们国家现在采取的节能减排方式，这种做法最终都不利于社会发展。所以，从根本上讲，我们要做的不是节能，而是节钱。如果在当前的节能语境下，我们不得不面临一个不利的结果，那么毋宁直截了当地提节钱。

当然，提节钱现在也面临挑战。因为中国的能源价格整体偏低，价格低的背后就是使用中存在浪费，因为在能源价格太低的情况下，人们是在利用低能源省钱。从这点来说，中国面临的问题极其严重——我们首先面临能源浪费的问题，为了节能，我们采取的方式又浪费了其他资源。

该如何解决这个难题呢？答案是：把能源利用的外部成本变成私人成本，换言之，就是提高能源价格，或者增加能源税率。

发达国家都征收能源税，能源价格也很高。与之相比，中国的能源价格很低，能源税、资源税、污染治理收费也都非常低。在现实社会中，我们既不想加税又不敢加价，不但不加税加价，还对很多能源实行补贴，石油、民用电都是这样。这样做的后果就是同时违反了效率和公平原则。

原因何在？首先，按照价格规律，能源价格偏低，必然导致能源浪费，这自然是不效率的事情；其次，能源价格偏低对富人更有利，不利于收入分配的改善，因为富人比穷人耗能更多是人人皆知的事实，这种价格体制对富人的补贴要高于对穷人的补贴，这与公平原则相违背。

一个最明显的例子就是民用电价格。与俄罗斯一样，中国也对民用电实行补贴，民用电价格在全世界几乎是最低的，低于工业用电；而在其他国家和地区，民用电都比工业用电贵。汽油也是如此。大家都知道，香港开到内地的车会加满油再回去，因为内地的汽油便宜。我们的汽油差不多是全世界最便宜的，日本、澳大利亚、欧洲都比中国的石油价格高。穷人一个月才用几十度电，富人一个月却要用几百度电；是富人在开汽车而不是穷人在开汽车。我国的低油价、低电价政策既没有效率又没有公平，完全是个扭曲价格。

经济学里最基本的道理是价格决定资源配置，价格不动，资源配置的现状也不会改变。我们现在的状况是，一方面，能源价格被定得很低，另一方面，还要求节约它们，岂不是自相矛盾？想节约什么就应该提高它的价格。能源同样是受价格引导的，价格一提，很多节能措施就会紧随而上。而且，借助价格机制，大家不可能无限制节能，唯节能为上，而是会把握节能的合适尺度——不是所有的能源都要减少使用，而是不该用的不用，该用的还得要用。

人们一般认为能源价格上涨会损害现有的生活水平，这种想法没有错。但是，反过来考虑，在得到好环境的同时节省了资源，留着让子孙后代享用，是有所失有所得。当然，我们不能因此就走到另外一个极端，为了环保不要发展了。

那么，怎么平衡节能与发展之间的关系呢？还是通过价格平衡——提高能源价格，减少物资享受，提高环境享受。如果让公众明了这一点，他们就不大会做出过激举动，而有关提高能源价格可能会引发社会不满的判断也就站不住脚了。

那么，又如何判断该用何种节能方式呢？关键看这种节能方式是节钱了还是费钱了。既节能又节钱的，最值得提倡；节能而不费钱的，也可以推行；节能但费钱的，由于浪费了别的资源，就不应该采纳，理由再简单不过：我们的目的是要节约所有的资源，节能，更要节钱。

在这方面，挪威是做得比较好的一个范例。挪威水资源丰富，电力构成百分之八九十都是水电。以前，其水电价格特别便宜。不过，待它发现国内电价很低，而国际电价很高后，就开始慢慢把国内电价提高到与国际电价相当的水平。虽然当时挪威国内的反对声音非常强烈，认为涨电价对国内生产和生活不好，但是，挪威的政府和电力企业态度很明确——电是可交换的，挪威的电可以输出到其他北欧国家，获得的收入高于电价上升给国内增加的生产和生活成本。

与挪威相比，俄罗斯、沙特阿拉伯、伊拉克、埃及等很多石油输出国做得就不好。埃及的石油比矿泉水还便宜。埃及是缺水的国家，如果国内石油价格跟国际价格接轨，石油换回的外汇就可以从国外买到更多更便宜的水，但是，它没有这样做。这些石油出口国国内油价偏低造成了巨大浪费，归根结底是因为不懂价格理论。

我在《择优分配原理——经济学和它的数理基础》中讲到过，价格是信息的传递，统一的、不扭曲的价格表明一种商品实现了最好的社会经济效益状态。所以，可交换的东西，当然也包括石油、电力，在全世界都应该有一个统一的市场价格，这样才能效率最高。不仅是中国，全球的所有能源价差现象都是能源效率提高的巨大潜力所在。把节约钱的理念贯彻到节约能源的过程中，可以节省几十亿、几百亿美元的能源。

在节能方面，定价可以解决绝大多数问题，可是，像能源的外部性定价这样的问题就比较难解决。例如，污染的定价就非常复杂。在北京的污染与在沙漠里的污染价格就不应该一样，因为在沙漠里的污染不会影响到任何人，但是在北京，污染的影响就非常大了。

污染程度不一样，在价格上表现出来也有所不同。从医疗成本支付的角度，稍微有点污染，对人危害不大；但如果污染很严重，造成癌症或者其他疑难病症，污染的价格就非常昂贵了。

我们不妨参考发达国家的做法，看看它们是怎么解决这个问题的。国内的相关信息应该有很多，关键在于愿意不愿意选择市场化路径。这个老大难问题不解决，就永远是中国能源发展道路上的主要障碍。

由此可见，中国的能源经济要想取得突破，脉络非常清晰：第一，先把能源的价格问题解决了；第二，通过钱来调整能源和其他资源的比重关系。这些问题都属于市场问题。

在当今的中国能源经济领域，需要多种不同声音彼此碰撞，让听者自由判断哪些是对的，哪些是错的，唯有如此，才能够探索出最适合中国的能源发展之路。

《能源评论》有志于将自己打造成一个百花齐放、百家争鸣的平台，不但正在凝聚各方资源，试图成为中国能源领域的舆论喉舌，并且打算每年都推出一本名为《中国经济形势与能源发展报告》的专辑，来介绍中国能源发展与中国经济发展态势之间的关系，以及在这种背景下中国能源发展取得的成就以及面临的难题，这对促进我们国家能源经济的发展来说，无疑是件好事情。

为此，我非常高兴把以上自己对中国能源发展的几点看法作为《中国经济形势与能源发展报告2010》一书的序言，并且祝愿《能源评论》越办越好！

2010年4月

徘徊与突破

2009年12月15日，在中国企业家论坛北大光华CEO研讨会上，著名地产企业家王石对当时在座的中国企业家说："我的灵魂还在徘徊。"

对于政府和企业之间的关系，中国企业家群体的定位，以及自己与所在的万科的未来，王石坦言自己充满困惑。他从新教伦理中找到了西方企业家的精神源泉，可是，沿循中国历代商人的沉浮轨迹，探究中国文化，他却发现不了支撑自己和中国企业永续发展的动力所在。

何止是王石，以这样的逻辑来审视，中国经济和中国能源始终是在艰苦徘徊中顽强前行。

仔细观察可以发现，计划经济的观念还左右着相当一部分政策的制定，总有人喜欢用资本主义、社会主义的简单二分法来分析社会经济问题，改革开放"进两步退一步"的现象在相当多领域"循环播放"。关于国企与民企的互动，政府与企业的分野，民生与社会福利的异同，产权和自由的对垒，私利在公权力中的作用和位置等，决策者、研究者、公众抑或官员，还时常处于莫衷一是的状态。

在这样的背景下，中国的能源发展也随之陷入尴尬境地。

一方面，由于历史原因，在我国重工业体系中，位置甚为重要的能源企业一直是新中国工业的“基石”，因而刚开始就走着“国家主导”的道路；另一方面，能源安全确实事关国计民生，即使在发达国家，也少有能源企业能完全摆脱国家意志“独自成长”。所以，现在，中国的能源企业大多是超大型国有企业。

但根据制度经济学研究达成的共识，超大型企业和国有企业是所有权缺位、委托人对代理人的监督最无效率的组织。没有人能够分辨出中国能源发展的引擎者动机和掌舵者动机、企业利益和国家利益、企业领导者利益和企业利益之间的区别，也没办法保证中国能源发展的一致性和有效性。中国能源企业是否有异常缜密的制度设计保证不陷入同样的泥沼？

中国迄今没有真正的能源发展战略，追根溯源，或在此处。

也正是由于这样的原因，能源领域成为产生社会话题的“高地”，也成为社会关注的焦点。例如，如何让能源是稀缺商品的概念深入人心；如何让能源摆脱单方面为经济发展提供动力的被动处境；如何平衡海外能源供应和能源安全的关系；新能源对中国能源到底意味着什么，什么样的氛围才能使它最终可以缓解中国能源供给面的压力；在能源界谋求“海外拓疆”时，能源怎样才能不是中国参与国际政治经济新秩序重建的障碍而是巧妙的推手？

所以，我们也可以说，中国经济和中国能源，像王石一样，“灵魂还在徘徊”。

于国于民而言，这绝非好事，因为，稳定的预期是个体做出有利于社会的长期决策的前提，而这样的个体决策才是一个社会持续健康发展的基础。

对于处于转型中的中国，求全责备显然有失公允。当不知道对错，没办法决定“向左还是向右”的时候，往往也是当事者力图破除迷局、酝酿新突破的时机所在。

在媒体来看，这样的时刻，无疑是“最好的时刻”——观望者每天都有新发现，炒作者每天都有新议题，理智者每天都有用来修正自己理念的例证或者反证。

幸运的是，《能源评论》杂志在这样的“好时候”直接面对和记录了中国能源经济发展的珍贵片段。

《能源评论》不做观望者，不做炒作者，而是寻求成为中国能源媒体之林中充满责任感的担当者。它主张“观点改变世界”，立志通过集中呈现从全局高度对能源领域展开的权威分析和趋势解读，为思想者提供意见和言论的发表平台，为能源行业及相关领域高端读者提供理性见解，为推动中国能源安全及能源产业健康发展服务。

面对挑战，我们到底做得如何，不敢妄自评论。可是，所有的同仁都把《能源评论》杂志创刊以来，政府主管部门、能源产业链上下游各方及相关研究机构的关注与好评，当作对自己工作提出的更高要求，不断提升《能源评论》办刊水平，争取为读者提供更多的服务，为中国能源发展作出更大的贡献。正是在这种背景下，我们推出了《中国经济形势与能源发展报告2010》。

作为有追求的媒体，在尽可能把对2010年中国经济形势和能源发展最有影响力的见地收集到这本书之后，我们希望，这本书能够成为《能源评论》发展的一面镜子，成为《能源评论》杂志的一个品牌，成为每一年度甚至更长时期中国经济形势和能源发展的风向标。它是我们前一阶段与作者和被访者共同努力的“成绩单”，也是我们与他们共同迈向未来的新起点。

本书共分为经济篇、煤炭篇、电力篇、油气篇、新能源篇、气候变化篇等六篇及附录，其文章均选自相关领域权威人物的报告或者文章，我们试图以这种方式勾勒出2010年中国能源发展所依托的经济环境以及中国能源的发展概况。其中，有些在社会上产生了非常重要的影响，例如，国家发展和改革委员会副主任、国家能源局局长张国宝先生的《转变生产方式　调整能源结构　为促进经济平稳较快发展提供能源保障》，天则经济研究所理事长茅于轼先生的《全球碳减排亟须“道德”》，财政部财政科学研究所《碳税》课题组苏明先生、傅志华先生、许文先生等人一起合作的《我国开征碳税问题研究》，中国科学院广州地球化学研究所研究员匡耀求先生的《“寒带南移”、“南旱北涝”或现中国》等文章。

我们将每年推出这样的一本报告，形成《中国经济形势与能源发展报告》系列，若干年后，通过这个系列，读者能够清楚地看到中国经济与中国能源的演进脉络。

当然，由于时间仓促，水平所限，书中难免存在粗糙和疏漏之处，还请读者多提宝贵意见，以使2011年的报告在面世之际，相对本书有更大进步。

企盼大家喜欢“它”以及接下来的“它们”。

《能源评论》编辑部

2010年4月

目　录

经济篇

煤炭篇

目 录

电力篇

油气篇

目 录

新能源篇

气候变化篇

附　录

2010年，全球范围内，各国的宏观经济政策博弈，到底会促使全球经济真正实现复苏还是会导致其再次探底，决定着世界能源市场最终将供大于求，还是依旧供给紧张。考虑到能源市场的国际化色彩浓重，即使中国的能源价格体系依然没有放开。中国能源供需变化也将基本和世界能源市场保持基本相同的步调，如果说有不一致的地方的话，那也是中国经济“高歌猛进”的势头所致。

但是，诸多权威专家对中国2010年经济走势保持谨慎乐观态度。对中国而言，探讨如何保持经济持续增长，要比为“率先复苏”而盲目乐观，显得更有必要、更有意义。对中国能源经济而言，在战略层面探讨如何更有效率地为中国经济发展提供支持，要比只局限在个体利益、国内能源资源利用的层面来摆布中国能源经济的棋局，显得更为迫切、更有力量。

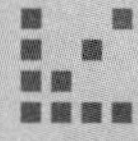

经济篇

2009年宏观经济运行分析及2010年发展预测

北京天则经济研究所学术委员会主席　张曙光
中国政法大学　张弛

面对国际金融危机的冲击，中国经济波澜不惊。2009年一季度降至低点，以后逐季回升，率先复苏，全年GDP增长8.7%，成功保八。目前通胀预期增大，资产泡沫膨胀，经济结构恶化。只有抓紧改革和调整，才有可能化解风险，实现持续增长。

总量态势

1. 经济增长超过预期

2009年，国内生产总值335353亿元，按可比价格计算，比上年增长8.7%，增速比上年回落0.9个百分点。分季度看，四个季度依次增长6.2%、7.9%、9.1%和10.7%。分产业看，第一产业增加值35477亿元，增长4.2%；第二产业增加值156958亿元，增长9.5%；第三产业增加值142918亿元，增长8.9%。

2003～2009年GDP及规模以上工业增加值单季同比增长率见图1。2009年全年规模以上工业增加值比上年增长11.0%，增速比上年回落1.9个百分点。四个季度分别增长

5.1%、9.1%、12.4%、18.0%。分经济类型看，国有及国有控股企业增长6.9%；集体企业增长10.2%；股份制企业增长13.3%；外商及港澳台投资企业增长6.2%。分轻重工业看，重工业增长11.5%，轻工业增长9.7%。分地区看，东、中、西部地区分别增长9.7%、12.1%、15.5%。工业产销衔接状况良好，全年规模以上工业企业产销率达到97.67%。

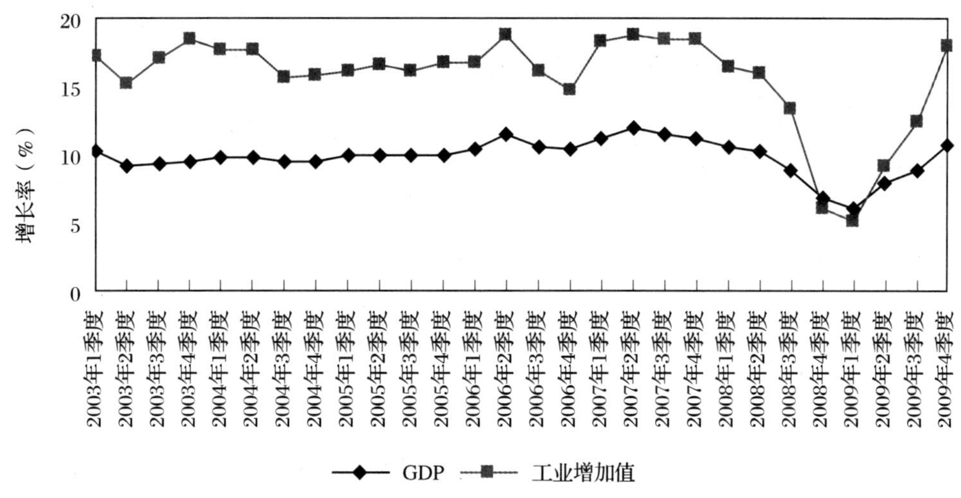

图1　2003~2009年GDP及规模以上工业增加值单季同比增长率

2. 消费价格年底转降为升

全年居民消费价格比上年下降0.7%。其中，城市下降0.9%，农村下降0.3%；前10个月下降，11月由负转正，后两个月分别上涨0.6%和1.9%。分类别看，八大类商品价格四涨四落：烟酒及用品上涨1.5%，医疗保健和个人用品上涨1.2%，食品上涨0.7%，家庭设备用品及维修服务上涨0.2%；居住下降3.6%，交通和通信下降2.4%，衣着下降2.0%，娱乐教育文化用品及服务下降0.7%。全年工业品出厂价格下降5.4%（12月由负转正，上涨1.7%）；原材料、燃料、动力购进价格下降7.9%；商品零售价格下降1.2%。

3. 就业形势比较稳定

2009年，就业完成全年任务，城镇就业增加910万人，年末农村外出务工劳动力1.49亿人，比上季度末增加170万人。据全国工商系统统计，个体私营经济领域实现就业、再就业72.69万人。

4. 外汇储备继续增长

12月末，国家外汇储备余额为23992亿美元，同比增长23.28%。全年外汇储备增加

4531亿美元，同比增加353亿美元。其中12月增加104亿美元。12月末，人民币汇率为1美元兑6.8282元人民币。

因素与结构

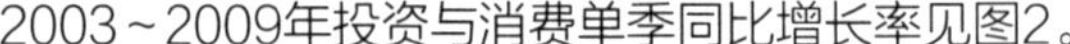

1. 固定资产投资快速增长　消费品零售额增长稳定

2009年全社会固定资产投资224846亿元，比上年增长30.1%，增速加快4.6个百分点。其中，城镇投资194139亿元，增长30.5%，加快4.4个百分点；农村投资30707亿元，增长27.5%，加快6.0个百分点。城镇中三次产业投资分别增长49.9%、26.8%、33.0%。东、中、西三大地区投资分别增长23.9%、36.0%、35.0%。基础设施（扣除电力）投资41913亿元，增长44.3%，其中，铁路运输业增长67.5%，道路运输业增长40.1%，城市公共交通业增长59.7%。居民服务和其他服务业投资增长61.8%，教育投资增长37.2%，卫生、社会保障和社会福利业投资增长58.5%。房地产开发投资36232亿元，增长16.1%。

2009年社会消费品零售总额125343亿元，比上年增长15.5%；扣除价格因素，实际增长16.9%，增速比上年同期加快2.1个百分点。

2003~2009年投资与消费单季同比增长率见图2。

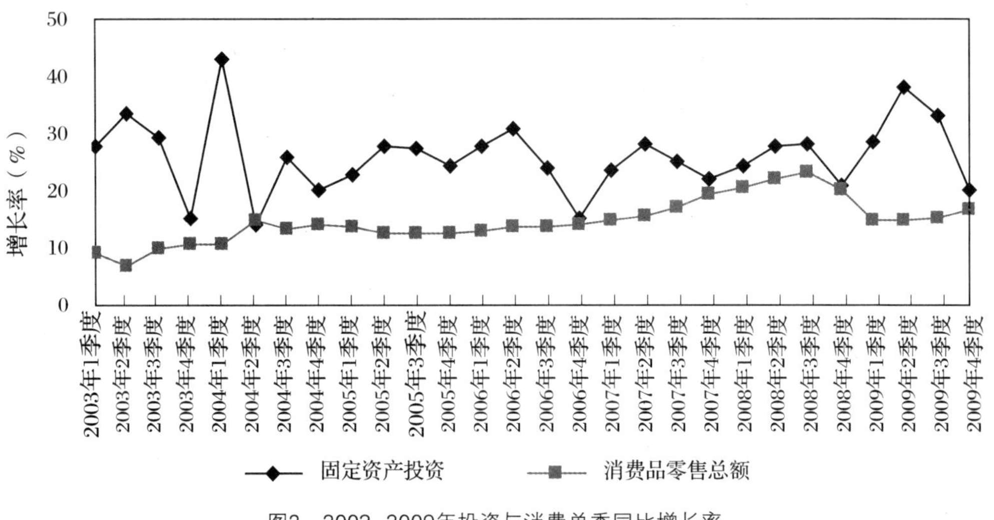

图2　2003~2009年投资与消费单季同比增长率

2. 进出口增长明显下降　利用外资五个月增长

2009年全年进出口总额22073亿美元，比上年下降13.9%。11月进出口总额同比涨幅由负转正，当月增长9.8%，12月增长32.7%。全年出口12017亿美元，下降16.0%；进口10056亿美元，下降11.2%。进出口相抵，贸易顺差1961亿美元，比上年减少994亿美元。

2003～2009年进出口单季增长率与贸易顺差单季值见图3。

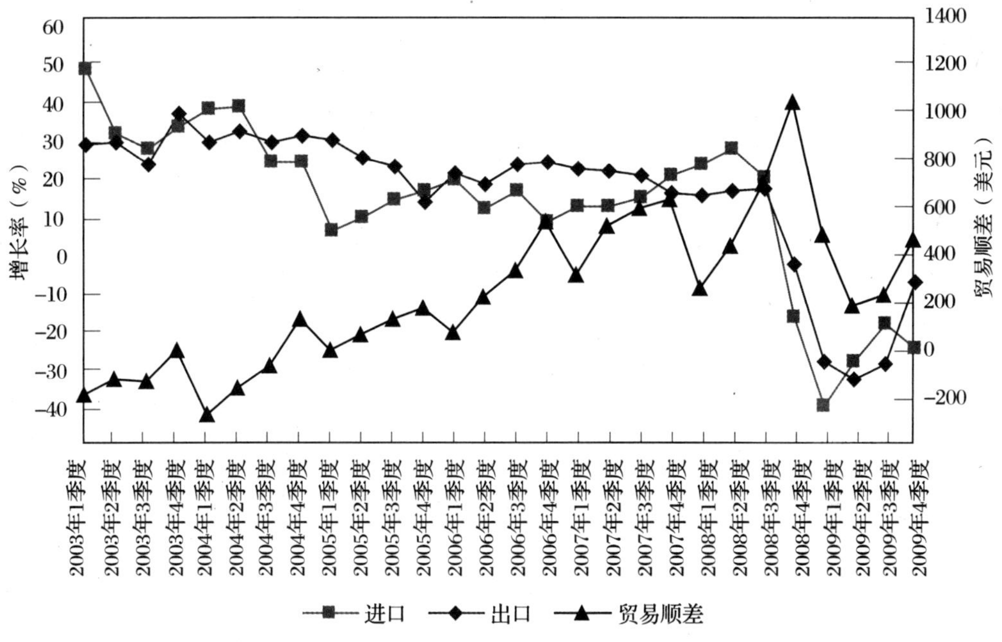

图3　2003~2009年进出口单季增长率与贸易顺差单季值

2009年，批准设立外商投资企业23435家，实际利用外资900.3亿美元，同比分别下降14.8%和2.6%。从8月开始，实际利用外资连续五个月实现正增长，其中12月达121.4亿美元，增长103.1%。

3. 税收收入逐步回升　工业利润增长加快

4月以后，税收收入呈逐步回升态势。1～11月累计，全国财政收入63393.1亿元，同比增加5324.89亿元，增长9.2%，完成预算的95.7%。其中，中央本级收入34064.89亿元，同比增长6.7%；地方收入29328.21亿元，同比增长12.1%。税收收入55687.26亿元，同比增长7.1%，其中，国内增值税同比增长0.3%，国内消费税同比增长86.7%（剔除成品油税费改革和卷烟消费税调整的增收因素后增长7%左右），营业税同比增长16.8%，企业所得税同比增长3.6%，个人所得税同比增长5.3%，进口货物增值税、消费税同比下降2.1%，关税同比下降21.5%，证券交易印花税同比下降52.6%，车辆购置税同比增长11.7%，外贸出口退税同比增长9.8%（相应减少财政收入）。

1～11月，全国规模以上工业企业实现利润25891亿元，同比增长7.8%，同比加快2.9个百分点。在39个工业大类中，30个行业利润同比增长。

4. 货币供应快速增加　新增贷款数量巨大

2009年12月末，广义货币供应量（M2）余额为60.62万亿元，同比增长27.68%，增幅比上年末高9.86个百分点；狭义货币供应量（M1）余额为22万亿元，同比增长32.35%，增幅比上年末高23.29个百分点；货币流通量（M0）余额为3.82万亿元，同比增长11.77%。全年累计净投放现金4027亿元，同比少投放71亿元。12月末，金融机构人民币各项贷款余额39.97万亿元，同比增长31.74%，新增贷款9.59万亿元，比上年几乎翻番；金融机构人民币各项存款余额为59.77万亿元，同比增长28.21%。

5. 股市大幅上涨　四季度振荡加剧

2009年，股市在反复震荡中上升，从年初的1820点上升到年末的3350点，上涨了80%。进入四季度，受货币政策退出的预期和密集IPO的影响，A股振荡加剧。上证综指在2750～3350点之间展开振荡。随着我国经济的强力复苏，极度刺激政策的负面影响开始显现，通货膨胀预期开始抬头，资产价格泡沫也引发担忧。从目前宏观经济形势来看，货币政策收紧只是一个时间的问题，股市将再次承受压力。

2010年1月22日上证指数日K线图见图4。

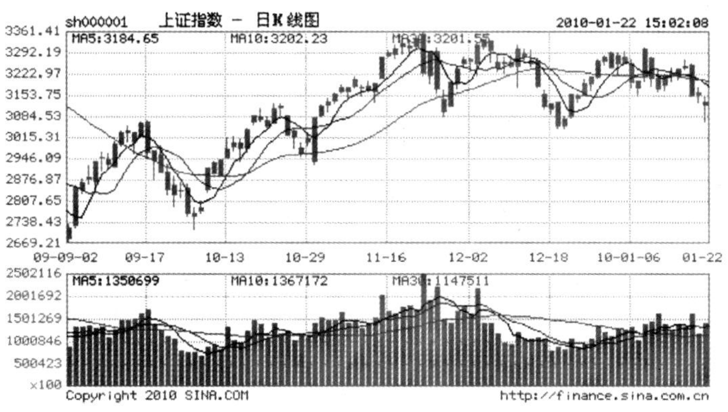

图4　2010年1月22日上证指数日K线图

政策效应

1. 总体态势

在国际金融危机的冲击面前，中国的经济运行波澜不惊。2009年一季度跌入谷底，增长率降至6.1%，从二季度开始触底回升，三季度增长加快，率先复苏。全年GDP总量335353亿元，增长8.7%，不仅完成了政府年初设定的目标，而且大大超过了人们的普遍预期，也为稳定世界经济作出了重要贡献。

从经济增长的三大需求动力来看，净出口的贡献度是－19.6%，相当于－1.7个百分点。投资贡献大约6个百分点左右，消费的贡献在4个多百分点。经济增长主要依靠投资拉动的特征依然相当明显。

为了实现保增长的目标，政府采取了扩张性财政政策和宽松的货币政策，不仅增加了4万亿元的投资，而且增发了9.59万亿元的贷款。这既是必要的，也是带来风险的原因之一。由于把短期的保增长放在首要地位，忽视了经济发展中的一些根本性问题，出现了体制倒退和结构恶化。国进民退的潮流汹涌，民营经济的生存环境进一步恶化，权力资本逐渐形成；产能过剩和长线部门的继续扩张并存，收入不公日益严重，社会冲突频发；通货膨胀预期压力加剧，资产泡沫膨胀。总之，经济运行的风险呈现集中和加剧之势。

面对目前的经济形势，政府提出“保增长、调结构、稳定通货膨胀预期”的政策方针，应当说是一个正确的选择。如果在操作次序上做出调整，变成“调结构、稳预期、保增长”也许更好。更为重要的是，要关注经济的长期发展。

2. 关注通货膨胀预期和资产泡沫

总体来看，2009年的物价仍然处于下行状态，CPI下降0.7%，工业品出厂价格下降5.4%，但分别从11月和12月由负转正。问题不在于当前的价格水平，而在未来的价格预期和走势。2009年粮食实现连续六年丰收，而食品价格在CPI中占有30%的权重，现在，很多人预测2010年的价格水平处于3%左右的温和上涨区间。这可能有一定道理，特别是还存在着产能过剩的问题，2010年的通货膨胀率不会太高。但是，由于货币供应和贷款投放的迅速增加，汇率升值压力的加大，对于通货膨胀预期则不能掉以轻心。因为存在着预期实现的条件。

2009年12月，M2达60.62万亿，增长27.68%，M1的增速达到了32.35%；人民币贷款余额39.97万亿，增长31.74%，分别比上年末加快9.76和13.01个百分点，全年新增贷款9.59万亿元，其中以房贷为主的居民中长期贷款增加2.46万亿；外汇储备增加4531亿美元，扣除贸易顺差和引进外资，还有1670多亿美元来源不明，可以视同热钱。这些都是增加流动性的因素。虽然央行通过公开市场操作收回了一部分流动性，但是流动性过多的压力仍然是经济运行中的一个问题。过多的流动性不是流向实体经济，造成投资过旺，就是流向资产市场，造成资产价格上涨过快。其实，两方面的问题都存在。固定资产投资增长了30.1%，几乎相当于经济增长率的3倍半，房价上涨了24%，地价上涨更快，上海的地价上涨了113%，地王频现就是最好的证明，说明房地产市场存在着不小的泡沫。据一些业内人士披露，现在的房地产市场，出现了同一座房屋不断地转手、不断地按揭、不断地贷款的现象，说明房地产市场的风险正在聚集。

不仅如此，最近出现了一种新的现象——概念泡沫。一些地方官员为了保增长，出政绩，做大GDP，于是先创造知识产业园、旅游岛之类的概念，然后搞一个机构，圈一块土地，编一个故事，再拿去向银行贷款，银行也因为权力干扰，放贷无误，而且是要多少给多少。于是大家争先恐后，如法炮制，乐此不疲。贷款一到手，有些人一下子就富了起来。至于事情如何做，贷款如何还，是没有人考虑的。这种制造“概念泡沫”的做法潜藏着巨大的风险。

由于2010年1月第一周银行贷款增加了6000多亿元，央行突然提高了存款准备金率0.5个百分点，同时调高了央票的利率。消息一出，市场反应强烈，当日股市下挫3%，亚洲和世界各国的股市也应声下跌。其实，这是一种收紧政策的措施，其操作是适当的，市场反应也是正常的。但是，为了平息市场的反应，央行又反复重申，此举旨在平衡贷款增长，不意味着改变适度宽松的货币政策。其实，政策效应不在于怎么讲，而在于怎么做。贷款的有序增长既取决于货币政策操作，也取决于银行的制度安排和运营。2009年贷款增长的大幅波动，就与这两个方面密切相关。也许制度安排和运行更为根本。

为了应对金融危机，人民币汇率基本上回到了盯住美元，然而，未来美元贬值趋势明显，而人民币升值预期和升值压力不断增大，汇率不仅是内外经济联系的杠杆，也是调节国内经济的重要手段。汇价低估、汇率机制不当，不仅会增大贸易摩擦、加剧外部经济关系紧张、恶化国际经济环境，而且会进一步扭曲国内经济结构、加剧资产泡沫和通胀预期，不利于宏观稳定和经济增长。因此，借2010年经济趋稳和向好之机，调整汇率和改革汇率形成机制，是一个重要的选择。

3. 消费增长及其结构

在2009年的经济运行中，社会消费的稳定增长是一个重要因素。全年社会消费品零售总额达12.5万亿元，比上年增长15.5%。对于保证经济稳定，实现保八目标起了重要作用。如果进一步分析一下消费增长的内部结构，那么，就不能过分乐观。根据有关资料显示，2009年我国新房销售4.4万亿元，二手房销售2.5万亿元，全年成交量9.4亿平方米，房屋均价4695元/平方米，均创历史最高水平。国产汽车产销量双双超过1350万辆，销量全球第一，每辆汽车平均13万元，全部销售收入计1.774万亿元。房车两项合计近8.67万亿元，相当于全年社会消费品零售额的69%。不能不承认，这种情况是相当惊人的。

有人说，我国的消费热点已经转向住房和汽车消费，这种增长情况没有什么不正常的地方。消费结构转型升级的确不假，住房和汽车成为消费热点也是事实。但这种长法背后也有问题。既然住房销售有这么大的增长，按说，住房的紧张状况应当有所改善，但事实是，由于房价的过快上涨，住房紧张不仅没有缓解，反而加剧了。于是，形成了人人谈房子，天天谈房子，有关房子的问题成了各种媒体的重要新闻和热门话题。与此形成鲜明对照的是汽车，由于汽车降价，再加上政府减税优惠，人们并未感受到它的问题。其实，汽车的问题不在汽车本身，而主要是道路问题、拥挤问题、汽油问题和环境污染问题。随着公共交通的迅速发展和用车成本的上升，汽车保有量的增加与日常使用的减少有可能同时发生，虽然公车的使用有可能增加，但私车的使用有可能集中于自驾旅游、接送客人和紧急事务。

衣、食、住、用、行是人类的五大消费行为和消费活动，但是，住房问题并不是一个单纯的消费问题，它也是投资的对象和投资的手段。在目前的住房市场中，住房投资是一个重要内容，特别是在通货膨胀预期加剧的情况下，住房投资的功能更加明显，并占据日益重要的地位。不仅如此，住房也是社会保障的一项重要内容，住房政策是一项重要的社会政策。因此，住房问题必须把这三个方面综合起来加以考虑和安排。

2010年年初，政府密集出台了房地产调控的一系列政策，其中，最重要的是《国务院办公厅关于促进房地产市场平衡发展的通知》（简称《通知》），提出了11项具体措施，称为“国11条”。《通知》发布以后，市场反应明显，房屋销售量价齐跌，股市中房地产板块也应声下行。然而，现行房地产政策是行政控制多于经济调节，能否认真有效实施，能否保证房地产市场的平稳发展，不容乐观。

首先，房地产业在中国的经济中占有举足轻重的地位，它不仅是拉动经济增长的最大亮点，也是地方政府财政收入的主要来源。即使中央政府真的要抑制房价，调整房地产业的发展，地方政府出于自身的利益，也不会去抑制房价，放慢房地产业的发展。因为哪个地方的房价高，哪个地方的经济增长就快，哪个地方的收入就增加得多，哪个地方政府的日子就好过。所以，地方政府不仅不会认真贯彻实施中央的政策，而且还会进行相反的政策操作。这就是杭州市政府出台新的房地产鼓励政策的原因。

其次，在现行体制政策下，支持房地产市场的与其说是住房消费，不如说是住房投资。虽然没有这方面的统计数据，但估计后者的比例也许不会低于前者。《通知》规定第二套住房的首付比例不得低于40%，同时取消消费住房贷款利率的优惠政策。这是对的。不过，这些规定过去也有，但未能真正落实，难道不值得认真思考？现在靠一纸文件能否落实，难道不值得怀疑。在房地产贷款成为银行的优质资产的情况下，规避的办法就会创造出来。在房价迅速上涨的情况下，一般消费者为了购买住房，必然减少和紧缩其他消费，这并不能抑制住房投资，而会成为制约消费启动的巨大阻力。

最后，《通知》要求加快推进保障性安居工程建设，并且提出2010年建设600万套保障性住房的目标和任务。这是非常正确的政策方向。但如何实现还是个问题。从需求来看，政府把保障性住房的需求仅限于城市贫困居民，而没有考虑进城农民工的住房需求，使得政策目标和要求减去了一大块，既不利于推进城市化的发展，也让这一政策带有一定的不公平性。从供给来看，这一政策的实施没有任何有效的保障。国有企业本应当是落实政府政策的工具，履行政府职能的手段，如果部分国有房地产企业不是进入房地产二级市场去炒地皮和炒房价，而是全部投入保障性安居工程，那么，这一政策就可以落到实处。但是，在目前的情况下能够真正做到吗？历史经验已经证明，这是不可能的。据有关资料显示，2009年很多地方保障性住房的投资和面积只完成了50%左右。

体制分析

在世界的大变局中，中国经济不仅赢得了连续二三十年的高速增长，而且经受了世界金融危机的严峻考验。于是，有人提出了所谓“中国模式”。但是否存在一个中国式的市场经济模式，我看不能妄断，还需要实践检验。“中国模式”是否意味着中国的市场化改革已经完成？可能有这个意思，不过，目前，在我国，经济以国有企业为基础、以增强国力为目标、政府主导的经济。政府、财政和国有企业三位一体，占有举足轻重的地位和非常重要的作用。这不仅由于政府控制了大量的资源，掌握了迅速增长的收入，而且是由于国有企业也呈现出积极扩张的态势，不仅在大量上游产业占据绝对优势，而且还向中下游竞争性领域扩张，通过财政和国有企业，主导和控制着经济运行和经济活动。这些特征既造就了以往的经济成就，也可能导致未来经济的困难和风险。

1. 财政的超常增长和结构偏差

2009年的中国财政继续了近十年来的趋势，财政收入的增长率不仅超过经济增长，而且超过居民收入的增长。全年预算内财政收入68771亿元，比上年增长11.7%，超过经济增长率3个百分点，城市居民可支配收入增长了8.8%，农村居民的纯收入增长了8.2%，分别比财政收入增长低2.9个和3.5个百分点。如果看一看下图5中近五年来我国GDP、财政收入和城乡居民收入的增长曲线，只能得出一个结论，政府支配的收入是相当大、财政的增长是相当快的。

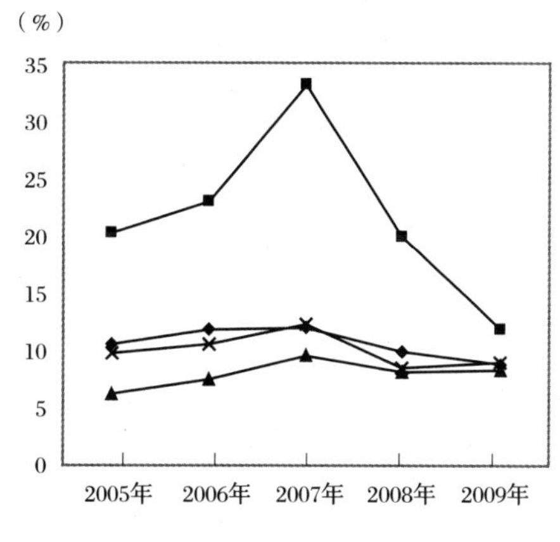

图5　2005~2009年我国GDP、财政收入和城乡居民收入增长

不仅如此，在中国财政收入的结构中，预算收入只是政府收入的一部分，还有很大一部分是预算外收入。如果说，中央财政主要依靠预算收入，那么，地方财政的预算外收入就占一个很大的比例。预算外收入中最大的有两项，一项是土地出让金，另一项是社会保障收入。就以土地出让金来说，2009年土地出让金1.5万亿元，比2007年增加49%，比2008年增加140%，约占当年GDP的4.47%。全国70个大中城市土地出让金1.08万亿元，其中，杭州第一，达1054亿元；上海第二，达1043亿元，占财政收入增量部分的50%和存量部分的25%左右；北京市名列第三，达928亿元，占当年财政收入的45.8%。可见，地方财政的确是土地财政，名不虚传。如果把土地出让金和预算收入加在一起，约占GDP的24.98%。可见，政府支配的收入是相当大的。对此还有一个证据，据《中国统计年鉴》资料，2007年政府可支配收入的比重已经提高到24.06%。

我国的税制有一个重要问题，这就是中央和地方财权和事权不对等的问题。1994年的分税制改革划分了中央和地方的税种税收，但主要的税种税收大部分归中央、一部分中央和地方共享，次要的税种归地方，而主要的事权在地方。结果是中央的收入占了大部分，21世纪以来，均在50%以上，2008年占53.3%。虽然中央财政转移支付的力度增加，但是不少地方特别是很多县乡财政仍是赤字。在现行干部人事及其考核制度之下，财政收入不仅关系到政绩，而且关系到收入和生活，于是中央和地方的利益既不相融，行为也有不一致的地方。因而在一系列问题上，发生了上有政策、下有对策的现象，即使中央制定出正确的方针政策，也无法保证其有效的贯彻实施。征地拆迁上的乱象，土地出让金的超常增长，环境的破坏等，都与此密切相关。

我国的现行税制以流转税为主，直接承担税收的主要主体是企业，而不是个人，税负高低与个人收入隔着一层。2008年国内增值税、营业税和企业所得税三项合计，占全部税收收入的67.86%。不仅如此，在现有的制度结构中，国有企业的税收占有一个较大的比例，仅以工业企业为例，2008年，国有及国有控股工业以38.8%的增加值，提供了44.9%的增值税。至于税收以外，政府直接间接从国有企业得到的收入，这一数字没有人清楚。要实现政府收入来源的转变绝非易事，不仅取决于可能从非国有部门取得的数量，也取决于政府财政的征收能力，可政府现在既无这样的打算，更无这样的准备。

我国财政支出的问题除了政府支出过大，行政管理费支出增长过快以外，主要问题是支出不透明，只有大项，没有细目，无法进行监督。所以，广东一些地方开始试行财政公开，受到欢迎和好评。其实，政府改革的关键不是搞机构撤并和大部制之类的事情，而是财政收支的公正、规范和透明。

2. 国有企业的定位和行为扭曲

改革开放以来，中国的国有企业经历了一个大规模重组的过程。原来的一大批国有企业，特别是中小型国有企业在竞争中败北，亏损破产，关门出售，退出了竞争性领域，而一批新的国有企业，特别是大型企业，在国家财政和政府政策的扶持下，成长和壮大起来。虽然国有企业的数量大大地减少了，但其实力却大大地增强了。1998~2008年，国有和国有控股工业企业从64737家减少到21313家，减少了2/3，但其产值和资产却增加了3.28倍和1.52倍。而中央国企的扩张更为明显，2008年年底，141家央企总资产5.6万亿元，比2003年净增2.6万亿元，年平均增长13.7%。全部央企总资产17.6万亿元，比上年增长18.1%；净资产7.3万亿元，增长10.9%；利润6961.8亿元，下降30.8%，平均资产报酬率5.6%；上交税收10426亿元（含石油特别收益金1077.9亿元），增长18.6%，比2003年增加6862.9亿元，年平均增长24%。

政府把国有企业定位于控制国家经济命脉，保障国家经济安全，而不是代行政府的社会公共职能。正如有的国企老总描述的那样，“国有企业是共和国的长子”，是“共产党执政的经济基础”。

国有企业快速发展，国家的经济实力的确增强了，在世界500强的前100强中，有24家是我国国有企业，这是值得国人骄傲和自豪的地方。但是，国有企业还有很多亟待提升的地方，考虑到一些特殊的发展因子，表现和业绩都需要重新衡量。

一是在很多行业中，国有企业处于垄断地位。民营企业不能进入，国有企业可以利用它的垄断地位，把价格定在均衡价格之上，把很大一部分消费者剩余变成自己的利润。电信的高收费、油品的高价格、食盐专卖的加价都是直接取之于民，而不是惠顾于民。民营企业即使进入了，如无像样的官员做靠山，也会处于不利的竞争地位，如航空、石油、煤炭、快递、金融、教育等，有的惨淡经营，有的亏损破产，有的被政府强行接管重组。

二是把大量资源无偿送给国有垄断企业，或者只是象征性收取很少的使用费，等于给国有企业进行利益输送。2008年我国的资源税只有区区的301.76亿元，占不到当年全部财政收入的0.5%。有人估算，仅资源要素租金一项，每年就有1万多亿元，超过了国有企业的全部利润。本来，资源要素是全民财产，现在却变成了国有垄断企业的超额利润。所以，国有企业的进一步改革，除了明确国有企业进入的领域，建立程序以外，还要先收租，再分利。

三是政府给国有企业注资和补贴。国有企业在市场竞争中失败，发生亏损，政府就给它注资，让它重整旗鼓，再去竞争。剥离国企的不良资产，给国有商业银行注资，政府注资东航与上航合并，当两大石油公司在油价上涨亏损时为其提供财政补贴等。两大石油公司前两年因油价上涨亏损，财政分别补贴100多亿元。

总之，国有企业的有些成绩是在政府的扶持、援救、照顾之下取得的，其竞争力到底如何，应需细细斟酌。

3. 政府主导和政府治理

中国经济是政府主导的经济，政府不仅控制了大量的经济资源和经济活动，而且几乎深入到社会经济生活的各个方面。

三十多年来，中国的经济的确有了很大的发展，可中国社会的进步则相形见绌。《当代中国社会结构》是中国社会科学院社会学所、社科文献出版社1月8日联合发布的中国社会阶层研究报告，报告明确指出，当前中国的经济结构已经进入工业化中期阶段，但是社会结构指标还没有随着经济结构的转变而实现整体性转型，多数社会结构指标仍然处在工业化初期阶段，中国社会结构滞后经济结构大约15年。不仅如此，社会恶性事件频发，社会治理的确成了政府治理的头等大事。

单纯的经济增长恐怕不能够解决这些问题。

解决这些问题，只能寄希望于改革和调整。一是从外源工业化转向内源城市化，以城市化推动增长方式的转型；二是推进包括汇率在内的资源要素的市场化改革，消除市场信号的扭曲；三是真正的反对垄断，规范市场竞争秩序；四是改变现行一系列不平等的歧视性政策，给农民以真正的公民待遇；五是切实保护私人财产权，真正确立人们对未来发展的信心。

趋势预测

2009年年末的迪拜债务危机表明，虽然余震还有发生，国际金融危机的大劲已过，世界经济开始触底回升。不过回升的速度很慢，复苏的过程更长。如果能够找到一个新的经济增长点，并在技术和政策上取得突破，有可能加速这一过程。于是人们瞄准了低碳经济。由于减排的正外部性很大，各国很难在这方面达成真正的合作。这也是联合国哥本哈根气候变化大会争论激烈而无实质性进展的重要原因。虽然国内地区之间不像国与国之间那样，有一个强有力的政府，但要真正取得进展，还需要一系列政策的配合。要知道，在经济生活中，任何一项新事物的发展都要解决一个成本收益问题，只有越过了盈亏平衡点，才有可能吸引大量投资进入，并突破技术上的瓶颈。在这种情况下，财政支持政策就是一个非常有效的工具，至于是减税，还是补贴，是补生产者，还是补消费者，都值得很好的研究和选择。虽然政府确定碳排放的目标，但相应的配套政策并未落到实处。

在预测2010年的经济增长时，有人对贸易出口寄予了很大的希望。不仅认为会出现恢复性增长，而且增长率会达到15%以上。我们觉得，还是稳妥一点为好，能够达到10%就相当不错了，比上年稍有增长也可以接受。如果在这方面要求过高过急，有可能使该淘汰的生产能力死灰复燃，使结构调整的任务落空。更何况，世界经济还在回升的初期，美国也在进行调整，降低消费而增加储蓄，对外需求不可能像过去那样，无法抑制。另外，还有贸易保护主义的盛行和贸易摩擦加剧的影响。当然，与东盟自由贸易区的建立和运行是一个有利的因素。

2009年四季度的经济增长相当强劲，GDP增长率达到了10.7%，于是，有人对2010年的经济增长做了过分乐观的估计，认为有可能超过10%，甚至达到11%～12%。我们认为，还是不要把弦绷得太紧。如果达到和稍稍超过9%，把人们的精力和资源引导到改革和调整的方向上去，并真正有所成就，对于中国经济的长期发展将会是非常有利的。在目前的条件下，要做到这一点，绝非易事。果真如此，我们就有可能避免经济的二次触底，也有可能避免大的折腾，把中国经济引向一个良性发展的轨道。

据此，对2010年的经济运行预测见表1。

表1 2010年经济运行预测 单位：%

季度 / 经济指标	2009年全年（实际）	2009年四季度（实际）	2010年一季度（预测）	2010年全年（预测）
GDP	8.7	10.7	9.5	9.2
工业增加值	11.0	18.0	16.5	15.0
固定资产投资	30.1	—	30.0	28
消费品零售额	15.5	—	16.0	15.6
出口	–16.0	—	9	8
进口	–11.2	—	12	10
消费物价	–0.7	—	2.5	4.0

注：1. GDP和工业增加值增长速度按可比价格计算，其余指标按现价计算。
2. 固定资产投资指全社会固定资产投资。
3. 工业增加值为国有企业和产品销售收入在500万元以上的非国有企业的增加值。
4. 表中数值，正值为增长，负值为减少。

2010年中国经济发展前景解读

国家统计局中国经济景气监测中心副主任　潘建成

分析2010年中国经济发展的前景，离不开三个问题：一是对全球经济形势的分析；二是对国内经济形势的分析；三是热点问题。

全球经济形势分析

对于全球经济形势，乐观的情绪比较多。2009年三、四季度的数据都显示全球经济在回升。但是对这样一个乐观的数据人们应该怎样去理解呢？全球PMI创了44个月的新高，2009年的3月的PMI接近55%（制造业）。

资料显示，乐观的情绪从2009年9月中旬就开始弥漫，之后一系列的数据也验证了这种乐观的数据是有依据的，比如说美国的数字从2009年二季度探底之后就持续在回升，同比是探底回稳，环比从三季度就开始回升了，欧元区和日本也都是这样的趋势，预测的值还是在增加。

对于2010年的预计更加乐观吗？因为2009年世界经济出现历史性下滑，所以基数很低，数字很好看，2010年预计增长3%，但这个3%不是通常年份的数值，是2009年出现大幅下滑的3%，有恢复性的意义。

真的那么乐观吗?

第一个问题就是危机，危机完全过去了吗，干净了没有？我认为没有，因为危机的根源是全球经济的不平衡，而这种不平衡现在正在弥补，例如美国需要增加储蓄。增加储蓄不是那么快的。第二增加储蓄是对消费的反作用，对于美国这样依赖消费增长的国家来讲，经济复苏又存在着问题。

第二个问题，危机的毒资产并没有搞干净，泡沫增长过快，毒资产的消化还需要一个过程，现在是刚刚过半。

第三个问题，主要经济体的财政赤字都在呈上升的趋势，影响了这些国家的主权、信用，也对通货膨胀形成压力。

第四个问题，贷款拖欠率仍然呈上升的趋势，2009年三季度无论是房地产贷款还是消费贷款都在上升，新的毒资产还在诞生。例如美国的信用卡，消费贷款的坏账率2009年三季度超过了10%，意味着超过10%的信用卡的钱已经不可能被偿还。

第五个问题，失业率居高不下。这里有一个很重要的问题是，它是伴随着摩擦保护的，这两者是有逻辑关系的。因为失业率很高，对工会、对选民构成压力，工会会对总统形成压力，总统被迫屈服实施贸易保护。所以在失业率高的情况下，不可能期望2010年贸易保护、贸易摩擦会有所缓解。基于这些问题，很多人认为美国经济可能会二次探底，但目前还很难做定论，所以值得担忧。

还有一个很重要的问题，目前世界经济的复苏的数字很好，但凭借的是什么呢？穆迪公司的分析认为，美国2009年三季度复苏多半是因为存货调整。也就是说，危机来的时候存货会继续下降，探底之后要回补库存。回补库存的过程实际上是带动经济复苏的过程，这个调整是一个短期行为。因为危机来的时候，亏损是过度的清空，如果是这个行为对美国GDP的增长贡献很大的话，它是不是能产生持续的贡献就值得怀疑了。

私人消费的贡献与美国的消费刺激政策密切相关，这也是很难以维系的。例如美国的汽车旧车换现金的计划取消之后，汽车消费明显下降，所以这种消费对于刺激政策依赖很强，投资是负增长。在这种情况下，未来的增长的可持续性是有疑问的。所以有一个基本判断，全球经济在各国统一的救市行动下产生了一定的效果，使衰退的步伐趋于缓和并已经接近尾声。但是介于金融危机的本质及造成了巨大的破坏，以及受到可能的金融风险，就业压力、贸易保护、消费增长乏力等因素的影响，触底后的复苏政府恐怕不会平衡，不能排除回升势头受阻、出现明显波动的行情。

国内经济形势分析

我国经济确实有一个截然不同的走势。将国家统计局公布的数据做成表就可以看到，是标准的“V”形反弹。2009年年底，我国的进出口数据也出现比较好的回升。这个回升是在2009年12月大幅下降的基础上的回升。2009年是下跌20%、30%的幅度，所以对于进出口的问题不能过于乐观。

我国的经济回升有信心的保证，PMI是表示信心的，PMI已经创了12个月的新高，表明企业家的信心在迅速回升。这个回升基数从工业来看的话，还是有市场的基础的。最近很多人说中国经济的回升是国进民退，从这个数据来看不支持这个观点。工业增长最快的是私营企业，排名第二的是股份制企业，实际上是目前我国经济的主体，股份制企业包括有限责任公司和股份有限公司。民营企业比国有控股企业要快，国有控股企业的增长速度除了在2009年12月上升较高之外，整个全年多数时候是低于民营企业的。增长在原材料、耐用消费品都出现了上涨，尤其是汽车，产销突破1300万辆。这些都表明增长的态势。

由于2009年的新开工项目增长比较快，这意味着2010年的在建和续建项目还比较多。2010年的新开工项目可能会少一些，但是投资增长还会保持比较快的速度，因为有较多的新开工项目作为支持。

市场增长较快，扣除物价因素，2009年这一指标较2008年快，尤其是汽车消费。很多人说汽车消费增长是因为促销政策——1.6升排量以下的汽车购置税减半带来的。其实这不完全，更重要的是中国老百姓的收入，尤其是城镇居民的收入正好已经到了能够规模进入汽车消费的阶段。

关于通货膨胀的问题只讲一个结论，不展开了，就是通胀和通缩的风险都不存在（至少在2010年）。对于2010年的经济，经济学家和企业家都表示很乐观，2010年的投资增长可能会慢一些，但是出口可能会由负增长变为正增长。这两方面取决于居民的消费能不能够在2010年出现突破性的转型。中央今年提出一个很重要的观点，就是要调结构。从微观的基数也看得出来，企业家的订货在上升，企业家的用工也在上升，就是就业率在上升，这些对2010年来说都是非常有利的。

但有一个问题，经济的增长重工业明显快于轻工业，这个差距也在扩大，这意味着重工业是跟投资相关的，轻工业是跟消费相关的，重工业与轻工业的差距在拉大，意味着我国经济增长过度依赖投资的迹象越来越明显，这是比较麻烦的事情。根据行业的景气分析，装备制造业的回暖，如果剔除随机因素，回暖的速度就没有那么快，表明装备制造业的回暖跟政策是有关系的，这是值得反省的。一方面政府的这种刺激政策还需要继续保持，否则经济的回暖可能会半途而废。另一方面，我国确确实实要关注如何能让经济有内升的增长动力。

热点问题

中国未来的经济增长动力主要是城市化，因为过去三十年我国经济增长取得了举世瞩目的成就。这个成就也有一个问题，就是工业化发展得非常快，城市化明显滞后于工业化，带来的结果是投资、消费结构不合理，第二、第三产业结构不合理。

在城市化的过程中有一个行业会起到特别重要的作用，就是房地产行业。很多人说这个行业对于经济增长的拉动作用非常大，其实这并不绝对。在这里再说下家电行业。家电行业在2009年也出现了非常快速的增长，根据历史数据分析可以发现，家电行业和房地产行业是密切相关的，这跟我们中国老百姓的住房消费的模式是密切相关的，因为中国老百姓买房子就会更新家电，当然还包括纺织品、窗帘等，包括其他的厨房、浴室用品。家电是最明显的，因为家电的比重是很大的，所以我认为房地产这个行业特别值得关注。

现在房地产有一个重要的问题，就是大家都认为房价偏高，又预计房价会涨。房价攀高超过了购买力，还涨就表明了有泡沫，这跟投资和投机有关系，怎么样抑制投机和投资？虽然当前的货币政策不一定会转向，但是针对资产泡沫动手术式的方法是值得一试的。

当前的城市化转向另外一个潮流。过去中国的城市化主要伴随工业化，所以哪个地方工业化发展得快城市化就快。但现在有一个新的特征，农民过去是把挣的钱在山沟里盖房子，现在是在县城买房子，把孩子接来上学。这是一个非常值得关注的潮流，这个潮流也必将会推动我们国家城市化的发展，也可能会成为未来中国内需增长的一个重要的动力。

2010年我国经济存在较大不确定性

国家发展和改革委员会农经司副司长　胡恒洋

过去的一年，在党中央、国务院的政策领导下，我国经济取得了很大的成就。虽然我们经历了严重的金融危机，但按照中央提出来的出手要快、出拳较重、措施要准、工作要实的要求，围绕保增长、调结构、促改革、保民生的目标，出台了一系列的刺激经济的措施，收到了不错的效果。根据国家统计局公布的数字，2009年GDP增长率超过了8%，应该说很不容易。总体来看，2010年国民经济和社会发展的环境应该是要好于预期。

但同时，2010年也是经济不确定的一年。从国际形势来看，虽然世界经济在日渐回升，一些主要的经济体经济情况也在好转，但是金融危机带来的影响并没有消化，包括一些债务，部分国家的高失业率，一时还很难降下。再一个就是国家间贸易的摩擦，现在还在继续加剧。

从国内来说也有些不确定，特别是出口。还有农产品，有一部分随着我们生活水平的提高，随着供求关系的改变，可能有上升的压力。但连续六年的丰收，有些产品面临下行的压力，所以也面临着不确定性。2009年，很多经济的增长还是依靠投资的拉动，投资拉动主要还是靠政府在拉动，现在民间的投资还是比较困难，所以这方面也存在着很大的不确定性。

另外，我国一直强调要转变经济增长方式，现在看来已经取得了一些成就，但还面临着很多的困难和问题，例如资源利用效率还是不高，“两高一资”的产品比重还是比较大。所以在这方面，经济增长方式的转变还有很重要的任务。很多人很关心的财政金融领域的潜在风险也不容忽视。

综上所述，我国2010年的经济还存在着很大的不确定性，面临的情况依然是异常复杂。基于上面的判断，中央经济工作会议，包括各个部门的年度总结会议都对2010年的经济工作提出了明确的目标、原则和要求，我们应该按照中央的要求，做好各项工作。

在宏观层次上，有两个重点要强调：

第一，根据经济发展的不确定性，要重点强调宏观政策的连续性和稳定性。现在经济虽然回升，也出现好的势头，但是基础不牢固。所以在宏观层次上，建议保持连续性、稳定性。

第二，宏观政策的针对性和灵活性。虽然经济总的方面在回升，但在某些方面，比如通胀方面、就业方面，还要出台有针对性的政策措施，而且政府的政策措施要把好力度、节奏和重点。这是2010年宏观调控的关键。

2010年要确实把整个工作经济重心转到经济结构上来，中央强调2010年的经济工作当中有“五个更加注重、六个基本原则及核心”，这就是要推动经济方式的转变。经过这么多年的改革开放，国家的经济由中下收入进入到了中等收入水平，要延续在中下收入的增长方式推动新的发展阶段以及模式是不是完全适用呢？所以必须要创新发展机制，更加坚决地协调发展，要创新发展，绿色发展，使经济发展的成果惠及人们。所以加快经济结构调整，加快和谐社会建设，加快生产环境建设，加快体制改革，进一步提升经济发展的水平，这是整个宏观方面。

此外，一些农业的问题也非常值得关注。农业在我们国家始终是关系大局、关系全局的一个问题，而且在2009年遇到这么严重的经济危机，我国的农业还是很大的亮点，粮食生产连续六年增收，农民增收连续六年在6%。国家统计局公布的数据显示，GDP超过了8%，但是农村的问题任务还很艰巨。中央预算内的投资是3800亿元，用于农村的是1900亿元，2010年中央还提出了基本上保持去年的投资规模，也就是3900多亿元，现在初步安排用于农村的也占50%左右。但是和农村需要相比，还远远不够，希望能有更多的投资涌向农村。

对2010年通货膨胀预期的认识

全国人大财经委副主任　贺铿

从2009年二季度开始，理论界和社会上很多人对于通货膨胀预期越来越恐慌，这种预期对现实的经济生活有很大的负面影响。虽然在宏观管理中加强通货膨胀预期的管理是不错的选择，但是不宜把这种预期的调子唱高，因为过度的通货膨胀预期会把人们的思想搞乱，会影响经济的健康发展，甚至有可能形成西方经济学当中所说的“预期通货膨胀”。

贷款过量导致通货膨胀预期

可以说，形成当前通货膨胀预期的主要原因就是2009年一、二季度贷款过量。2009年上半年，金融机构新增贷款7万余亿元，超过了当年计划5万亿元的40%。按照货币主义的观点，货币多了就一定会形成通货膨胀。货币主义的创始人弗里德曼认为，货币供应量的变动是物价水平变动和经济活动变动的决定因素，主张处理当代经济问题应该执行简单规则的货币政策，而且认为猜测政策也应该和货币政策相适应；同时，反对固定汇率制度，主张实行自由汇率或浮动汇率。

有学者通过研究货币主义理论及中国的狭义货币供应量M1和广义货币供应量M2与CPI

的相关关系，指出CPI滞后M1 6个月左右，滞后M2 10～12个月，并预期，在2009年的下半年或者2010年的上半年，一定会出现严重的通货膨胀。但是2009年下半年没有出现这个通货膨胀，而且2010年CPI也不可能高于5%。这就有一个理论问题了，根据货币主义理论，政府在实行干预和调节经济的作用的时候，政府的职能应当受到限制，只能通过市场的作用调节经济活动。调节货币的政策方面，按照凯恩斯主义，货币供应量的变动和收入水平的变动不存在紧密的关系，从而货币供应量的变动在实质上也不可能直接影响物价水平的变动。

事实上，在缺乏财富影响效应的情况下，货币主义者没有办法解释货币供应量的变动是如何直接地影响居民收入水平变动，从而影响消费需求变动的原因。因为在没有财富效应的情况之下，货币供应量实际上很大，居民的收入也有所增加，所以究竟是怎么拉动的，这个问题弗里德曼本人也解释不了。

因此，“通货膨胀归根结底是一种货币现象”这样一个命题无法严格得到证明。再看我国历史上出现严重通货膨胀的情况，出现严重通货膨胀都与居民的收入变动直接相关，居民的收入增长过快，就引起消费量的过旺，物价在上涨。例如，1992～1996年，我国出现了平均每年14.1%的严重通货膨胀，在这五年当中，农民的纯收入年均增长22.4%，城镇居民的可支配收入年均增长23.5%，因此才导致了居民消费增长年均高达26%。但是2009年，我国超常的货币供应量非但没有引起居民的收入水平超常增加，反而有所减少。

2009年前三季度，农村居民的现金收入增长8.5%，人均4307元，同比少增了314.4元；城镇居民可支配收入增长9.3%，人均12917元，同比少增了412.8元。这充分说明，货币供应量的变动与居民收入水平不变动不存在紧密关系。当前，我们所面临的主要问题是广大低收入人群增收困难，内需不足，产能过剩，没有理由可以说明在2010年出现严重通货膨胀的可能，所以通货膨胀预期过度是没有理由的。

通货膨胀预期过度的影响

通货膨胀预期过度对社会造成的负面影响很多。

第一会冲击资本市场。我国银行存款余额高达60万亿元，社会资金十分充足，过度的通货膨胀预期下，人们担心钱不值钱，恐慌性地将钱投向资本市场，引起股市、房市的剧烈波动，资本市场出现混乱。这样引发的经济问题将是严重的，有可能酿成金融危机。我们现在没有金融危机，只是经济结构失衡，2009年发生的世界性金融危机只影响了我们的外贸出口，并不影响我国的国内金融。调整经济机构不能一蹴而就，困难很多，如果把资本市场又搞乱，引发金融危机，那对我国经济危机将是灾难性的影响。

第二会扰乱人心，由于我国正处在经济化的结构之中，城乡居民收入差距过大，社会矛盾集中。通货膨胀预期过度，会加大低收入阶层的心理压力，会更加激化社会矛盾。

第三有可能由通货膨胀预期引发预期通货膨胀。因为我国农产品和资源产品的价格长期偏低，在调整经济结构的过程当中，这些产品的价格会合理上涨。如果通货膨胀预期过度，农产品、食品、资源产品的价格合理上涨，也会被一些人认为是通货膨胀。又因为我国居民储蓄存款余额很大，达20多万亿元，因为通货膨胀预期过度，人们非理性地动用储蓄加大消费，从而引起消费过旺的可能性不是没有，这就会形成西方经济学当中所说的预期通货膨胀。

通货膨胀界定及宏观管理目标

在经济学当中，虽然通货膨胀是一个极其重要的研究领域，但是目前没有精确的界定，包括它的定义、测度指标和数量范围都没有明确而统一的解释。通常，规定通货膨胀为一般物价水平的一贯的和可以觉察到的增长。依据这一解释，需要强调通货膨胀不等同部分物价的调整，更不等同资本价格的变动。世界各国几乎都是用居民消费价格，也就是CPI来测度通货膨胀水平，测度最优的目标也不是CPI接近于0，更不是越低越好。正如美国克林顿时代的财政部长所言，最优通货膨胀率肯定是正的，高达2%或3%，在宏观管理当中应该加强通货膨胀管理，并且必须有明确的数量目标。在中国经济保持9%左右这样一个增长速度的情况之下，CPI的调控目标应该在3%～5%，不能低于3%，也不能高于5%。低于3%，经济就没有活力，企业家因为自己的产品在市场上价格不好，就不愿意增加投资、扩大生产，消费者也因为物价会进一步下降而不扩大消费。事实上，我国改革开放三十年当中，凡是物价水平低的时候，经济增长就慢，居民收入增长也慢；凡是物价水平较高的时候，也就是存在温和的通货膨胀的时候，经济增长就快，居民收入增长也快。

1998～2002年，CPI平均下降0.4%，GDP只增长了8.2%，农民纯收入平均增长只有3.42%，城镇居民可支配收入增长也只有8.4%。而2003～2007年，CPI的年均增长是正的2.6%，GDP年均增长高达10.6%，农民纯收入年均增长高达10.9%，城镇居民可支配收入增长高达12.4%。通货膨胀率高于5%，因为居民承受能力有限，也不好，所以说要有一个数量界限，即3%～5%。

政策建议

第一，尽快确定各个地方的最低工资标准，改善收入分配的结构，用法律的形式来执行最低工资标准。

第二，切实保护农产品的价格，加大财政对农业的扶持力度。

第三，进一步加大社会保障的力度，研究劳动密集型的产业。

后危机时代中国经济的风险与对策

清华大学中国与世界经济研究中心主任　李稻葵

我们这个时代最需要的是信心，不仅如此，还需要睿智和睿见。中国在经历金融危机之后，现在处于一个什么样的状况？这个问题必须要回答，必须要搞清楚，只有搞清楚这个问题，才能够更好地把握我们的投资的机遇。

金融危机让中国更加重要

国家统计局公布的2009年中国经济统计数字给投资者提供了一个宝贵的机会，来反思一下金融危机给中国经济所带来的一切。金融危机给中国经济至少带来两个方面的深刻变化。

第一，像过去那样依赖出口、依赖外部市场、依赖高度的政府主导投资的增长方式、发展方式必须调整，尤其是依赖外部市场的增长方式需要调整。金融危机让众多投资者吓出了一身冷汗。

第二，可以说是逼出来大国崛起，金融危机逼着我国仔细审视自己的地位，逼着我国扮演一个大国的角色。正是因为金融危机，G20这个抽象的概念化为了现实。金融危机告诉中国必须要审视自己的大国地位。

中国经济面临的风险

国家统计局公布的2009年统计数据明确指出，中国总体经济规模已经高达4.9万亿美元。在2009年年底，根据相关部门不完全推算，日本经济规模在2008年年底是4.93万亿美元，如果按照过去两年的平均日元兑美元的汇率来计算，日本经济在2009年的年末在4.9万亿美元左右。也就是说，中国的经济规模已经和日本基本相仿，而且在2009年如果超过日本，一点都不足为奇。

在经历了金融危机之后，中国的经济总体规模已经接近或者超越了日本的经济总体规模，成为世界第二大经济体，而中国出口贸易的规模已经超过德国，成为世界第一。

进入这么一个大规模体量的中国经济面临什么样的风险呢？不禁让我们想起日本在20世纪80年代初碰到的一系列的麻烦，这一系列的麻烦我称之为“日本病”。日本病有两个表象，第一个表象就是依赖外部市场，靠出口化解自己过剩的生产能力，依靠出口化解过高的储蓄率，第二个表象是在依赖出口、储蓄率非常高的环境下，产生了大量的资金，也同时产生了本国货币升值的预期，本国货币升值的预期又吸引外国资金进入本国经济，推动了本国资产价格不断上升，出现了泡沫。

这就是日本病的两个表象，依赖外需和本土的资产泡沫。这两个都不能长期持续，尤其是资产泡沫。20世纪90年代初开始，日本的资产价格便出现了迅速的调整，调整之后带来一系列恶果，包括金融机构资产负债表迅速的恶化，还有很多今天被称之为“僵尸”的经营机构。这种经营机构就像坟墓里挖出来的尸体一样是僵硬的，它不可能为当前的发展提供贷款。因为首要任务是为了修复自己的资产负债表，因为它的资产负债表已经受损。

这就是日本进入了长达12年至今仍未走出这个泥潭的根本原因。反过来看中国经济，在基本上超过了日本的总体规模之后，中国必须承认自己的宏观经济运行中间，至少表面上看，也出现了“日本病”的征兆。尽管这个病根还不完全存在，但是征兆已经出现了。首先中国也是依赖外部市场，在金融危机前，进口加出口除以GDP的比重高达65%，曾经高达70%，2009年下降一点。中国的外贸顺差占GDP高达9%，接近10%。这些数字从表面上看，已经超过日本20世纪80年代的数字。

同时不可否认，中国的资产价格也处在高位，至于有没有泡沫，可以商量，可以讨论，但是资产价格处于高位这个事实恐怕没有很多争议。比如说股市，有学者认为股市的市盈率在25以上，但是把市值造成加权平均，把整个盈利加总，这个市场的市值算出来远远不止这个数字。我国房地产的价格也是非常高，房地产价格除以租金比是20～30左右。如果投资者靠投资与房地产获得收入的话，每年的收益率除去物业管理费、应交税收之外，还低于2010年--年定期存款的零利息。同时房价远远超过中等家庭可支付的能力，需要10年、15年甚至20年以上的收入来支撑。

所以种种迹象表明，我国的资产价格也处在高位水平，但能不能说中国经济已经患上了“日本病”呢？这个结论下得为时过早，事实上我们有条件从现在开始采取一系列政策，从根本上杜绝“日本病”。

第一，中国经济的发展水平还远远低于20世纪80年代日本的经济水平，当时日本人均GDP应该是2.5万美元以上，而今天中国的人均GDP发展水平按照购买力评价来算也不过600多美元。这么低的发展水平，就寓意着我国有大量的发展潜力，可以在发展中间化解一些结构矛盾，在发展中间化解资产价格过高所带来一系列问题。

第二，我们的经济发展本质跟日本是不同的，也许过去三十年很像，再往下看，下一个三十年本质上肯定是不同的。为什么不一样？就是一个道理，中国的人口基数远远超过日本，是日本的七八倍以上，这么大的人口基数表示我国有巨大潜在的国内市场，这个市场只不过现在还没有完全被挖掘出来。在没有完全挖掘出来的情况下，短期内依赖着外需，依赖欧美市场，一旦国内的统一大市场形成的话，难道还需要欧洲、日本来买我们的产品吗？所以本质上来讲，我们完全可以走出一条跟日本完全不同的道路。

如何杜绝“日本病”

本质上讲我们应该有信心，但是缺的是远见和决心。两件事情需要调整，需要来做，做好以后，完全能杜绝“日本病”。第一件事情就是结构调整，结构调整的核心就是启动国内大市场，这个国内大市场既有服务业的，包括媒体，也有制造业的，制造业也需要大市场来支撑。许多企业反映出口比在国内卖还容易，这就表明国内市场的开发出了问题了，国内大市场的形成出了问题了，交易成本过高，一旦出现问题，就表明没有潜力。

第一件事情从根本来讲，就是要启动国内市场，彻底打破行政的、非行政的，金融的、人为的等各种各样的隔阂，产生大市场，产生大市场中做强做大我国的企业，包括媒体企业。只有做强做大了企业之后，中国才能够从根本上获得国际竞争力。

这是第一件事情，这件事情在2009年已经成为一个重点，所以2010年关键词是“调整”。在2010年中国经济还会有比较快的增长速度，但是增长质量值得担心，应该把一些本质应该进行的改革推行下去。这就是第一件事，杜绝“日本病”，要进行行政改革，要进行一些根本的变革。这里包括夯实经济发展的社会基础，而社会基础很重要的一方面就是房地产。房地产在未来一段时间大方向非常明确，就是逐步把它从一个资产投资品的方向转为一个消费品，转为一个支撑经济竞争力的产业，让那些需要发展的企业和机构的职工有安心的、价格适中、质量不错的房子可以住，而不要成为投资品。

第二件事就是整个金融业需要深刻的改革。我国的金融业是一个怎么样的水平？一方面有大量的资金集聚在中国经济中间，广义货币占GDP的比重高达70%，这在全世界是创纪录的。我国的预算现在是8万亿美元，用8万亿美元来追逐相对有限的资产，价格当然会高。这种情况下，我国的资本市场难以有一个长期的、健康的发展。

所以，整个金融业发展的基本思路，未来5年、10年是非常清晰的，那就是要想方设法增加优良资产的供给，通过增加优良资产供给这个方式，把资金从房地产这个产业里面给吸引过来，不要炒作房地产。当然房地产需要深刻的改革，比如二次房改。另外还要让我国的资本市场给投资者带来货真价实的令人放心的回报，不仅仅从价格的上升谈点位，从点位的上升获得回报，而且要从企业的现金分红中间获得好处，这是大势所趋。

2010年资本市场是个大发展之年，这个大发展是指我国资本市场的金融工具将会大量增加，包括融资融券、股指期货等。同时，资本市场里面的优良资产还会大量增加。由于2010年是一个经济调整年，宏观经济的波动、政策面传出的消息会是非常非常多的。所以不可避免地，2010年我国的资本市场也将是一个波动年。波动和发展看起来矛盾，实际上是统一的，一方面有各种体制的完善，有大力金融工具的推出，是大的发展年，另一方面价位在波动。

所以投资者必须做好思想准备，在波动中，完全应该可以抓住机遇。在波动中，那些基本面比较好、增长力比较快，而且历史上又能够兑现承诺，能够恪守承诺，能够搞大量现金分红的企业，一定能够或早或晚、或快或慢地冒出来。投资者要仔细研究单个企业自身的财务状况和经营状况，而不要简单地把自己投资理念建立在宏观面，建立在政策面。这样一个理念相信不仅在2010年能帮投资者取胜，在未来若干年都会帮助大家有一个很好的回报。

总体来说，我们应该非常有信心。虽然在后危机时代，中国面临的经济环境不是简单了，而是更加复杂了；不是轻松了，而是更加严峻了。但必须看到，经过三十年的改革开放，市场机制已经深入人心，我国的经济基础已经比三十年前大大提高。在这么一个大环境下，我们完全有信心、有条件，在“日本病”发病的初期阶段，就能够从根本上把“日本病”的病根给杜绝掉。只有这样，经过大规模的调整之后，相信我国的经济在未来10年、20年，还会有相当一段时间平稳较快的增长，在这种平稳较快增长的大环境下，资本市场一定会越走越好。

2010年经济前高后稳　应抓住调控时机

财政部财政科学研究所所长　贾康

2009年经济发展成效显著

根据国家统计局发布的2009年经济发展数据，我们可以更明确地肯定，在2008年11月启动的一揽子经济刺激计划已经取得明显的成效。龙头数据GDP的表现超出了一般人的意料，上个年度已经站在了8.7%的高位。综合来看，政府投资对经济的拉动效益应该说已经有了明显的体现，而且会进一步发挥作用。工业生产形势总体来说非常好，居民收入得到了增加，有一系列的民生政策让民众得到了实惠。

在这种扩张性政策执行过程中，政府通过财政政策、货币政策，相对顺利地实现了原来的调控目标。在财政政策的扩张方面，对于人们非常关心的相伴随的风险问题，从基本的指标来看，上个年度安排的财政赤字规模为9500亿元，现在看来可以有把握地说不会突破。这个9500亿元从绝对量来说是我们建国之后年度赤字新的高峰，但是从相对量来说并没有达到高峰。我们在上一次亚洲金融危机的时候，曾经主动把赤字率抬高到当年GDP3.1左右的密度上，而9500亿元在年初的安排估计也是GDP的2.9%左右，而GDP增长又相当不错，所以估计这个赤字率在2009年一定是低于2.9%。

2010年政策基本框架不变

2010年，按照中央工作经济会议的要求，宏观政策的基本框架不变。但是有一个微妙的表述上的不同，中央是说继续执行积极的财政政策和适度宽松的货币政策，原来是把“适度的货币政策”放在前面。我这样理解：基本政策框架不变，而政策需要优化微调，增强它的稳定性和灵活性。在货币政策方面，现在的灵活性是适当地有所微调。最近我们看到有鲜明调整特征的这些信息，有一个总量上货币政策的优化，主要是适当的收敛。而财政政策并不是简单地比照这个特点，财政政策从具体的安排来看，2010年赤字安排相对量跟2009年大致持平，绝对量会超过万亿元的水平。财政政策里面代表性的公共投资按照原来的计划两年4万亿元的政府投资中央财政要出1.8万亿元，2010年把没有用进去的5000多亿元的资金全部安排进去，同时要注意继续投入资金完成已开工的项目，而严格控制新开工的项目。我们应该符合规律，合乎逻辑，先把已经铺开的摊子尽可能地按照原来计划完成，这样才能发挥政府资金最大的成效。同时所谓严格控制新开工项目，只是在总体的把握上更加审慎地看待新开工项目。

同时我们要看到一个指标就是国债占GDP的比重，上半年这个比重仍然低于20%，加上中国特色的很多隐性，主要是政府地方合在一起，可能要使这个指标翻一倍，要达到GDP的40%左右。从现在看来，这样一个国债负担率或者公债负担率在国际上比较来看也是相当低的。所以我们有把握在财政政策实施扩张的同时，确定无疑地把这个扩张掌握在安全区域内。在经济快速发展的同时，有一个控制风险的问题。

这是一个比较笼统的说法，同时还要关注的是在这种扩张过程中间一些更需要区别对待、专门讨论的问题。在展开之前，需要简单说一下对这一年度大的走势有什么估计。简要来说，2010年中国宏观经济的走势将是一个前高后稳的大趋势，一季度GDP的指标会非常好看，既然2009年第四季度已经达到10.7%左右，这个惯性还会延续到2010年一季度。一季度的这个龙头指标会相当的令人振奋。但是再往后，二季度这个特征还会一定程度上存在，三、四季度反过来了，在上一年度已经抬高的基数的情况下，如果没有政策继续往上托举力量，一定会是一个比较明显的前高后稳的轨迹，稳在8.5%以上是一个相对来说比较理想的又好又快的局面。

2010年财税政策分析

关于财税政策优化问题，可以谈四点。

1. 继续扩张实施总量扩张，安排政府投资时，紧紧抓住结构调整和项目质量

4万亿元本身在设计上考虑结构导向，4万亿元中首先有1.5万亿元投向公路、铁路、机场、水利和电网等基础设施；有1万亿元是原来要在三年做完，现在提前两年做完的灾后重建。还有4000亿元投向住房、安居工程建设，3700亿元投向新农村建设，3700亿元投向生态环境和有关的环境保护项目投资，另外有2000多亿元自主创新的投资和1000多亿元科教文卫的硬件建设，很显然本身是带有结构导向的，是想增加社会中间迫切需要的供给。

这样一个导向下，应该把项目可行性抓住不放。在我们现在的体制下，由于种种作用，很容易在领导意图确定以后，把可行性做成“走过场”，因此在制度建设上要努力防止这种问题，这样才能在大的概率上提高项目的可行性水平和实际的绩效水平。

即使项目可行性做得很好，资金也是投入这个领域了，但是往往在项目施工阶段质量问题得不到保障，这方面我国过去是有过严重教训的。原因也比较复杂，和现在的很多的工程采用层层转包，每一个转包环节都雁过拔毛，最后的实施环节资金不足、偷工减料等都有关，我们要抓住这样一个线索，一直把它落实到施工的监理、施工的质量，这样才能够让公共资源的使用真正按照原来的政策设计发挥出应有的效应。

2. 在产业政策、公共支出、实施补助的时候应该特别着手促进机制转化的绩效提升

在调控中间，财政补贴这一手段现在还要适度运用。例如前一段我们注意到猪肉价格明显上升之后，采取了对能繁母猪直补，又加上了能繁母猪政策性保险这样的财政支持安排，但是这样的安排使得几个月后就看到猪肉价格下降的变化。按说应该是令人满意的，但是仔细来看还存在比较明显的问题。最重要的是管理成本相当高，分散在千家万户农民那里饲养的猪其中哪些是能繁的母猪，需要一个具体的认定。而这个环节上，作为一个基层的干部，必然要受到种种干扰因素的影响。有没有一种方法能够去逐一地核准对这些能繁母猪的认定是不是准确？实话实说，是做不到的，因为管理成本很高。实际结果是，猪肉价格稳定以后，很快出现猪肉价格的下跌过程，又引起了一片抱怨之声。

如果从正面建议以后，这个事情应该怎么处理呢？似乎应该是这样一种情况，猪肉价格在上升的时候，政府首先要容忍价格的上升。价格上升首先是农民方面得到好处，所谓弱势群体增加他们的收入能力，改善生活水平。

政府需要出手介入市场运作的时候，政府应该考虑把钱直接补到低保的标准上，让最低收入阶层享受低保标准，使他的实际生活水平没有变化。这些人稳定了，整个社会就稳定了，中层阶层以上的人他们消费猪肉是有能力的。这个时候，可以给更多农民实惠，可以稳定全社会的安定局面，同时又使农民在市场经济的环境里面，他们自己去体会怎么样在市场经济的大海里游泳，增加他们在市场上的经验。政府还可以考虑把自己掌握的库存比较集中的猪肉投放出来，在市场上起到平抑价格的作用。反过来价格偏低的时候，政府可以出手，把市场猪肉比较多的收过来增加库存。这种做法是值得我们在今后优化政策方面去探讨。

3. 要适度考虑债务资金，防范风险

2009年值得肯定的一个制度建设是地方债已经登堂入室，2000亿元由省级政府牵头，纳入省级预算，还本付息要由省级政府牵头，通过标准的预算程序来实施。

2000亿元这样一个地方债前面加了一个附加条件，财政部带领发行，实际上引入中央政府的隐性担保，但是这个制度是上了一个新的大台阶，实际上突破了我们原来《预算法》说的地方不能举债。下一阶段，再要修改《预算法》，就水到渠成，顺理成章。要明确地方政府在什么样的情况下，采用什么样的程序、什么样的监督来发行地方债。对于整个地方债，现在一般人估计有6万亿元甚至更多，2000亿元这种有规范的形式是少数。对于更多的地方政府融资平台还有再靠近低端的、更不规范的那些地方债，应该做到有补有梳、梳补结合，但中长期来看，注重制度建设，并引导到阳光融资状态。引导今后规范程度提高，跟整个市场经济能够良性互动，跟有中国特色的现代化发展过程更加结合在一起，能够规避各种风险的动态上去，现在的地方债不能说它没有起作用，但在积累各种风险的同时，它的透明度上不去，它所可能导致的某些矛盾的积累、风险的积累，一下被某个导火索而触发引出危机，这种公共风险不能得到很好地规避，因此政府制度建设就是既要用这个机制，同时又让这个机制法制化、规范化和透明化，接受公共监督而让它正面效应最大化。

4. 要特别注重中国的调控，紧密结合机制转化和深化改革

我国现在是一个既无明显的通缩压力，又无明显的通货膨胀压力，通货膨胀主要处在预期管理的阶段，这是一个深化改革的良好时机。但这个时机会不会过快地消失掉？前段时间说煤电出现过度的紧张，是不是跟前一段的反常气候有关？前一段时间一直想动的资源税一直动不了，中央考虑的是信心比黄金重要，现在机会来了，我们认为应该周密设计相关的方案，争取相关的方案和经济杠杆，促进经济结构的转变和优化。哪些是落后产能，靠经济杠杆来决定谁出局谁优化。我们的发展方式会得到经济手段的支持，在市场经济合理的机制里面，又加入政府合理的政策引导，是一个最为看重的政策。

2010年我们对资本市场有信心

北京大学金融与证券研究中心主任　曹凤岐

2009年中国资本市场成绩显著

金牛奋力耕好田，寅虎生风来接班。2009年资本市场发生了两件事，第一件是股市上恢复了新股发行，第二件事推出了创业板市场。此外，股指从2008年3月的1647点涨到最高3000多点，差不多翻了一番了。

境内市场共实现融资4461亿元，2009年有99家企业上市，推出了创业板，所以2009年已经有所注意中小企业的问题。 2009年共有150家上市公司实现再融资，56家公司实现重大的资产重组，有很大的交易规模。应该说2009年成绩还是比较大的。

发展和完善多层次资本市场

首先，要进一步发展资本市场，给投资者提供更多的投资机会。要继续培育蓝筹股市场，特别是还要发大盘蓝筹股，这一点对市场平稳或整个市场的发展很有好处。

其次，要进一步发展和完善创业板市场。为更多的自主创新、高成长性的中小企业、民营企业、中小高新技术企业提供投融资渠道。2009年10月创业板一经推出，受到热捧甚至有疯狂炒作之嫌，但是应该说资本市场是在完善过程中。为什么创业板一下子炒到那么高，还与我们的数量太少有关，第一批仅上了28家。必须让更多自主创新企业、高新技术企业上市。所以2010年这个板肯定要有非常大的发展，要让更多的中小企业在这个板上上市。

再次，2010年天津产权交易所将要挂牌，要建立健全非上市公司股份转让系统（OTC），改善和推进面向法人的产权交易市场。制定代办股份转让系统扩大试点具体方案，并尽快付诸实施，对一些非上市公司进行产权的转让、资产的重组是非常有好处的。所以这一块要实现很大的发展。

最后，中央已经说了好几年了，应该大力发展企业债券市场。在国际成熟的资本市场上，发行企业债券是一个重要的融资手段。在美国，债券的融资已经超过了股权融资，我国这个市场一直没有发展起来，当然有很多的问题，包括信用体系、管理体系等。2010年在企业债、公司债的问题上，应该有很大的发展。这样也会给更多的投资者提供一些投资的工具和投资渠道。

此外，要进一步发展和规范私募股权基金市场。这个发展对于发展我国的经济、改善我国的经济结构是非常好的，我国资本市场今天存在的问题是不规范，到现在的问题，我国没有一只创业投资基金，私募股权基金法律定位，阳光化还不够，这些问题都要解决。

金融股市或比2009年走势好

2010年股市或许比2009年走势还好些，这里所说的好包括以下几个方面。

第一，宏观经济2010年肯定还会向好，股市也将向好。

第二，2010年需要更好地发展中国的资本市场。2010年的重点是结构调整。2009年市场是采取以投资来带动整个发展克服金融危机的问题。但是2009年主要是靠政府财政投资、信贷来支持的。现在的问题是经济恢复了，但是结构的问题暴露得非常充分，就是说还存在很多问题。还有民营经济、民营资本参与得太少了，现在要进行经济结构调整，尤其重点是搞城镇化，要搞一些民生工程，就需要更多的民营资本进来，这就要依靠资本市场。

有人说，2009年9.6万亿元，2010年的目标是7.5万亿元，实际上这不是紧缩了吗？

7.5万亿元并不是紧缩，在历史上也非常高了。关键是我们的思路没有打通，还是完全靠财政、靠银行的信贷来解决中国的经济问题。应该转变思路，靠市场、靠资本市场来解决。国家、政府、人民、民营都参与，这就是我们的方针。如果这样来看，7.5万亿元并不少，因为我们有很多的社会资本、民营资本参与进来。从这一点来说，2010年肯定还要大力度地发展。

这就是看好的原因，在发展中会有更多的投资机会。但是2010年的股市应该说确实存在很大的不确定性，可能今年是振荡行情，现在有两个担心：一个是担心通货膨胀，另一个是资产价格泡沫。资产价格泡沫一方面是房地产，另一方面是股市。房地产可以说是一个泡沫，但是股市现在是不是不要说是一个泡沫？现在这种股市整个二级市场来说，大概是25倍左右的市盈率，从中国目前的情况来看，应该说还差得远，如果说这些是泡沫，再打压，整个市场就不行了。中国市场从来不缺资金，从来缺的是信心。不应该打压股市，而应该给大家以信心。

所以从市值上来看，不能把股市现在看作泡沫很多，事实也不是这样，这样看会对整个资本市场有一个非常大的打击。

对于通货膨胀预期，从目前来看，首先，只能说通货膨胀预期或者说进行通货膨胀预期管理，而不能把这一问题看得太严重。这是由于中国经济刚刚恢复，刚刚发展。其次，市场的物价刚刚转正。最后，确实有一些温和的通货膨胀，对经济发展有好处的，能解决就业问题和农民问题的，例如粮食、猪肉，还有石油价格上涨，对农民是有好处的。这些问题应该引起注意，然后相关方解决问题，而不能现在就把通货膨胀的问题说得那么严重，好像马上政策就要退出，货币政策要转向。这样来说，对经济的发展、对股市是不好的事情。目前，主要还要发展经济，要解决就业问题，要解决资本市场问题。

投资者应该学会在股市振荡中把握投资机会。也就是说，股市涨了可以赚钱，股市跌了，也是可以赚钱的，不是炒点，而是炒股票，炒股点是没有任何用处的。投资者要学会在股市振荡中来投资。有人说，现在推出股指期货合适不合适？我认为最合适。没有振荡就没有股指期货。目前大盘的点位上，3000点左右推出的时机是最合适的，到了6000点的时候，大家都会做空；到了1600点以下的时候，大家都会做多，所以现在是最好的机会。

投资者要掌握投资的机会，进行波动性投资、投资绩优股，在股市的振荡中得到赚钱的机会。有人说股市不振荡就没有投资的机会，没有赚钱的机会，投资者要把握这个机会。

总体来说，2010年对股市、对资本市场还应该有信心。从长远来说，我们应该对中国资本市场发展有更大的信心。

2010年中国股市策略——金风花和再平衡

摩根史丹利亚洲有限公司董事、总经理　娄刚

2010年肯定还是一个宏观年。2009年是复苏的一年，是政策进入的一年，2010年是复苏后的一年，也是政策退出的一年，政策的退出意味着股市一定会面临着拐点。最近发展趋势正在确立。随着政策的退出，当资金成本成为极低水平的时候，股市一定会对资金成本更加敏感，而不是对增长的潜力更加敏感。

驱动风险资产的三个因素

任何一个风险资产的类别（如股票，这是典型的风险资产类别）它的主要驱动因素有三个，第一是内生的增长，企业一定要有内生的增长，没有增长的企业没有人去买；第二是政策；第三是通胀。前两个是加项，后一个是减项。

第一，增长。花时间去研究2010年GDP增量到底是9%、10%还是11%，对投资者来说意义不大。为什么呢？高位叠加式的增长变化对股市影响不大，转向性低位的反弹影响很大，一个经济从萎缩到开始增长，这个影响很大，5%到9%这个影响很大，9%加速到10%则影响不大。而且一些主要投行和机构的预测，基本上没有脱离这样一个圈子，也就是大家

有一个强烈的共识。既然没有这么大的风险，而且是高位微小的区别，沉迷于股价里，这个东西风险不大，不要花太多心思研究它，决定股市变化的一定是有分歧的东西，一定是有风险的因素。

第二，政策。2009年是一个驱动的时代，2010年是一个退出的时代。对于投资者来说，2010年不需要盯牢政策，盯牢政策怎么做怎么被动，因为政策本身就是被动的。2009年是政策驱动增长，2010年是增长驱动通胀，通胀驱动政策，政策会由主动变成被动，它从股市的领先指标变成滞后指标。

第三，通胀。大部分机构对发展中国家的经济通胀预测非常大，美国本土经济学家对他们的经济增长预差值最高达到4%。最高和最低相差4%，应该说完全没有方向的，因为他们对增长没有方向，所以对通胀的预期也存在着严重的分歧，分歧就是股市有风险。

通胀是全球化的，尤其在经济全球化了以后，商品全球化了以后，金融全球化了以后，通胀一定是全球化的，一个单独的区域经济不太会发生通胀，但一旦发生通胀，一定逃不过几个要素，无非是能源、商品、粮食，所以投资者要盯住这些东西。

把握通胀的传导机制

此外，要搞清楚通胀的发生机制和传导机制。这么多专家这么多分歧，有人说有通胀，有人说没通胀，其实他们没有讲清楚自己的立场。大家讲的是一回事，没有一个专家说永远都不会有通胀，大家的分歧是存在于它的传导而不是在它的发生。众所周知，通胀的源头在货币，当市场中出现了货币的大幅供给上升的时候，就已经种下了通胀的种子。这个时候人们应该争论的题目已经不是会不会有通胀，而是什么时候会通胀，这个就像跟人被病菌感染了不会马上发烧一样。

通胀的传导机制是经济的增长，没有增长的经济，在货币乱发的条件下，只会有资产价格虚高。这个2009年在美国已经预见了，美国大量货币的投入，经济萎缩，失业率上升，但股市是涨的。中国也是一样，虽然我国基础货币投入不大，但是M2投入非常大，在这么大增速的时候，中国不仅股市是涨的，楼市也是涨的，商品也是涨的。资产价格没有变成一个高商品价格，通胀是个高商品价格，所以通胀没有传导，什么时候传导？从全球范围来看，一定是全球经济复苏、加速，很快会传导到主流经济。什么时候？不用说，肯定是2010年。这三个要素里面，把握最要紧的是通胀，通胀的重要在于它会决定政策，政策是看着通胀走，政策不会看着增长走。增长太低的时候，政策看着增长走，通胀太高的时候，政策一定是看着通胀走。

中国不是一个政府市，中国也不是政策市，中国的政策也是反周期的。上一轮的宏观调控，股市是怎么涨的？所以不要把政策当成市场的主流，它只是市场的一个要素，政府也是市场的定价要素。最后要买股票还是卖股票，要把现实形势和政策加总以后得出一个净值来决定。

政策紧不等于市场紧，因为中国不是政策市，你要看它从什么样的基础上来收紧。政策的力度和它的方向同样重要。2009年货币投入新增贷款占GDP的35%，2010年至少20%。2001～2007年，平均的新增贷款占GDP比例的百分之十几。2010年政府再通缩，也不会出现影响企业基本运营的状况，它会对投机有一定的抑制，但是对经济的正常运作、企业正常运营不会有太大的影响。

基本面增长无忧，运营和融资状态一定是良好的。资金面肯定会比2009年稍微紧一点，紧到什么程度？主要是对国内投资和投机的抑制。对境外市场，尤其H股市场，中国的紧缩绝对不等于香港的缺水。同时随着紧缩政策开始，人民币进入下一轮升值周期，在这一周期里面，没有必要太担心市场的表现。

中国的通胀无近忧有远虑，为什么无近忧？可以观察中国的粮价，它比国际粮价高那么多。在近期以内，国际就算出现原油上涨带动粮价上涨，也不可能逼着涨粮价，因为基数太大。政府手里有这么大粮食筹备，粮食压得住，通胀就一定压得住。这叫没有近忧。再看化肥价格涨，化肥通常会跟原油差不多，3～5个月，可能上半年问题不大，但是下半年原油可能带着化肥一起涨。

投资策略建议

“金凤花”指的是不温不火的状态，它是经济学家口中讲的高增长低通胀的状态，在西方被称为Goldilocks。我觉得我国是一个短暂的“金凤花”状态。我国处于从高增长低通胀向高增长高通胀的转移的过程中，市场的估值会有一个短暂的放大。所以2010年对市场的观点最起码在可预见的未来还是相对比较乐观的。

我国的资产配置应该参与经济的全面增长和第二波复苏。如果只盯着资产价格的早期受益企业，经济就不会真的好起来，经济好起来一定是主流经济的行业好起来。我国现在超配的行业是消费和驱动的行业，包括日常消费、可选消费、网络媒体、保险、能源、资本货物。我国低配的行业是在早期在政策中获得巨大收益的行业，包括银行、地产和原材料。同时也暗含了三个主题的投资，2010年的通货膨胀投资策略、政策紧缩投资策略和人民币升值策略是三位合一的。这三个东西就像三胞胎一样，通货膨胀预期出来了，政策的紧缩就出来，随后人民币升值就出来了。所以要多保险，控银行、地产，多能控和采掘，多电信、多媒体、多互联网。在2010年如果能够保持这样一个投资策略，在市场上仍然可以取得一个比较丰厚的回报。

失衡过度以后，一定要找一个再平衡。不用花太多时间说中国为什么要再平衡，就是因为中国发展了太多再平衡。居民储蓄率严重上升，从2008年年底的不到70%的水平变为现在已经突破80%，这一定要找平衡。其次，银行贷款余额占GDP的比率严重攀高，这个攀高把从2003年以来下降的全部一并抹回去了，一定要找平衡。在东部沿海地区，房屋负担能够严重下降，这个也必须要找平衡。政府在经济增长中所占的比重严重上升，这个也必须要找平衡。

平衡的结果是什么呢？平衡的结果一定是市场推动资金成本的上升，抑制投资产能过剩，进行市场性的淘汰，总体增速一定会下降。这些在2010年以后很有可能会发生，在这段时间以内，股市应该经历一段相对痛苦的时间，但这也是投资黄金期，这件事情发生的时候，最好能超配一下行业：医疗、教育、养老、消费、金融，因为这是下一波再平衡以后获益最多的行业。所以在“十二五”计划当中最有可能的主旋律是可持续性发展、预测经济，加快城市化。

最后谈一下风险。从目前的经济增长来看，无非是由增长和通胀来决定市场的状况。增长和通胀的排列组合就是四个排列组合，现在从低增长低通胀进入到高增长低通胀，进入的过程是在2009年二季度开始，什么时候结束要看通胀什么时候来临。下一个阶段就是高增长高通胀的阶段，这个时候应该是投资者的卖出期，在这个期间投资者要逐渐要把股票清空。最后一个阶段，低通胀高通胀来临之前，把股票清空。现在市场所处的时间应该是在一个高增长低通胀的点上，高通胀高增长可能是今年下半年。所以现在投资者还是持有股票的，而且如果市场有比较大的下跌，会逢低买入。

最后总结一下，政策由进入到退出时代。政策是一个滞后指标，可以忽略不计。增长这个东西也不要太多时间去研究，最主要的是对通胀有一个充分的意识，即它的不可预测性，意识到它对政策的推动性。如果把第一个和第二个观点加起来，便可得出一个结论，市场在2010年对资金的敏感度远远大于对增长的敏感度。对于资金成本发生变化，银行间市场发生变化，一定要非常敏感。

把第一个和第三个观点加总在一块，可以得出对2010年市场的判断，它是一个冲高回落的状态，是一个非常戏剧化的状态。所以2010年最主要的是要把握卖出点，而不是什么时候抄底。把第二个和第三个观点加在一起，就可以看到，和2009年不同的是，现在的增长潜力没有被低估的，完全跟股价里面，抄底已经不再是关键，要把握卖出时机。

最重要的一个结论，通胀是全球化的，资金成本制约变量在境外而不是在境内，中国紧缩不怕，就怕年初紧缩，中国的基金经理也要盯住美国的房价做中国股票。为什么盯住美国房价？美国的房价一涨，美国的经济就会给人一个巨大的惊喜，但这个惊喜对中国是坏事。所以说2010年股市最大的情况就是美国经济二次探底，如果美国从一个很衰弱进入到加速增长的状况，就要把股票卖出，如果农历新年刚过完，它马上经济增长，投资者就要赶快买中国股票。

我国开征碳税问题研究

财政部财政科学研究所《碳税》课题组
苏明　傅志华　许文　王志刚　李欣　梁强

一、我国开征碳税的必要性和可行性分析

（一）碳税及其相关概念

研究碳税首先必须对碳税进行概念上的认定，还需理清碳税与能源税、环境税之间的关系。

简单而言，碳税就是针对二氧化碳（CO_2）排放征收的一种税。更具体地看，碳税是以减少二氧化碳的排放为目的，对化石燃料（如煤炭、天然气、汽油和柴油等）按照其碳含量或碳排放量征收的一种税。而能源税一般是泛指对各种能源征收的所有税种的统称，包括国外征收的燃油税、燃料税、电力税及我国征收的成品油消费税等各个税种（在有些国家，能源税也直接作为一个税种的名称出现）。

比较起来，碳税与能源税之间既相互联系，也存在着一定的区别。两者的联系为：

（1）在征税范围上，碳税与能源税有一定的交叉和重合，都对化石燃料进行征税。

（2）在征收效果上，碳税与能源税都具有一定的二氧化碳减排和节约能源等作用。

两者之间的区别为：

（1）在产生时间上，对各种能源征收的能源税的产生要早于碳税，碳税则是在认识到排放温室气体破坏生态环境以及对全球气候变化造成影响后，才得以设计和出现的。

（2）在征收目的上，碳税的二氧化碳减排征收目的更为明确，而能源税的初期征收目的并不是二氧化碳减排。

（3）在征收范围上，碳税的征收范围要小于能源税，只针对化石能源，而能源税包括所有能源。

（4）在计税依据上，碳税按照化石燃料的含碳量或碳排放量进行征收，而能源税一般是对能源的数量进行征收。

（5）在征税效果上，对于二氧化碳减排，理论上根据含碳量征收的碳税效果优于不按含碳量征收的能源税。

环境税，一般是泛指对为实现一定的环境保护目标而征收的所有税种的统称。碳税、能源税、环境税三者相比较，环境税的外延最大，既包括碳税和能源税，也包括其他与环境保护相关的税种，如硫税、氮税、污水税等。

（二）征收碳税的理论基础

碳税作为环境税的一种，其征收的理论基础与环境税是一致的。从理论的形成和发展来看，主要有以下理论基础。

1. 环境的负外部性

环境的负外部性，也称外部负效应或外部不经济，不仅包括生产中，而且包括在消费中。从生产来看，整个生态环境是自由财富，在对环境的污染和破坏不征税的情况下，企业不负担污染和破坏环境的社会成本，这样会导致企业在追求利益最大化的过程中，对生态环境造成污染和破坏。解决生产的外部不经济问题就是要求企业为污染和破坏环境付出代价。而从消费来看，一种消费品如果在消费过程中对环境产生了消极作用，而产品价格中只包括了通过市场机制形成的成本，消费者没有未使用过程中的这种副作用付出相应的代价，就形成了消费中的负外部性，消费的外部性会导致无效率的结果。

2. 庇古税理论

英国经济学家庇古（Pigou）接受了外部性理论，他认为要使环境外部成本内在化，需要政府采取税收或者补贴的形式来对市场进行干预。在其著名的《福利经济学》（Economics of welfare）一书中，庇古详尽地分析了边际私人净产值与边际社会净产值背离的原因，建议对边际私人纯产值大于边际社会纯产值的部门征税，对边际私人纯产值小于边际社会纯产值的部门实行补贴。通过这种征税和补贴，就可以导致经济资源从边际私人纯产值小的地方转移到边际私人纯产值大的地方，以减少边际私人纯产值与边际社会纯产值之间的差距，其结果将使经济福利增加。

政府根据污染所造成的危害对排污者收税，以税收形式弥补私人成本和社会成本之间的差距，将污染的成本加到产品的价格中去，这种税又被称之为"庇古税"（Pigovian Taxes）。从经济学的意义分析，"庇古税"所偏重的是效率原则，从中性立场出发，引导资源配置优化，以实现帕累托最优（Paretocriterion）。相比较而言，"庇古税"较之其他控制手段，如排污标准、罚款，在同样的排污控制量的情况下，成本相对要低。对此，Baumol and Oates和Pearce and Tumer均进行了详细的量化分析。

3. 污染者付费原则（PPP原则）

"污染者付费原则"的提出是为了解决污染者的环境责任问题，即环境外部成本该由谁来负担。污染者付费，就是由污染者承担因其污染所引起的损失，即污染费用。这种观念形成于20世纪60年代末期。其出发点是，商品或劳务的价格应充分体现生产成本和耗用的资源，包括环境资源。因此，污染所引起的外部成本，有必要使其内在化，而由污染者承担。一般污染费用有两种衡量标准：一是防治费用，即控制、清除和预防污染的防治费用；二是补偿费用，即补偿因污染所引起的全部损失的费用。

OECD委员会在1972年将"污染者付费原则"作为欧洲污染预防与控制的一个主要的经济原则（EC Treaty，Article 174），很快得到国际社会的认同，被一些国家确定为环境保护的一项基本原则。"污染者付费"不只适用于污染行为，而是对所有引起具有经济外部性质的环境成本的行为，包括自然资源开采和使用、破坏生态行为，都同样适用。二氧化碳的排放者为获得自身的利益和效益而增加了社会的成本，必然应该为自身的行为承担责任，承担责任的大小以危害程度来衡量最为科学合理，碳税按二氧化碳的排放量征税，完全符合为自身行为承担相应义务的原则。

4. 公共产品理论

环境是一种有非竞争性（一个消费者的消费不影响其他消费者的消费）和非排他性（不能把其他受益者排除在外）的公共产品。由于公共产品具有非竞争性和非排他性的特征，只要在技术上不能将非付费者排除在受益人之外或者将其排除在外的成本明显过高，搭便车现象就普遍存在，即不承担成本仍可以享受利益。结果是公共产品难以出售，公共产品的市场提供机制不完全，由市场提供的公共产品明显不足，需要通过非市场力量，即由政府负责提供，政府提供公共产品的资金来自征税，用税收收入来生产或购买公共产品（包括供适宜生存和生活的环境）。

目前我国环境恶化的速度不断加快，环境治理成本越来越高，环境恶化到一定程度具有不可逆性，即无法恢复或恢复成本过高，所以我们不能走先污染后治理的道路。政府提供适宜生存和生活环境的公共服务的资金来自政府收入，碳税的税收收入在降低能源耗费数量的同时又可以为政府提供环境这一公共产品提供资金。

5. 双重红利（Double Dividends）理论

随着环境税收理论的发展，在20世纪90年代初，David W. Pearce首先提出了碳税的“双重红利”理论，认为碳税收入可以被用来减少现有税收的税率，如所得税或资本税的福利成本。具体解释为，第一种红利是：实施环境税可以改善环境质量；第二种红利是：将环境税带来的收入增加部分用以降低其他税率，可以带来就业增加、投资增加或者使得经济更有效率。

“双重红利”理论提出后，被很多经济学家所接受，认为环境税可以替代其他扭曲的税种。Shackleton等人通过4个模型比较了美国二氧化碳税收入的不同使用形式的结果；总结出将收入用于减少不利于资本形成和劳动力供给的税收，能够有效地降低碳税成本。虽然多数经济学家都赞成环境税对于改善环境质量和减少税收的额外负担的作用，但一些学者对该观点也提出了质疑，目前对于“双重红利”理论仍然存在着较大的争议。

（三）中国开征碳税的必要性分析

1. 开征碳税是减缓国内生态环境压力的需要

受能源分布的约束，我国是世界上少有的以煤炭为主的能源消费国之一。改革开放三十年来，我国经济高速发展，碳排放量逐年增加，而且增长很快。根据《中华人民共和国气候变化初始国家信息通报》，1994年中国二氧化碳排放量为30.7 亿吨。根据2006年底由中国科技部、气象局、中科院等单位联合发布的《气候变化国家评估报告》，2000年我国化石燃料燃烧产生的二氧化碳排放量约为34亿吨，占世界总排放量的12.78%，排放总量居世界第二位，人均排放0.65吨碳，相当于世界平均水平的61%。《中国应对气候变化国家方案》（2007年）中指出，2004 年中国二氧化碳排放量约为50.7 亿吨，人均二氧化碳排放量为3.65 吨，相当于世界平均水平的87%、经济合作与发展组织国家的33%。根据世界资源研究所的研究结果，1950～2002年间，中国化石燃料燃烧二氧化碳累计排放量占世界同期的9.33%，人均累计二氧化碳排放量61.7吨，居世界第92位。

气候变化已经对中国的自然生态系统和经济社会系统产生了一定的影响，同时，中国的发展面临着人口、资源、环境的严重约束。因此，为了实现经济的可持续发展和环境的可持续发展，政府已经把节能减排作为当前工作的重点，也采取了相关的政策措施。碳税作为实现节能减排的有力政策手段，也是保护环境的有效经济措施，应成为中国应对气候变化中的主要政策手段之一。

2. 开征碳税有利于树立负责任的国际形象

中国是《联合国气候变化框架公约》的签约国。1992年，联合国环境与发展大会通过了该公约，它是世界上第一个关于控制温室气体排放、遏制全球变暖的国际公约。1997年公约第三次缔约方大会对公约的实施取得重大突破，缔约方在日本京都通过了《京都议定书》，对减排温室气体的种类、主要发达国家的减排时间表和额度等作出了具体规定。2007年出台的“巴厘岛路线图”为进一步落实公约指明了方向。虽然目前公约对发展中国家没有规定强制的减排义务，但根据“巴厘岛路线图”达成的协议，2012年以后发展中国家也要在可持续发展的前提下采取对国家合适的减排行动，同时这种行动要以可测量、可报告、可核实的方式提供技术、资金和能力建设方面的支持，首次明确提出了发展中国家的责任。

中国目前虽然没有承诺减排的义务，但作为世界上二氧化碳排放大国，我国限排和减排的国际压力与日俱增。既然减排是有益人民和子孙后代的事业，我们自然应该寻求主动。因此，开征符合我国国情的碳税，将其作为我国主动进行二氧化碳减排的行动之一，不仅符合国际环境政策的发展趋势，也可以提高自身的国际形象和有利于掌握未来谈判的主动权。

3. 开征碳税有利于经济发展方式的转变

经济发展方式粗放，特别是经济结构不合理，是我国经济发展诸多矛盾和问题的主要症结之一。节能减排是进行经济结构调整、转变发展方式的重要途径。而碳税作为重要的环境政策工具，既有利于调整产业结构，也有利于促进节能减排技术的发展，还符合我国发展低碳经济的方向。

具体来看，开征碳税能够推动化石燃料和其他高耗能产品的价格上涨，导致此类产品的消费量下降，最终起到抑制化石能源消费的目的，进而还能达到因减少使用化石燃料而减少二氧化碳排放及减少其他污染物排放的目的。因此，开征适度的碳税，有利于加重这些高耗能企业和高污染企业的负担，抑制高耗能、高排放产业的增长。同时，征收碳税有利于鼓励和刺激企业探索和利用可再生能源，加快淘汰耗能高排放、高耗能的落后工艺，研究和使用碳回收技术等节能减排技术，结果必然是促进产业结构的调整和优化、降低能源消耗和加快节能减排技术的开发和应用。总之，开征碳税有利于促进我国经济发展方式的转变和低碳经济的发展。

4. 开征碳税是完善环境税制的需要

从国外发达国家来看，其普遍建立以硫税、氮税、燃油税、碳税等等环境税税种为核心的环境税制或绿色税制。虽然我国目前也存在着一些与环境保护相关的税种，如资源税、消费税等，但目前尚缺乏独立的环境税种，符合市场经济的环境税收制度尚未建立起来，环境治理的效果不理想。

开征碳税，可以设立直接针对碳排放征收的税种，增强税收对于二氧化碳减排的调控力度。同时，也有助于我国环境税制的完善，碳税作为一个独立税种或者作为环境税的一个税目，配合其他环境税的开征，可以弥补环境税的缺位，构建起环境税制的框架，加大税制的绿化程度。此外，通过开征碳税，减少其他扭曲性税收，还能够实现整个税制结构的完善和优化，对实行有利于科学发展的财税制度，进一步深化税制改革具有重要意义。

（四）我国开征碳税的可行性分析

1. 理论上的可行性

从环境的外部性和“庇古税”，到“污染者付费原则”的引入，以及“双重红利”理论的提出，环境税收理论经过多年的发展已日臻完善。碳税具备上述理论基础，且对耗费化石能源的二氧化碳排放征税较其他政策措施相比具有一定的优点：①碳税可以把能源耗费产生的环境成本内部化；②碳税的行政成本低于管制和许可；③碳税通过提高能源使用成本，从长期来看可以刺激能源使用效率的提高。同时，碳税已经从单纯的理论和政策研究走向了政策实践。因此，开征碳税有着理论上的可行性。

2. 政策上的可行性

2007年6月中国政府颁布的《中国应对气候变化国家方案》，拟采取一系列法律、经济、行政及技术手段，减缓温室气体排放，提高适应气候变化的能力。2007年12月召开的中央经济工作会议要求“加快出台和实施有利于节能减排的财税、价格、金融等激励政策”，要完善节能减排财政政策体系，制订相关支出政策、税收政策、收费和价格政策，淘汰落后生产能力，促进产业结构调整，加快污染减排技术开发和技术产业化示范。

开征碳税不仅符合我国目前贯彻科学发展观、实现节能减排目标、转变经济发展方式等方面的发展目标，也符合《中国应对气候变化国家方案》提出的制定有效政策机制的要求，是当前我国应对气候变化所应采取的主要措施的规定。特别在当前百年一遇国际金融危机背景下，我国经济发展面临保增长、调结构两项重要任务。因此在重视保增长这一首要任务的同时，必须要抓紧机遇，不能弱化结构调整任务，而碳税正可以在调结构方面发挥重要作用。

3. 技术上的可行性

较硫税、废水税等环境税相比，碳税有计量简单、操作容易、便于检测的特点。碳税的税基是碳的排放量，各种能源的含碳量是固定的，所以其燃烧排放的二氧化碳量也是确定的，再考虑减排技术和回收利用等措施计量真实的碳排放量，所以碳税计量相对简单，对税务人员来说操作相对容易，也不需要复杂的检测。同时，其他国家的碳税实践为我国碳税政策的实施提供了很多有益的经验和借鉴，包括合理设计碳税的税负水平，充分发挥碳税的调节功能，并规避其对低收入群体和高耗能产业的冲击等。

总之，中国作为世界上的二氧化碳排放大国，应对全球气候变化的压力很大，参与全球应对气候变化的行动，采取相关政策措施以减缓和适应气候变化已经成为国内不可回避的一个问题；我国社会经济发展也处于资源、环境约束最为严重的时期，面临着巨大的节能减排压力。在这种国内和国际双重压力下，研究制定符合我国国情的碳税政策，是非常必要的。

同时，从理论、政策和技术三个方面来看，我国也已经具备了开征碳税的可行性。碳税一旦实施，会产生一些积极效应，如降低能源需求、筹集政府收入、减少空气污染以及提高健康水平和劳动生产率等。

二、我国碳税的开征目标和原则

1. 政策目标

减少二氧化碳（CO_2）的排放是开征碳税最直接的目的，但碳税在减少二氧化碳排放的同时，也能起到节约能源、减少二氧化硫、氮氧化合物等其他污染物排放等方面的作用，因此碳税的开征目标包括二氧化碳减排、节能和其他污染物减排等多个方面。基于此，碳税所要达到的近期目标和长期目标如下。

（1）近期目标。碳税的近期政策目标就是要出台针对消耗煤炭、天然气和成品油等化石燃料的税收政策，形成符合我国实际国情的碳税制度，控制温室气体的排放，表明我国在应对全球气候变化和环境保护方面的坚定立场；同时，通过碳税政策实现能源的节约和其他污染物的减排，促进国家“十一五”规划设定的节能减排目标的实现。

（2）长期目标。碳税的长期政策目标是：应对全球气候变化、节约能源和保护环境，发展低碳经济；提高能源效率，协调能源、经济和环境的关系，实现我国经济社会的可持续发展；建立人和自然和谐的关系，为建设生态文明和环境友好型社会提供政策保障。

2. 开征原则

开征碳税的指导思想为：根据深入贯彻落实科学发展观和建设资源节约型、环境友好型社会的总体要求，按照建立有利于科学发展的财税制度的总体部署，借鉴国际经验，通过对各种化石能源开征碳税，并合理确定税率，培养资源节约和环境保护意识，强化税收政策的生态职能，从而使税收体现科学发展观和构建和谐社会的必然要求，实现经济又好又快发展。

根据上述指导思想，我国碳税的开征应该考虑以下基本原则：

（1）兼顾约束和激励作用的原则。开征碳税需要兼顾约束和激励两个方面的作用。一方面通过征税限制企业和个人对化石能源的消耗，减少温室气体排放，转变我国能源消费结构不合理和能源效率低下的不利局面；另一方面，通过税收激励企业使用清洁能源和可再生能源，提高能源利用效率，促进环境改善和经济社会可持续发展。为此，需要建立健全有利于能源资源节约和环境保护的税收激励和约束限制并重的机制。

（2）兼顾环境保护与经济发展的原则。开征碳税需要使环境保护和经济发展相协调。一方面，发展经济不能牺牲生态环境，为了有效减少二氧化碳的排放，就需要保证碳税对企业的较强刺激力度，促使其改变化石能源的消费行为；另一方面，开征碳税也要考虑企业承受能力和对经济发展的负面影响。如果碳税征收标准过高会影响到企业的竞争力，影响经济的发展。因此，我国开征碳税应该在实现保护生态环境的同时要把税收对经济的负面影响降到最低限度，兼顾两者的平衡关系。

（3）立足国情和合理借鉴的原则。我国开征碳税，不可避免地要借鉴国外的成功经验，以求科学和完善。但是，我国目前与发达国家之间在经济发展水平、科技水平和管理水平有着一定的差距，同时在税制、纳税人以及社会环境等其他方面也存在着差别。因此，开征碳税应以我国的基本国情为本，不能盲目照抄照搬他国的做法，这样才能建立适合自身发展的碳税，使之在我国的现实社会经济条件下切实可行。

（4）循序渐进的原则。我国的国情和环境税自身的复杂性决定了碳税在我国的实施将应该是一个循序渐进的过程。在经济全球化的背景下，国内外大量实践证明，征收碳税将影响企业国际竞争能力，其不可避免地会遭受到阻力。为此，合理选择引进碳税的时机也是保证环境税实施成功的重要因素之一，分步推进碳税和逐步提高税率，可以降低其对企业竞争等方面的影响以及社会的抵触情绪。

三、碳税税制要素初步设计

碳税的税制要素包括征税范围和对象选择、纳税人、计税依据、税率、征收环节、税收优惠和征收方式等方面，结合国外开征碳税的经验和我国开征碳税的目标和原则，我国碳税制度要素的设计内容如下：

（一）征税范围和对象

碳税的征税范围和对象为：在生产、经营和生活等活动过程中因消耗化石燃料直接向自然环境排放的二氧化碳。

碳税是对二氧化碳排放进行征收的税种，但导致全球气候变化的温室气体不仅包括二氧化碳，还包括氧化亚氮（N_2O）、甲烷（CH_4）和臭氧（O_3）、六氟化硫（SF_6）、氢氟碳化物（HFC）和全氟化碳（PFC）等。从运用税收政策来应对全球气候变化的角度看，应该对所有的温室气体都进行征税。也就是说，中长期的碳税政策应该实现对集中排放源的所有温室气体征税，对分散源则以二氧化碳或燃料消耗为基础。但从短期来看，由于二氧化碳约占温室气体排放的60%以上，是最重要的温室气体，同时对二氧化碳进行征税较其他温室气体相比更容易操作。因此，我国现阶段碳税的征税范围和对象可确定为：在生产、经营等活动过程中因消耗化石燃料直接向自然环境排放的二氧化碳。由于二氧化碳是因消耗化石燃料所产生的，因此碳税的征收对象实际上最终将落到煤炭、天然气、成品油等化石燃料上。

（二）纳税人

凡是因消耗化石燃料向自然环境中直接排放二氧化碳的单位和个人为二氧化碳环境税的纳税义务人。

根据碳税的征税范围和对象，我国碳税的纳税人可以相应确定为：向自然环境中直接排放二氧化碳的单位和个人。其中，单位包括国有企业、集体企业、私有企业、外商投资企业、外国企业、股份制企业、其他企业和行政单位、事业单位、军事单位、社会团体及其他单位。

（三）计税依据

1. 计税依据的选择

碳税的征税对象是直接向自然环境排放的二氧化碳，理论上应该以二氧化碳的实际排放量作为计税依据最为合理。但由于以二氧化碳的实际排放量为计税依据，涉及二氧化碳排放量的监测问题，在技术上不易操作，征管成本高。在实践中更多地是采用二氧化碳的估算排放量作为计税依据，即根据煤炭、天然气和成品油等化石燃料的含碳量测算出二氧化碳的排放量。由于二氧化碳的排放量与所燃烧的化石燃料之间有着严格的比例关系，且化石燃料的使用数量易于确定，因而可通过对投入量或使用量也可以确定出二氧化碳的排放量。此外，计税依据的确定不需要涉及气体排放量的监测问题，易于操作，征管成本低。

严格来说，对根据化石燃料估算出的二氧化碳排放量征税与对二氧化碳的实际排放征税相比，是存在差别的。前者只鼓励企业减少化石燃料的消耗，而不利于企业致力于对二氧化碳排放的消除或回收利用的技术研究。

碳税的国际经验也表明，目前实施碳税的大部分国家都是采用估算排放量作为计税依据。结合我国的实际情况来看，税务机关尚不具备对二氧化碳排放量进行监测的能力，为了便于征收，降低征管成本，我国同样应该采用二氧化碳的估算排放量作为碳税的计税依据。碳税计税依据形式的比较见表1。

表1　　碳税计税依据形式的比较

碳税计税依据	二氧化碳实际排放量	二氧化碳估算排放量
优点	（1）与生态环境破坏直接关联 （2）计税依据确定准确 （3）可以进行碳交易	（1）与生态环境破坏直接关联 （2）计税依据确定准确 （3）征管成本低
缺点	征管成本高	（1）不利于对二氧化碳排放的消除或回收利用的技术研究 （2）难以进行碳交易

2. 估算排放量的确定

根据《IPCC国家温室气体清单指南》中能源部分所提供的基准方法，化石燃料消费产生二氧化碳排放量的计算公式为

二氧化碳排放量＝化石燃料消耗量×二氧化碳排放系数

二氧化碳排放系数＝低位发热量×碳排放因子×碳氧化率×碳转换系数

式中　化石燃料消耗量——企业的生产经营中实际消耗的产生二氧化碳的化石燃料，包括煤炭、原油、汽油、柴油、天然气等，以企业账务记录为依据；

二氧化碳排放系数——单位化石燃料的二氧化碳排放量。

低位发热量是指化石燃料完全燃烧，其燃烧物中的水蒸气以气态存在时的发热量，也称净热；碳排放因子是指化石燃料单位热值的碳排放量；碳氧化率是指碳氧化的比率，即氧化碳占碳排放的比率；碳转换系数是指碳到二氧化碳的转化系数，为44/12（见表2）。

表2　　二氧化碳的估算排放量

燃料种类	单位	排放因子（tc/TJ）	碳氧化率（%）	低位发热量（兆焦耳/吨，千立方米）	二氧化碳排放量（吨）
原煤	万吨	25.8	98	20908	19383.39
洗精煤	万吨	25.8	98	26344	24423.00
其他洗煤	万吨	25.8	98	8363	7753.17
焦炭	万吨	29.5	98	28435	30142.05
焦炉煤气	亿立方米	13	99.5	16726	79328.63
其他煤气	亿立方米	13	99.5	5227	24790.79
原油	万吨	20	99	41816	30358.42
汽油	万吨	18.9	99	43070	29549.03
柴油	万吨	20.2	99	42652	31275.01
燃料油	万吨	21.1	99	41816	32028.13
液化石油气	万吨	17.2	99.5	50179	31487.99
炼厂干气	万吨	18.2	99.5	46055	30580.37
天然气	亿立方米	15.3	99.5	38931	21731.90

注：TJ为热值（净卡路里值），单位为千兆焦耳。

资料来源：《IPCC国家温室气体清单指南》。

（四）税率

1. 税率形式

碳税税率形式与计税依据密切相关，由于采用二氧化碳排放量作为计税依据，且二氧化碳排放对生态的破坏与其数量直接相关，而与其价值量无关。因此，需要采用从量计征的方式，即采用定额税率形式。

2. 税率水平的确定

碳税税率的设计十分复杂，必须在估计大气污染所造成的危害，特别是对长期性的减排二氧化碳措施所需费用，以及考虑开征碳税对经济影响的基础上，经过全面详细的计算才能确定。

具体来看，在设计税率时应该遵循以下原则：

（1）税率水平应最大限度地反映减排二氧化碳的边际成本。因为税率水平的设计要有利于纳税人对征税的积极反应，即税负足以影响其排放行为或生产消费行为，即对二氧化碳排放行为而言其应纳的税收应高于企业为减排所使用替代能源或采取技术措施的预期边际成本。

（2）税率水平应该考虑对宏观经济和产业竞争力的影响。过高的税率水平对于宏观经济和产业竞争力有着较大的影响，因此需要根据一国的社会经济的发展目标综合选择。例如，为了保护关键工业和经济部门的国际竞争力，在实施高税率水平碳税的同时，需要设置针对参与国际市场竞争的能源密集型工业的相关税收优惠政策。

（3）税率水平的设计应该充分考虑差别因素，对煤炭、天然气和成品油等不同化石燃料实行差别税率。为鼓励用与环境友好的产品对污染型产品进行替代，对替代品的税收可以根据其污染物的含量而有所不同，对化石燃料征收的碳税应该根据其碳含量的不同而有所不同；同时，为了减轻关键工业和经济部门的经济负担，根据各部门的能源需求价格弹性和能源效率水平，应有选择地实施差别税率，不能“一刀切”。

（4）税率水平应该循序渐进的提高。在一段时期内，碳税税率水平应该保持适中和基本稳定，不宜过高和过低。从策略上看，可以在开征初期实行低税率，在逐步提高，从而可以避免对经济造成大的冲击和减弱社会阻力。

（5）与其他税种的衔接。碳税的税率水平还涉及到对化石燃料征税的其他税种税负的平衡，例如我国近期准备出台资源税的改革，资源税的改革必然会对开征碳税时的税率水平产生影响。

此外，碳税税率水平还收到资源价格水平、是否实行国际碳税等其他因素的影响，这都属于在确定碳税税率水平时需要考虑的因素。

3. 建立税率的动态调整机制

综合来看，考虑到我国社会经济的发展阶段，为了能够对纳税人的二氧化碳减排行为形成激励，同时不能过多影响我国产业的国际竞争力和过度降低低收入人群的生活水平，短期内应选择低税率、对经济负面影响较小的碳税，然后逐步提高。同时，还有必要根据我国经济社会的实际发展状况和国际协调等方面的需要，建立起碳税的动态调整机制，更好地发展碳税的在二氧化碳减排和节能上的重要作用。

4. 碳税开征税率的初步选择

根据碳税的环境和经济影响的测算结果，并考虑具体碳税税率征收方案，建议二氧化碳设计税率水平见表3。

表3　二氧化碳设计税率水平[1]

税率	2012年	2020年
碳税（元/吨二氧化碳）	10	40
其中：原煤碳税（元/吨）	19.4	77.6
原油碳税（元/吨）	30.3	121.2
汽油碳税（元/吨）	29.5	118
柴油碳税（元/吨）	31.3	125.2
天然气碳税（元/千立方米）	2.2	8.8

注：1. 假设在2012年开征碳税。

2. 碳税税率与煤炭、石油和天然气的碳税税率的换算关系为：1元/吨二氧化碳=1.94元/吨煤炭=3.03元/吨原油=2.95元/吨汽油=3.13元/吨柴油=0.22元/千立方米天然气。

（五）征税环节

碳税的征税环节一般有两种选择：一是在生产环节征税，由化石能源的生产、精炼、加工企业缴纳；二是在消费环节征税，即批发或零售环节，由化石能源的销售商缴纳。理论上，碳税的纳税人是消耗化石能源的企业和居民，从充分发挥碳税政策效应的角度考虑，在消费环节征税，并采取价外税的形式，更有利于刺激消费者减少能源消耗。但从实际管理和操作角度考虑，在生产环节征税更有利于税收的管理和源泉控制。

现行消费税对成品油的征收是在生产环节，资源税对煤炭、天然气和石油的征收也是在

[1] 需要注意的是，碳税采用定额税率形式，其水平的设计还需要考虑能源的价格情况。因此，这里的税率水平是在考虑现阶段煤炭等化石燃料的价格的基础上进行设计的，当化石能源价格发生大规模变动的情况，需要重新考虑碳税的设计水平。

生产环节[1]，考虑到中国目前对煤炭、天然气和成品油征税的实际做法，为了保障碳税的有效征收，减少税收征管成本，建议将碳税的征税环节设在生产环节。具体来看：对于煤炭、石油和天然气，由资源开采企业缴纳；对于汽油、柴油等成品油，由石油的精炼、加工企业缴纳。

（六）税收优惠

一般而言，国际上碳税的税收优惠主要有三个方面的内容：

（1）对能源密集型行业的优惠。由于征收碳税会影响企业国际竞争能力，对能源密集型行业实行低税率或税收返还制度，这也是国际上为消除碳税征收对企业国际竞争力影响而采取的通行办法。虽然在客观上会降低碳税的实施效果，但有助于碳税的推行和保障产业竞争力。

（2）对二氧化碳排放削减达到一定标准的（超过国家排放标准）企业给予奖励。开征碳税的目的就是要减少二氧化碳的排放，因此有必要对企业在二氧化碳减排上的努力给予激励。

（3）对居民个人的优惠。对于征收碳税导致受影响较大的一些居民个人，如低收入者等，为了不影响其生活，给予相应的减免优惠。

根据国际经验，结合我国的实际国情，我国碳税税收优惠的设计如下：

（1）为了保护我国产业在国际市场的竞争力，可根据实际情况，在不同时期对受影响较大的能源密集型行业建立健全合理的税收减免与返还机制。但是，能源密集型行业享受税收优惠必须有一定的条件，如与国家签订一定标准的二氧化碳减排或提高能效的相关协议，作出在节能降耗方面的努力。

（2）对于积极采用技术减排和回收二氧化碳，例如实行CCS（碳捕获和储存）技术，并达到一定标准的企业，给予减免税优惠。

（3）根据我国现阶段的情况，从促进民生的角度出发，对于个人生活使用的煤炭和天然气排放的二氧化碳，暂不征税。

---

[1] 从实际征管来看，资源税的征税环节一是在对外销售的销售环节，二是在自用的移送环节，相当于生产环节。

四、碳税的其他制度规定

（一）碳税的收入归属

碳税的收入归属上有三种选择，即地方税、中央税、中央与地方共享税。一般而言，根据中央税与地方税的划分标准，地方税应该是具有非流动性且分布较均匀、不具有再分配和宏观调控性质、税负难以转嫁性质的税种。而碳税对整个宏观经济、产业的发展产生影响，还涉及到一个国际协调的问题。从这个角度看，碳税不宜作为地方税，作为中央税更为合适。但考虑到我国目前地方税税收收入过低，为了调动地方政府的积极性，建议将碳税作为中央与地方共享税，中央与地方分成比例为7：3。由中央财政集中碳税收入用于支持节能、新能源和可再生能源利用、新能源技术开发以及其他节能事业的发展。还需要建立规范的财政转移支付制度，重点考虑低收入或经济发展水平低的地区，平衡地区间减排成本和收益的分配格局。

（二）碳税的收入使用

碳税收入的使用具有两种方式：一种是指定收入的使用用途（即通常所称的专款专用）；另一种是不指定使用用途，与其他税收收入一起统筹使用。一般来说，专款专用制度在环境税处于起步阶段，税率水平较低、无法达到理想的环境目标的情况下，有利于改善环境。而纳入一般预算的环境税收一般用来制度补偿计划，抵消环境税可能带来的累退性，通常为发达国家所采用。

从强化我国财政管理的角度出发，碳税的收入也有必要纳入预算管理，与其他税收收入统一进行使用和管理。鉴于我国现阶段的经济发展水平尚低，节能减排方面所需的资金不足，因此，财政有必要合理地利用碳税收入，加大在节能环保方面的支出。

具体来看，碳税收入应该采用以下使用内容和方式：一是用于重点行业的退税优惠和对低收入群体的补助等方面；二是可以建立国家专项基金，专门用于应对气候变化、提高能源效率、研究节能新技术、新能源技术开发、新能源和可再生能源利用、实施植树造林等增汇工程项目以及加强有关的科学研究与管理，促进国际交流与合作等方面；三是在具体使用方式上，应该更多地采用财政贴息等间接优惠方式，而较少采用直接补贴的方式，更好地发挥碳税的作用。

碳税的制度设计见表4。

表4 碳税的制度设计

税制要素	基本规定
纳税人	因消耗化石燃料向自然环境直接排放二氧化碳的单位和个人为二氧化碳环境税的纳税义务人
征税范围	在生产、经营和生活等过程中直接向自然环境排放的二氧化碳，按规定征收环境税
计税依据	估算排放量，按照纳税人的化石燃料消耗量计算 二氧化碳排放量＝化石燃料消耗量×排放系数 化石燃料消耗量是指企业的生产经营中实际消耗的产生二氧化碳的化石燃料，包括煤炭、原油、汽油、柴油、天然气等，以企业账务记录为依据
税率	实行定额税率，采取从量定额形式
征税环节	在化石能源的生产环节征收碳税
税收优惠	（1）根据实际情况，在不同时期对受影响较大的能源密集型行业给予一定程度的减税 （2）对积极采用技术减排和回收二氧化碳并达到一定标准的企业，给予减免税优惠 （3）个人生活使用的煤炭和天然气排放的二氧化碳，暂不征税
其他税制要素	纳税期限、纳税地点等制度要素规定（略）
收入归属	碳税为中央和地方共享税，中央与地方的共享比例建议为7：3
收入使用	碳税收入纳入预算管理，主要用于节能环保支出

五、我国碳税的实施框架设计

（一）碳税的功能定位

1. 碳税和其他税种的关系

在我国现行税制中，对化石燃料征税的税种并不仅限于碳税，还包括资源税、增值税和消费税等税种。除了增值税这个普遍征收的税种外，碳税与其他相关化石燃料的税种在征税上存在着交叉，因而有必要分析碳税与资源税和消费税之间的关系。

根据前面对碳税概念的分析可知，碳税与资源税、消费税之间在征收范围和征收效果上都有着一定的联系，但同样在征税目的、征税范围和计税依据等方面也存在着区别。例如，从征税范围来看，碳税有关化石燃料的征税范围要大于资源税和消费税，如碳税与资源税交叉的部分是煤炭、原油、天然气等矿产资源，而与消费税交叉的部分是汽油、柴油等成品油（见表5）。在征税依据上，资源税和消费税在计税时都不考虑化石燃料的含碳量。

表5　　　　碳税与资源税、消费税在征收范围上的比较

征收范围和对象（化石燃料）	资源税	消费税	碳税
原油、天然气、煤炭等资源性产品	√		√
汽油、柴油等成品油		√	√
焦炭等煤炭制品			√

由于资源税和消费税的征税范围只涉及到部分化石燃料，还没有完全覆盖整个化石燃料。因此，两者在对二氧化碳减排和节能的调控上都是不全面的。而开征范围覆盖整个化石燃料的碳税，并结合现行资源税和消费税，相互联系、相互补充，有助于形成多层次的针对化石燃料的税种体系，发挥在二氧化碳减排和节能上的全面调控作用。

2. 碳税在整个环境税收体系中的定位

环境税收体系中不仅包括碳税、消费税、资源税等税种，还包括硫税、氮税、废水税等税种。碳税与硫税、氮税、废水税这些针对污染物排放征收的环境税税种之间，也同样存在着联系和区别。

两者的联系主要表现为：碳税与其他针对污染排放征收的税种，都能够在节能减排上发挥类似的调节作用。例如，碳税在通过减少煤炭消耗来实现二氧化碳减排的同时，也同样可以实现二氧化硫（SO_2）减排的作用；而对二氧化硫排放征收的硫税，反过来也能起到一定的节能和二氧化碳减排的作用。两者的区别主要表现在节能减排的调控重点上。由于能源的使用是污染物产生的源头，碳税在通过减少能源消耗来实现二氧化碳减排的调节作用时，必然能产生因能源消耗减少而带来的二氧化硫、氮氧化合物（NO_x）等污染物排放降低的作用；而减少污染物排放更多地是强调通过末端治理来实现，只有在对污染物排放征税能够间接地促使企业减少能源使用时，才能在一定程度上实现节能的效果。也就是说，碳税的调控重点是二氧化碳减排和节能，并进而直接实现二氧化硫、氮氧化合物等污染物减排的附同效应；而硫税等环境税的调控重点是二氧化硫等污染物减排，并间接起到二氧化碳减排和节能的作用。

由于碳税与硫税等对污染物排放征税的税种在调控重点上存在差异，有必要将两者结合起来，才能更好地发挥出环境税收体系在节能减排上的调控作用。在我国未来的环境税改革中，不仅需要开征硫税、氮税、废水税等，还需要在资源税和消费税基础上开征碳税，使它们之间相互配合和相互协调，形成合力。

3. 碳税在环境经济政策体系中的定位

从整个经济政策手段来看，除了碳税政策外，碳排放权交易也是可以实现二氧化碳减排的一个重要经济政策。碳税与碳排放权交易，两者各有优缺点。碳税较碳排放权交易相比的优点为：

（1）碳排放权交易需要确定国内碳排放总量，并进行碳排放权的分配，涉及到多方利益，在未能达成一致协议前的实施难度较大，而碳税的开征则更加灵活。

（2）碳税符合污染者付费原则，而碳排放权交易则允许拥有较多排放权配额的企业在排放量下降时可出售其排放权，碳税相对碳排放权交易来说更加公平。

（3）碳税适用于所有排放二氧化碳的对象，而碳排放权交易则因交易成本高和范围较小，一般限于发电业等能源使用大户。

（4）政府可以通过碳税获得收入，并用于节能减排。

但碳税的缺点是：

（1）由于需求价格弹性的影响，碳税的减排效果确定性较差，而碳排放权交易在减排目标上更加明确。

（2）碳税的实施阻力大，而企业一般较偏好碳排放权交易。

综合来看，碳税和碳排放权交易之间并不是简单的相互替代关系，而是相互补充的关系，两者与其他二氧化碳减排经济政策一起，共同发挥促进二氧化碳减排的调节作用。

（二）碳税的实施路线图

我国碳税的开征，涉及到国际协约中发展中国家在应对全球气候变化上承担义务的确定问题，我国政府在应对全球气候变化上的态度，与现有对化石能源征税的税种之间的协调，矿产资源、能源等生产要素价格形成机制的完善程度，以及制定相关法律等多方面因素的影响。同时，为了减少碳税实施的阻力和负面效应，碳税还需要遵循渐进的改革思路，采取税率制定逐渐小幅度提升等措施。由于存在着较多的影响因素，有必要基于我国的实际国情合理设计碳税的实施路线和步骤。

1. 开征碳税的相关条件

根据前面的分析可知，开征碳税在实现一定的二氧化碳减排效果的同时，也将会对宏观经济和微观主体等方面造成影响。因此，开征碳税会受到国内外经济环境和纳税人等方面的障碍。从我国现阶段各方面的外部环境出发，碳税的开征需要满足以下几个方面的条件：

（1）良好的国内宏观经济环境。由于开征环境税不可避免地会对GDP增长水平、产业竞争力、企业进出口、居民的可支配收入和物价等方面产生影响。因此，在中国宏观经济的过热或下滑的情况开征碳税可能都不合适，一方面，在经济过热时开征碳税推动物价的上涨；另一方面，在经济下滑时开征碳税会导致经济难以复苏。这些都构成开征碳税的相关障碍，有必要选择不对宏观经济造成过大冲击的合适时机出台。目前，中国的宏观经济也受到国际金融危机的冲击，经济增长呈现出下滑的趋势，这将导致碳税的开征时间的延迟。

（2）良好的国际经济环境。中国经济属于外向型的经济，出口是影响国内经济增长的三驾马车之一。如果国际经济环境不佳，造成对中国的出口的影响，基于上述同样的道理，也会影响到碳税的开征。因此，也同样有必要选择良好的国际经济环境作为碳税的开征时机。目前国际金融危机已经对中国主要的贸易国家的进口产生冲击，在这种国际经济环境下，也会构成开征碳税的相关障碍。

（3）适度的税负水平。开征碳税必然会加大企业和个人纳税人的负担，尽管目前中国全民环境保护意识普遍提高，使得碳税的开征相对容易为社会所接受，但是过高的税负水平必然会导致受影响较重的纳税人的抵制，产生较大的社会阻力。因此，碳税的开征初期有必要设计较低的税负水平，并设计对受影响较大的纳税人的相关税收返还和补贴等优惠政策，以减弱碳税推行的阻力。

2. 碳税开征时间的选择

根据碳税的开征条件，并结合我国应对气候变化的政策方向及与化石能源相关的税制改革进程，所设计的我国碳税实施路线见表6。

表6　　我国开征碳税的实施路线

改革内容	2009年	2010年	2011年	2012年	2013年	2014年	2015年	2015年后
燃油税费改革								
资源税改革								
开征低税率水平的碳税								
开征环境税及完善环境税收体系								

从开征碳税的路线图可以看到：

（1）在2009年进行燃油税费改革。2008年12月，我国实施了准备多年的燃油税费改革（在2009年1月1日正式实施），此次改革与原有改革方案不同之处在于并没有开征独立的燃油税税种，而是通过提高燃油的消费税税额进行替代。由于燃油税费改革并没有开征独立的燃油税税种，其主要目的是进行费改税，纳税人的负担只是将原有养路费等收费的负担转化为成品油消费税税额的提高，这实际上为从加强节能减排的角度开征碳税提供了税负空间。

（2）在2009年或之后择机进行资源税改革。针对现行资源税所存在的问题，资源税提出了由从量计征改为从量与从价计征、提高税率等改革内容。由于受经济形势的影响，尤其是国际金融危机造成国内经济增长的下滑，影响到资源税的改革，预计经济形势好转情况下（预计为2009～2010年）资源税改革会出台。但是，资源税改革应视为开征碳税前的一种准备，一是在一定程度上理顺我国资源和能源的价格形成机制，二是在提高有关化石燃料的税率水平时，应该考虑为后续的碳税改革留下一定的税负空间，从而为在资源税改革基础上开征碳税提供一定的条件。

（3）在资源税改革后的1～3年期间择机开征碳税。考虑到近期要出台资源税的可能性较大，一个阶段性出台的税种不能过于密集，需要有一段时间来消化化石燃料价格上涨的影响。在资源税改革后有必要设置一定的过渡期，再开征碳税，我们初步考虑将碳税的实施时间确定为资源税改革后的1～3年期间内（预计为2012～2013年）。

同时，根据国际气候变化谈判的发展趋势，《京都议定书》规定附件1国家的履约时间为2012年，再根据“巴厘岛路线图”达成的协议，在2012年后在要求发达国家承担可测量、可报告、可核实的减排义务的同时，也要求发展中国家采取可测量、可报告、可核实的适当减排温室气体行动。这样，2012年后全球为应对气候变化必然会形成新的格局，也必然会对我国控制温室气体排放施加更大的压力。在资源税改革后的1～3年期间内开征碳税，也能够符合我国根据国际气候变化谈判需要而适时出台有关二氧化碳减排政策的策略。

此外，根据开征碳税的模拟效果分析，如果实现低税率水平的碳税政策，对于经济的冲击影响较小，纳税人的负担也不会过重。因而，我们提出首先开征低税率水平的碳税，如10元/吨二氧化碳的税率水平。在开征低税率水平的碳税后，可以根据我国社会经济的发展情况，适度逐步提高税率水平，进一步增强其对减少二氧化碳排放的激励作用。

（4）开征环境税及完善环境税收体系。在开征碳税的同时，国内还存在着开征二氧化硫、废水等环境税的需要，预期在2014年及之后的期间内开征环境税，并根据碳税实施的具体情况和其他环境税税种的改革情况，完善和优化整个环境税收体系。

3. 碳税实施方式的选择

上述有关开征碳税的制度设计和其他一些内容，是假设将碳税作为一个独立税种进行分析的。但从碳税与资源税、消费税及我国准备开征的环境税的关系来看，碳税的实施方式实际上有着多种选择：

（1）在现行资源税和消费税基础上，以化石燃料的含碳量作为计税依据进行加征。即在保持现有资源税和消费税对化石燃料的税率水平下，按照含碳量所设计的碳税税负来提高各类化石燃料的税率。该实施方式不需要增加新的税种，改革阻力相对较小。我国的燃油税费改革实际上就是选择这样的实施方式，国外实施的碳税也有类似的情况。但这种实施方式增加了资源税和消费税制度设计上的复杂性，且调控目的没有单独开征碳税明确。

（2）在资源税、消费税和环境税之外单独开征碳税。该实施方式有利于碳税制度的独立性和调控目标的明确性，但需要新设一个税种，改革阻力较大。

（3）将碳税作为环境税的一个税目征收。开征环境税也是我国未来税制改革的一个重要方向。在设立了环境税的新税种后，就没有必要再独立开征碳税，可以将碳税与硫税、废水税等都作为环境税的一个税目。这种实施方式可以简化税制，但需要协调环境税与碳税的开征时间。

综合来看，上述三个实施方式都是开征碳税的可能选择，应该根据我国税制改革的进程和经济社会的发展合理选择。从满足我国“宽税基、简税制”的改革原则，以及结合我国环境税的发展趋势，建议采用现阶段的碳税采取第三种的实施方式。

更长远地看，在未来对环境税收体系的优化和对化石燃料征收的相关税种的整合时，还可以考虑将现有对化石燃料征收的税种全面改革为碳税。即将现有对化石燃料征收的资源税和消费税，以及已经可能实施的碳税改革措施，全部改革为按照碳含量或碳排放量作为计税依据进行征收的单独税种。通过这种税制的整合和优化，有利于更进一步地增强对二氧化碳减排的激励力度和发展低碳经济。

（三）开征碳税的相关配套政策

1. 做好碳税的宣传工作

开征碳税在我国是一个新生事物，如果不能得到社会公众的支持，将会使碳税的出台遭受很大的阻力。因此，有必要做好碳税的宣传工作。一方面，在国内通过各种媒体，采取各种形式在社会广泛宣传开征碳税的国际和国内意义、对节能减排的重要作用和开征的必要性，增强公众的接受程度；另一方面，加强对外宣传，让国际社会了解中国通过税收手段在节能降耗、污染减排和应对全球气候变化等方面采取的重大举措及取得的成效，营造良好的国际舆论氛围。

2. 实行税收收入中性的改革

如果试图通过碳税来实现较好的二氧化碳减排效果，税率就会制定的较高，而较高的碳税税率水平，就会对能源集约型产业产生不利影响，出现影响国际竞争力、经济增长等负面效应。从国际经验来看，OECD国家在开征碳税时，基本上都遵循税收收入中性的原则，即在开征碳税的同时，降低所得税、社会保障税等税种的收入，从而使整个税收收入相对保持不变。通过将税收用于削减其他扭曲性的税收，以减少征税的福利成本，在注重效率同时考虑再分配效应，减少分配的累退性，减少对国民经济的负面影响，这种取得环境效应和收入分配效应的结果也被称之为双重红利。为此，我国在开征碳税时也有必要借鉴国际经验，结合整个税制结构的调整，按照有增有减的税制改革方案，以其他税种改革所形成的税负空间为限度来开征碳税，如增值税转型所形成或资源税改革所留下的税负空间，实行基本保持税收收入中性的改革。

3. 实施预告及渐进策略

开征碳税无疑会增加企业的成本，如果让税率一步到位，公众可能难以接受，还可能大大降低本国企业的竞争力，甚至影响整个经济的发展。我国正处于转型时期，市场经济机制尚未健全，建议采取国际通行的做法，引入碳税时实施预告和渐进时序策略。通过对企业事先进行预告，税率逐年提高，直到理想水平。这种措施可以给企业一个缓冲期和充足的调整时间，有利于减缓碳税对企业的冲击，同时，还可以引导企业积极改进生产工艺、提高能源效率的长期环保行为等。

4. 加强企业的统计工作，提高税收征管的配套能力

相对于其他环境税来看，碳税的征管难度大大降低，但增强征管的配套能力同样是碳税能够顺利实施的重要保证。碳税的征收依据是企业化石燃料的消耗数据，这些数据需要通过企业申报获得。目前我国对企业能源统计的管理工作基础薄弱，为配合国家节能减排和实施碳税政策，应全面加强企业能源消耗的统计工作，建立准确可靠的申报和核实制度。同时，需要加强对税收人员的专业培训，使之成为掌握各方面知识的复合人才。

5. 与其他二氧化碳减排政策手段的协调配合

在减少二氧化碳的排放上，不仅仅是碳税一个政策工具。还包括其他对能源（化石燃料）征收的税种，以及使用可再生能源、替代能源；以及碳汇、能效标准等其他方面的政策措施，碳税应该与这些政策手段之间相互协调，真正形成合力，发挥减排的作用。另外，我国二氧化碳减排技术水平较低，存在一定难度，需要发达国家提供技术援助和支持。

全球经济复苏仍存在变数

国家发展和改革委员会对外经济研究所　毕吉耀　张一　张哲人

2009年国际经济金融形势跌宕起伏。上半年，国际金融市场剧烈动荡，世界经济持续下滑；下半年，随着各国金融救援和经济刺激政策作用逐渐显现，国际金融市场趋于平稳，世界经济出现企稳回升态势。

国际货币基金组织在2009年10月发布的《世界经济展望》报告中认为，2010年世界经济虽然将延续复苏态势，但也存在诸多风险。

最近，联合国也预测2010年世界经济有望恢复2.4%的增长，但同时也不排除出现二次探底的可能。

综合各国际机构的分析预测，虽然2010年世界经济发展的大趋势是继续复苏，但都强调复苏前景存在不确定性，对经济增速预测也存在较大差异。

2010年好于2009年

在各国大规模金融救援和经济刺激措施的作用下，国际金融危机趋于缓解，实体经济下滑速度减缓。

进入2009年三季度后，随着金融救援和经济刺激政策作用的进一步显现，主要经济体经济相继恢复正增长。美国经济结束了连续4个季度下降，三季度按年率增长了2.8%；欧元区经济虽然三季度仍同比下降了4.1%，但环比增长了0.4%，结束了连续5个季度的下降；日本经济三季度环比增长0.3%，折年率增长1.3%，连续两个季度正增长。新兴市场与发展中国家出口和工业生产在外需转暖的带动下逐步企稳回升，特别是亚洲地区经济回升势头更为明显。例如，印度、新加坡和韩国三季度经济分别同比增长7.9%、0.8%和0.6%。与此同时，银行等金融机构流动性紧缺的局面继续改善，全球主要股市明显回升，石油、铜、铁矿石等初级产品价格持续震荡走高。

我们判断，2010年世界经济总的发展趋势是继续延续当前的复苏态势。

这种判断主要基于以下几方面因素。

1. 已实施的经济刺激政策仍将为2010年世界经济继续回升提供支撑

为应对金融危机和经济衰退，各国在稳定金融形势、刺激经济复苏、改善基础设施、培育新兴产业等方面，采取了一系列力度空前的大规模综合性措施，实行极度宽松的货币政策和大规模的扩张性财政政策，同时加强政策的国际协调。正是在这些政策的作用下，市场信心得到恢复，世界经济得以逐步摆脱衰退走向复苏。

虽然2010年扩张性财政政策的效应会逐渐减弱，但主要经济体的超低利率政策和量化宽松的货币政策对刺激消费和投资的作用还将进一步显现，而改善基础设施和发展新能源等新兴产业对增加就业和带动实体经济增长的作用则将持续更长的时间，经济增长的内生动力有望进一步增强。

2. 经济周期因素将推动2010年世界经济继续回升

根据以往世界经济增长波动规律，在经历了国际金融危机以来连续3个季度以上的持续下滑之后，世界经济已经进入触底回升阶段，2010年仍将延续回升态势。国际金融危机虽然造成全球经济短期减速甚至衰退，但不会改变世界经济长期增长趋势。20世纪90年代以来，在经济全球化和信息技术革命的推动下，世界经济增长从1991年的1.5%提高到2007年的5.2%，年均增速达到3.5%。其间虽然受1997～1998年亚洲金融危机和2000～2001年美国“新经济”泡沫破灭影响而出现增速下滑，但1～2年后又恢复到年均增速之上，总体保持增长向上趋势。

虽然此次金融危机和经济衰退的严重程度远超以往，但各国应对金融危机和刺激经济增长的政策措施的规模和力度也是空前的，世界经济因此才较快地进入触底回升阶段，2010年世界经济完全有可能继续复苏，实现一定程度的正增长。

3. 新兴市场经济较快复苏将推动2010年世界经济继续回升

发展中国家特别是新兴大国在本次国际金融危机中的表现远好于发达国家，经济复苏势头强劲，对世界经济增长的贡献不断提高。在发达国家相继陷入经济衰退的同时，主要新兴大国仍保持了相对较快的增速。例如，2009年前三季度，我国的经济同比增长7.7%，印度平均增速也高达6.5%，明显快于发达国家。

随着扩大内需政策效果的逐步显现，加之外需逐渐回暖和国际资本重新回流，今年新兴市场和发展中国家经济增速有望进一步加快，将成为推动世界经济继续回升的重要力量。

复苏基础依然脆弱

但与此同时，虽然世界经济正在逐步企稳回升，但经济复苏的基础仍不稳固。

一是当前各国经济回升主要是大规模经济刺激政策作用的结果，私人部门的消费和投资依旧疲弱，内生经济增长动力明显不足。

二是主要经济体产能利用率仍低于正常水平。例如，美国制造业产能利用率仍不足70%，而正常年份在80%以上；日本制造业开工率不足70%，正常年份在90%以上；亚洲新兴市场和发展中国家工业产能过剩问题依然突出。

三是全球就业形势依然严峻。美国失业率已攀升至10.2%，为26年来最高水平，失业人数高达1500万左右；欧元区失业率高达9.8%，个别国家如西班牙高达17%，并且就业岗位仍在减少；日本失业率超过5%，为近10年来的高位；新兴市场和发展中国家就业压力依旧较大。

四是全球经济复苏很不平衡，部分发达国家和发展中国家经济仍在下滑，例如，英国经济仍未摆脱衰退，俄罗斯和部分东欧国家经济依然困难重重。

另外，2010年世界经济增长还将受到以下因素制约：

1. 金融体系功能尚未完全修复，仍将继续制约实体经济复苏

虽然在政府大力救援和强力干预下，近来国际金融市场逐步企稳，但银行金融机构资本金损失、流动性紧缺和偿付能力不足问题依然严重，金融体系的功能尚未完全修复，企业和个人融资难和贷款难的问题依然突出。

2010年，多数发达国家金融机构仍有大量不良贷款和坏账有待剥离处理，需要继续充实资本金和进一步降低杠杆倍数，部分国家的金融机构仍有可能出现类似迪拜危机的事件，国际金融市场依然存在剧烈动荡的风险。在大部分银行金融机构走出困境之前，市场信心和金融体系的融资功能都难以恢复正常，从而继续影响生产、消费和投资等实体经济活动，制约内生性经济增长动力的形成。

2. 发达国家当前极具扩张性的财政货币政策面临较大的调整压力

大规模的经济刺激计划导致美、欧、日等发达国家财政赤字飙升、债务负担沉重，财政的可持续性和主权债务风险日益凸显。主要经济体的中央银行实行零利率政策和大量收购不良资产以增加金融体系流动性，导致金融风险从私人部门向中央银行转移，流动性大增造成潜在通货膨胀风险，货币政策也面临调整压力。虽然在确认经济稳固复苏之前，发达国家不太可能大规模撤出经济刺激计划，但随着经济进一步复苏，发达国家的宏观经济政策将逐步向正常状态回归，个别国家2010年有可能提前收紧财政货币政策，宏观经济政策的国际协调难度加大。

2010年宏观经济政策调整有可能在以下两方面增加实体经济稳定复苏的不确定性。一是选择政策的进入和退出时机本身就很困难，把握不当往往适得其反，若刺激政策退出的时机、力度和节奏把握不当，很可能导致经济复苏夭折。二是各国经济复苏步伐快慢不一，如在刺激政策退出方面协调不力，特别是若在利率政策上缺乏协调，就有可能引发国际资本无序流动和主要国际货币汇率大幅波动，从而影响世界经济的企稳复苏。

3. 贸易保护主义倾向还会进一步增强

金融危机和经济衰退加大了各国的就业压力，一些国家特别是发达国家，出于自身利益的需要采取各种形式的贸易保护主义措施保护本国市场和本国企业，滥用反倾销、反补贴和特殊保障等贸易救济措施，严重干扰了正常的国际贸易秩序，影响世界经济复苏。

据世界贸易组织统计， 2008年7月～2009年6月，成员国向世贸组织通报的反倾销案例就高达217起，同比增加了15%。我国更是贸易保护主义的重灾区，据商务部统计，目前全球范围内反倾销调查的35%和反补贴调查的71%都是针对中国出口产品；2009年前三季度，共有19个国家针对我国产品发起了88起贸易救济调查，涉案金额高达102亿美元，分别同比增长29%和125%。2010年发达国家失业率很可能仍将居高不下，贸易保护主义倾向势必还会增强，从而制约和影响世界经济复苏。

4. 能源资源等初级产品价格仍将继续震荡走高

虽然石油等能源资源产品价格在金融危机爆发后一度大幅滑落，但自2009年3月以来又重新震荡走高，先于实体经济复苏而大幅回升。全球流动性大量增加、美元大幅贬值和市场预期反转等所导致的投机性因素增加，是推动能源资源价格持续震荡走高的重要因素。2010年世界经济预计将继续复苏，能源资源需求将随之增加，供求关系再度趋紧也有可能不断推高石油等大宗商品价格。

与此同时，各国正在酝酿经济刺激政策退出，特别是在调整利率和收紧货币政策方面可能不同步，有可能导致国际资本无序流动和美元汇率大幅震荡，能源资源产品价格也随之剧烈震荡，影响世界经济的稳定复苏。

还没逃离危机“虎口”

在国际金融危机前的2003~2007年，世界经济年均增速高达4.6%，但这种高速增长是以全球经济严重失衡为代价的。此次全球性金融危机和经济衰退在很大程度上也是对全球经济失衡的强制性调整。美国等发达国家不得不调整以房地产和资产价格泡沫为基础的透支消费和超前消费，减少消费和增加储蓄，进口需求萎缩；亚洲等发展中国家也要调整过分依赖出口拉动的经济增长模式，更多地转向扩大内需促进经济增长。

全球经济再平衡在很大程度上取决于各国宏观经济政策博弈。美国等发达国家通过制造金融资产泡沫大量负债消费是造成全球经济失衡的最主要原因，但其却不愿调整国内经济政策，削减贸易逆差，反而通过大规模扩大财政赤字、放任美元贬值和实行贸易保护主义等手段转嫁危机和调整成本，向广大发展中国家施压，要求其调整政策，特别是汇率升值，减少出口，承担失衡调整责任和成本。因此，全球经济失衡调整将是一个长期复杂的过程，其中充满着各国之间的利益和政策博弈。这种调整能否顺利进行，对全球经济将产生何种影响，都存在较大的不确定性。虽然2010年世界经济将继续复苏，但仍会受到全球经济再平衡调整的制约，美国等发达国家的消费开支将低于以往水平，新兴市场和发展中国家的内部需求短期内也很难显著扩大。因此，2010年世界经济增速难以恢复到危机前的水平。

世界秩序的重建与中国能源战略

清华大学国情研究中心研究员　管清友

时间定格在2010年。不经意间，人类跨过新的世纪已经十年。十年，与漫漫历史长河相比，不过是“弹指一挥间”。然而，这十年中，世界格局发生了翻天覆地的变化。特别是在史无前例的全球性金融危机之后，中心国家遭到重创，外围大国地位空前提高。冷战结束后形成的“一超多强”格局正在演变为日益明显的多极化格局。超级大国对世界的控制力和对国际事务的影响力正在以一种不可遏止的趋势衰退，“多强”之中的大国同样以一种不可遏止的趋势在各个领域发挥巨大的影响力。旧的世界秩序濒临解体，新的世界秩序尚未形成，中国何以自处？作为世界第二大能源消费国，中国应该拥有一个怎样的能源战略来实现国家能源安全？

世界秩序面临空前挑战

如果拉长历史的尺度，我们会发现，第二次世界大战结束以后以欧美为中心的世界秩序正在面临挑战和解体。

六十多年前，整个世界在第二次世界大战的废墟上重新站立起来。美国及其盟友通过一系列国际规则和多个国际组织主导了战后世界秩序的建立。在政治与安全领域建立了联合国（UN）、北约（NATO）等国际组织；在贸易领域，建立了关贸总协定（GATT），后来成为世界贸易组织（WTO）；在金融领域，确立了布雷顿森林体系，建立了国际货币基金组织（IMF）；在发展领域，建立了世界银行（WB）。

旧的世界秩序的解体始于20世纪90年代初。德国统一，东欧剧变，苏联解体，冷战结束，雅尔塔体系只残存于东亚地区。近二十年来，"美国秩序"遭遇了空前的挑战：多哈回合谈判瘫痪，金融危机之后的贸易保护主义，自由贸易体系受到挑战；从亚洲金融危机到此次全球金融危机，IMF的错误政策和无能广受诟病；全球贫富差距继续拉大，2009年极度贫困人口达到9000万；全球公共产品极度困乏：气候变暖、传染病、跨国犯罪、海洋污染、环境恶化、对外援助无法落实；金融危机之后，"华盛顿共识"濒临崩溃，"北京共识"和中国模式再次受到青睐。

著名的国际政治学家罗伯特·基欧汉曾在其著作中指出："美国的影响建立在三种主要的利益机制上，而他的盟国正是通过这些以美国为中心的机制来获得收益，并服从美国的领导。这三种主要的利益机制是：稳定的国际货币体系、开放的市场和保持石油价格的稳定。"金融危机前后的历史表明，美国影响世界的三种利益机制都濒临解体：美元体系受到质疑，美元越来越成为各国不信任的货币；自由贸易谈判屡次受阻，贸易保护主义盛行；石油价格大起大落，权力重新回归产油国。美国对世界的影响力和控制力在弱化，在某些领域，美国无暇、无力掌控局面，甚至让他国占领了制高点。

中国获得难得机遇

在这一宏大背景下，中国如何自处？在我看来，中国的基本立场应该是：不试图挑战美国的地位（如地缘政治利益，美元地位等），不试图打破现有格局，但应利用世界秩序变动之机会，参与甚至主导某些国际规则（机制）的修改、建设，利用国际规则维护和获取国家利益（如增加中国在IMF中的话语权，增强中国在国际事务中的影响力）。中国需要承担国际责任，但不要成为"one of the G2"，因为更高的地位意味着更大的责任。不是我们不想承担责任，是我们还没有承担更大责任的实力和资本。我们完全可以换一种方式加强中美合作。在新的历史阶段，中国需要继续“韬光养晦”，但一定要有新境界！

世界经济秩序的调整与变动同样以“浩浩荡荡”之势席卷全球。进入21世纪，在全球化的强大动力之下，世界经济经历了一轮“高增长、低通胀”的繁荣周期。然而，一场席卷全球的金融危机打破了人们的繁荣之梦，全球化从此逆转。

美国是这一轮全球化和经济繁荣的受益者吗？如果从国家利益的比较来看，这个问题恐怕很难回答。国家之间的比较，不仅要看是否比对手获益更多，还要看在外来冲击面前谁的损失更小。我们在多年以前已经得出结论：不利于霸权国家的全球化是可能逆转的。如今，全球化逆转的趋势已经初露端倪。

金融危机的背后是全球经济失衡，是各国经济结构的失衡和不匹配发展到极限而必然产生的现象。结构失衡导致贸易和国际收支失衡，进而在触发因素的冲击下爆发全球性的金融危机。因此，金融危机之后，全球性的结构调整不可避免。如果没有结构调整，仅仅依靠短期的经济刺激，那就意味着现有政策只是暂时缓解了金融危机的破坏程度，而经济的二次探底和下一次金融危机也极有可能接踵而至。

但是，必须承认，全球经济失衡的形成有其合理性，是国际分工的必然结果。经济全球化的过程正是分工从一国延伸至全球，经济要素得到充分流动的过程。

全球经济失衡的主要表现在于“四个世界”的相互冲突，即国际收支赤字国的过度消费与国际收支盈余国的过度储蓄之间的冲突。从国际收支角度划分，世界各国可以分为两大类，即国际收支赤字国和国际收支盈余国。其中，国际收支赤字国以美国、英国、澳大利亚为代表，这些国家的国际收支长期处于赤字状态，金融部门和金融市场特别发达。国际收支盈余国又分为三类：以德国、日本为代表的高端制造业强国；以中国、东南亚国家为代表的低端制造业国家；以中东产油国为代表的能源资源出口国。

金融危机是全球经济失衡的总爆发，也意味着原有的世界经济秩序被打破，需要重新调整与平衡。金融危机之后，美国的个人储蓄率上升，消费模式发生变化。美国贸易逆差开始缩小，贸易平衡得以改善，而中国的出口则大幅度下滑。这一变化必然促使美国重新振兴制造业，特别是满足美国人民基本生活、生产需要的制造业。这会产生两个结果：

第一，美国出现“再工业化”现象，减少贸易逆差，增加中产阶级的收入，稳定就业，金融部门的过度创新让位于制造业的创新。

第二，基于大量的能源消耗和货物远距离运输的经济全球化进程将受到遏制，美国与其他国家的贸易摩擦将会不断出现。“轮胎特保案”只是一个开始，中美之间的贸易摩擦很难避免。

美国个人储蓄率的上升是短期的，还是长期的？现在还不好轻易下结论。但可以预计，美国家庭的资产负债表的修复，预防性储蓄的回升将至少在3～5年内改变美国的消费格局，同时也将改变原有的世界经济、贸易格局，会推动区域内贸易的发展，倒逼中国扩大国内需求。

金融危机爆发之前中国那种外需高速增长的黄金时代已经结束。全球经济的调整与再平衡将成为一种强大外力推动中国经济从“向外”到“向内”的转变。这给中国提供了进行结构调整、转变发展方式的契机。

总体而言，短期之内，全球性的结构调整无法完成。长期而言，世界经济的恢复与发展依赖全球“四个世界”调整和对接。在各国进行结构调整的过程中，各种各样的矛盾和摩擦将层出不穷。金融危机之后，世界面临的挑战依然严峻。

中国须缜密谋划能源战略

世界能源格局已经并将继续发生革命性的变化。

第一，进入新千年，能源市场上发生了新一轮的石油权力交替：权力从石油消费国向生产国转移。第二次世界大战结束以来，工业化世界依赖稳定和廉价的原油供应推动经济增长。然而，在这一轮经济繁荣周期，新兴国家工业化进程加快，需求强劲。资源民族主义的思潮之下，产油国加紧了对石油资源的控制。油价高涨，为老帝国遏制新兴大国提供了机会。但是，高油价所导致的灾难性后果却让老帝国遭到了更大的冲击。几年前《华尔街日报》上的一篇文章指出：“石油价格的持续攀升的困局绝不仅仅是供与求的暂时震荡，搅动能源领域的还有西方消费国和石油供应国之间权力的持久转移。原来的相互依赖关系正在瓦解，新的秩序正在形成，美国与其盟国以及其他能源消费大国正在从优势转为劣势。”

第二，观察世界能源格局的现状与趋势，我们无法轻松。在未来的数十年内，约有30亿～50亿人口将陆续步入工业化和现代化。目前，发达经济体总人口约为10亿，这些经济体在工业革命后二三百年的时间内相继实现了工业化和现代化。新兴经济体和发展中经济体总人口约为56亿，其中，以巴西、俄罗斯、印度、中国为代表的新兴经济体总人口和中东国家的人口总量接近30亿。这些经济体将在未来二三十年内集中步入工业化和现代化经济体行列。强劲的需求将给世界能源市场带来空前压力。

第三，气候变化所导致的灾难后果要求人类必须进行一场低碳能源革命，以便将全球升温控制在2摄氏度内。低碳经济规则将逐渐成为新的能源规则、经济规则，其含义是任何一个国家或地区的发展不能以危及其他国家和地区的发展为前提，发展不仅要对当代负责，也要对历史和未来负责。能源消费国必须学会提高能效，减少排放，减少化石能源消耗，减少对能源出口国的依赖。

中国的能源战略，需要放到世界秩序重建和中国崛起这两个宏大的历史事件中去观察。由于中国总人口规模大，能源消费总量就大，占世界总量比重不断上升。假设中国人均能源消费水平达到世界人均水平的话，中国能源总消费量占世界总量比重就会从2005年的15%达到2030年的1/5以上，先是超过欧盟25国，不久还会超过美国。2008年，中国已经成为仅次于美国的第二大能源消费国。

新能源尚无法在二十年内取代传统的化石能源。道达尔公司对未来能源构成的预测是，石油到2030年仍是主要能源，天然气、煤炭和其他能源三足鼎立，化石燃料占能源比例从2006年的81%降到75%。埃克森·美孚公司的预测表明，到2030年，天然气、煤炭和核能是美国的主要能源；欧盟天然气、煤炭、核能和可再生能源各占较大比例；煤炭依然是中国最主要的能源。

“富煤、贫油、少气”的能源构成是中国必须面对的现实，清洁利用煤炭是中国能源发展的必然选择。中国的煤炭储量丰富，煤炭现在以至将来（直到2050年或更晚）依然是中国的主要能源，能源增量依然要依靠煤炭来解决。到2050年，煤炭占能源比例虽然可以降到50%~60%（目前为70%），但总量仍会不断增加。而未来几十年，中国的原油产量很难再有很大程度的提高，大约只能维持在2亿吨产量左右。根据多家机构的预测，到2050年，我国的石油需求将达到7.6亿吨左右。届时，中国的石油进口将达到5.6亿吨，对外依存度超过73%。中国的天然气探明可采储量仅占中国化石能源可采储量的1.48%，并且比国外产气国的勘探开发成本高得多。作为一种清洁能源，中国天然气消费潜力很大。虽然国产天然气的产量仍有上升空间，但未来天然气消费将主要依赖进口。

能源战略是国家战略的一部分，但至今中国似乎从未有过明确的能源战略，这一战略只是内涵于国民经济和社会发展规划及能源的中长期战略之中。中国应该明确自己的能源战略，对外鼓励企业“走出去”，获取国际资源，保障供应安全；对内调整能源结构，减少石油依赖。

世界潮流，浩浩荡荡。顺之则昌，逆之则亡。在这样一个“千年未有之大变局”面前，中国需要保持清醒的头脑，以全新的“韬光养晦”理念承担大国责任、拓展国家利益；以积极的姿态参与国际规则的制定；以强烈的政治意愿深化国内改革；以对世界高度负责的态度制定能源发展战略；以高瞻远瞩的眼光保障能源安全。惟其如此，中国的和平崛起和中华民族的伟大复兴才能够顺利实现。

2010年的样本价值

《能源评论》记者　牛秋梧　张晓燕　韩伟

谋求“内圣外王”

对政府而言，能源的背后是国计民生、国家地位和国际形象，所以，无论是能源供给和消费，还是能源安全，都需要综合考虑国内、国外因素后从整体上谋篇布局。

唯有如此，方能在能源供给的层面上，尽可能减少国内不同能源行业、企业之间的矛盾，发挥合力，进而对海外能源供应突发事件有所准备；也唯有如此，才能在能源消费的层面上，大兴节约能源、高效用能之风——它一方面意味着碳排放绝对量的减少，另一方面还意味着能源供给实际压力的减轻以及对国际责任的担当。

所以，2010年，中国能源追求“内圣外王”：既要提升中国能源发展的质量和能源企业的市场竞争能力，提高能源对经济发展的贡献，也要增加国内能源需求的海外供应渠道并保证能源安全不成为中国前进的软肋。

企业外拓疆土内求提升

2009年几乎成了中国能源企业的“抄底收购年”：国家电网获得菲律宾国家输电网25年特许经营权受到称赞；中石化收购瑞士Addax石油公司的全部股份的案例屡被投资界人士提及。而中石油不久前则声称，截至2009年12月，已在海外29个国家运作81个项目。海外作业规模持续扩大，原油年生产能力达到7000万吨，天然气年生产能力达到100亿立方米，分别同比增长12.5%和近50%。

2010年1月，它们更是迎来海外收购的“开门红”：山东兖州煤业以32亿美元价格并购澳大利亚菲力克斯（Felix）尘埃落定，国家电网公司与马来西亚“一马公司”（全称“一个马来西亚开发公司”）在马来西亚吉隆坡共同签署《合作框架协议》，中石油被传正与美国最大的炼油公司瓦莱罗能源公司谈判收购后者在阿鲁巴岛的一个炼油厂，再加上中石油此前已获批准的收购日本最大油企日本新石油大阪炼油厂49%股权的项目，有理由相信，2010年中国能源企业在海外市场上将会继续攻城拔寨。

德勤亚太及中国并购交易服务主管及全球中国服务组联席主席谢其龙认为，2010年中国的海外并购交易热度不减，“仍会以能源、矿业及公用事业为主”。

可是，“海外收购”的大踏步行进中，也伴随着一些隐忧。

并购成功的大型、超大型能源企业，变得规模更大、实力更强、业务领域更广，对管理的要求也更高，其自身能从容应对这种挑战吗？

另外，最近的全国能源工作会议指出，能源发展方式转变“依然滞后”。能源企业能全身心投入到到产业结构调整和科技创新的历史进程并作出应有的贡献吗？

隐忧背后其实是对能源企业“内战、外战”都要内行的期许。我国能源企业参与市场竞争的过程中，一方面要通过和国际同行的角逐，增产增效，把自己做成世界同行业的佼佼者；另一方面，也要牢记社会责任，在处理国内的能源产业链关系和考虑企业未来发展时，不完全以经济利益为诉求，积极推动国内能源价格体系的稳健转型，并投身于新能源、清洁能源事业的发展。

以这种期许为发展目标，敢于探索，不怕失败，未来一年，能源界内战、外战的战绩必会添加，内战、外战都很内行的能源企业队伍也将更为壮大。

价格涨升在修炼谁

在世界能源格局中，能源竞争是整个国家的竞争，所有的国内能源消费者，包括个人和企业，都有分内之责。

跳出价格提升必然导致生活成本、生产成本增加的狭隘思路，作为个体的消费者可能会发现，能源价格的适当上浮有利于促使养成惜能、节能、节俭的好习惯，对改善个人的财务状况不无裨益；企业可能会发现，能源价格的适当上浮无形中推动了自身的技术改造、生产流程再造，这恰恰与鼓励产业升级、节能减排的国家政策思路一致。

由此不难推知，长远来看，能源价格形成的市场化取向有利于个人和企业，有利于国家和全社会。

然而，现实是个别能源价格被严重压低，惜能、节能转化为个人与企业自觉行动的激励机制还亟待建立。

国家发展改革委能源研究所高级顾问周凤起认为，天然气价格过低，国外天然气与原油的价格比为1.06：1，而目前我国天然气与原油的价格比仅为0.35：1~0.45：1。

另外，国家发展改革委价格司司长曹长庆公开表示，居民电价也是偏低的。国外居民电价一般是工业电价的1.5~2倍。而我国居民用电价格长期低于工业电价。

2010年，受市场机制约束的石油价格上扬预期明显，电煤价格上升成为定局，天然气价格和电价面临的涨价压力变得更大。能源价格的整体“涨升”乃大势所趋。

希望成本上调到合理幅度之后，借由价格的传导，能源消费主体的消费模式和能源供应方的生产模式都会发生变化，共同推动低碳经济的形成。

为“十二五”提供基石

2010年是“十一五”收官之年。

仔细对照能源发展“十一五”规划，会发现，在2009年甚至2008年，一些主要的能源发展指数都已经达标或者超标。而这一切，均是在全球危机爆发的情境中取得的。

在如此不利的条件下，制定规划时的估计和能源的实际发展都存在这般大的距离，如果经济发展顺风顺水，规划和事实之间的鸿沟又该有多大？

遥想当年，碳减排虽然提至日程，但仍不是“硬杠杠”；产业升级也曾被提上日程，无奈实际影响还未完全显现，随即被抗击金融危机的“4万亿”投资对冲；规划的实施结果尚且超出预估这么多。

现如今，中央政府对外界作出到2020年单位GDP二氧化碳排放比2005年下降40%～45%的承诺后，诸多专家判断碳减排将被作为“硬指标”纳入国民经济发展规划，产业升级重被国家高层强调，全球金融危机依旧前途未卜，前提条件多了，“十二五”规划当如何做得比“十一五”“靠谱”些？前者能向后者学习什么？

作为承上启下的一年，2010年的地位显得益发重要。其意义当然不止于“十一五”如何谢幕，还关乎“十二五”怎样开场和逐步推进。它贡献给“十二五”的，首先是站立的高度。另外，或许是更重要的，作为金融危机、产业升级和碳减排共同作用于中国能源生产与消费的第一年，2010年对“十二五”的样本意义不可低估。规划2011～2015年的能源领域的产业发展，结构调整，生产和消费关系时，如果它不是唯一的蓝本，也是最重要的蓝本。

2010年的中国能源，不但决定着企稳回升的中国经济是否能够真正重回快车道行驶，而且还决定着中国能源的未来走向，因而让人们充满了期待。

2010年能源投资展望：一路向北

《能源评论》记者　于涛　特约记者　宁国强

谁能预知未来?

刚刚进入2010年，一场大雪并没有冰封住人们对能源的需要，从取暖、用电到驾车，暴雪激升了众多商品的价格，通胀压力的恢复使得人们很快忘记了通缩的恐惧。

就在擦肩而过的2009年，从学者到分析师，他们有关能源的前瞻，好像产生了难以调和的分化。但无论被贴上何种标签，能源投资仍将上扬，这列承载着大中小投资者期待的能源列车，在上北下南的地图上，一路北向而去。

变热还是变冷？

2010年，应对气候成为影响能源行业的最大看点。

2009年年末，世界各路头面人物聚集到哥本哈根召开了规模庞大却又令人失望的全球气候变化大会。只是随后的寒潮，却让身居在北京这个纬度的人们反问，到底地球将变得更热，还是更冷？于是，煤炭的价格在涨，电力供应紧张，御寒提升了人们的需求。只有国际油价还在70美元上下神游，让太多大师的预言失去了准度。

对于未来，科学家的观点比较尖锐，有人在研究了地球的数据后认为，或许在能量耗尽之后，下一个冰河世纪正在不远处等待着人类。至少诸如探索频道（Discovery Channel）那样的节目介绍过这样的观点。

经济学家谢国忠近来一直都在撰写一些可怕的经济前景。两年来，他一直表示，诸如黄金这样的实物，是通胀时代最好的投资。总结下来就是，诸如掌握上游石油资源的公司，较之其他能源公司，可能更具投资价值。换言之，把握投资机会，向资源靠拢，是谢国忠众多“惊人”言论背后的务实主义。

在众多的经济学家中，中国社科院金融所所长李扬的观点也许与众不同。一年来，他委婉地表示了对于低碳经济的一些“其他”看法。简言之，从宏观经济角度，习惯于追求GDP总量的中国经济，怎么能在“减肥”的低碳经济上投入太多？一句“做减法”以及其他的一些鉴于现实的诸多顾虑，便让李扬的观点更真切地显示了传统能源仍然在未来中国经济中不可动摇的地位。

技术的进步需要更大的资金投入及人们生活习惯的改变，至于概念是否能够最终从项目本身赚得盆满钵满，却并不能阻碍人们寻金的热情。

新能源热潮

追逐热潮，或许可以从某个环节中受益。

2009年11月26日，中国宣布到2020年单位GDP二氧化碳排放量比2005年水平降低40%～50%的目标。这是中国首次量化减排二氧化碳的决心。一些分析师认为，这意味着新能源行业得到了政策性机遇。

在瑞银证券分析师唐志刚看来，中国可能还会出台一系列新的产能关闭目标，主要针对热电、焦煤、钢铁、水泥、有色金属、造纸、纺织及轻工业。这将有利于这些行业的领头羊，因为淘汰的落后产能，将为新来者腾出发展与生存空间。

尽管，到2020年二氧化碳减排40%～50%绝非易事。但在分析师眼里，中国宣布这一新能源目标是为了使经济增长更为环保、平衡及可持续；同时还表达出对新能源行业发展的支持。事实上，诸如比亚迪这样的企业已经确立了其在特定新能源领域中的技术优势，即电池研发和生产。

瑞银证券分析，在政府的支持下，用不了几年新能源或将成为中国的支柱产业之一。

一些公司将从这一趋势中获益，诸如水电、核电、风电、太阳能发电相关的设备生产商和运营商；那些电动轿车生产商；电力存储和传输创新技术研发商等。

而对于依旧占比重很大的传统能源相关行业，暂时难以预计监管层会采取怎样的措施来遏制二氧化碳排放量高的行业，包括热煤、煤炭/石油开采、传统汽车、空调等，因此分析师们也难以评估这些行业潜在的成本增幅。换言之，至少2010年，新能源行业虽然火热，却难以对传统能源行业构成灭顶之灾。

水电优势再显

“若不做减排努力，中国可能每年需支出8600亿元碳税”，国金证券分析师张帅如是说。

是不是吓人？据IEA统计，2007年中国二氧化碳排放量已达60.7亿吨，超过了同期美国的57.7亿吨。

碳税的征收将导致化石燃料价格上升，增加火电的成本，进而提高电力价格。传统燃煤机组在电源结构中所占比例将逐渐减小，取而代之的将是各种高能效技术、清洁技术、可再生能源等。因此，碳税的征收将进一步推动可再生能源的发展，对火电机组形成一定的抑制，我国整个的电源结构也将得到进一步优化。

那么，什么是下一个选项？分析师们给出的答案是水电。

申银万国分析师余海的一个观点认为，碳税的征收将凸显水电的价值。清洁能源和成本低廉，是水电重要的两个优势，而碳税制度越推进，水电的这种优势就越明显。

无需燃烧，二滩水电站的电就可以满足上市公司川投能源旗下子公司生产多晶硅的需要。而多晶硅是太阳能技术的核心。如果不写这篇报道，很难想象新能源产业的一个重要内容，竟然如此依靠传统能源。而余海告诉我，目前也只有水电可以支撑起高能耗的一些新能源技术。

那么为什么不是风能？据国外一项研究表明，在那些普及风电的地区，其他能源的使用并未明显减少，只因风时大时小，时强时弱。所以风力发电的趋势将是从陆地向海洋发展的。

据测算，如果2009年第二季度发电量增速在1%～2%之间，那么同期新增的水电发电量将可以基本覆盖甚至超过新增的电力需求。

传统能源大局观

正如李扬的观点，即使美国总统奥巴马等世界领袖无论多么关注新能源，在能源结构的格局中，传统能源所占比重根本难以撼动。

燃料乙醇岂能取代石油？对于粮食的大量消耗，其实封死了这一技术的普遍应用。饥肠辘辘的地球，不可能为了环保，就放弃对于石油与煤炭的依赖。

只有经济强劲复苏，能源供应才可能出现不足的情况，因此诸如高盛这样的国家投行，即使面对国际能源市场的波动，仍然长期坚持乐观的观点。

高盛分析师杰夫·可瑞认为，以天然气为例，本次经济衰退暂时重创了发达国家的制造业，但美国产量下降可能将提高2010年全球现货价格的最低支撑水平。未来12个月内，高盛预计天然气产量的下降以及需求的反弹程度将足以引发新的投资。因此，价格需要大幅上涨以刺激供应，而并非通过较低的天然气价格来刺激以气代煤需求。这可能推高美国液化天然气的进口价格，从而提高全球现货价格的最低支撑水平。

类似的观点同样存在于中国的炼油行业，中信证券殷孝东的观点是，如果小型炼厂没有被关停并转，国内炼油产能可能在未来的2～3年内短期出现过剩，而不得不转向对外出口。

2010年，国内炼油行业整体过剩的趋势已经十分明显。2009年我国成品油表观消费量预计为2.21亿吨左右，产量为2.27亿吨左右，实际过剩产能近600万吨。

2009年下半年，两大巨头已经多次向商务部申请成品油加工贸易出口配额，目前两大集团已各自斩获了450万吨的出口配额，其柴油配额同比增长了近13倍。但是基于因缺乏经验及面临保护主义壁垒等现实原因，这迫使中国石油企业不得不转而投资规模更小、风险更大的项目。

煤炭篇

2010年，我国煤价或将继续高位，煤炭行业产业链趋同现象严重。围绕提高煤炭资源有效供给保障能力和优化煤炭产业布局，我国煤炭产业调控政策仍然会以“山西经验”为蓝本，以转变煤炭工业发展方式，推动煤炭产业整合，实现产业升级和煤矿的现代化改造。在这一过程中，煤层气作为最具经济性和竞争力的新能源之一，也将会受到诸多涉煤企业的重视。

煤炭行业大调整仍在继续

山东省兖矿集团战略研究院院长　牛克洪

虽然受到了经济危机的影响，近五年来，我国经济仍然保持了两位数的高速增长，在这种形势之下，作为支撑我国国民经济能源生产总量76%和社会消费总量69%的煤炭产业，发展速度也超乎预料。

2001年，全国煤炭产量为10.89亿吨，2009年约为30亿吨，仅8年的时间，全国煤炭产量就从10.89亿吨上升到30亿吨，增加19.11亿吨，平均每年增产2.39亿吨。

煤炭产业的进步是不是能够与煤炭产量的增加保持同步？2010年，我国的煤炭行业将会呈现什么样的发展气象？

煤价将在高位攀升

市场供需状况决定着煤价的高低。

过去以至未来可预见的几十年内，煤炭仍是我国的重要能源，以煤炭为主的能源结构将难以改变。国家取消电煤双轨制，实行市场煤价之后，煤价得以恢复本来面貌，煤炭企业迎来煤价高升良机。加之国家加大对小煤井的关闭力度，火电、钢铁、建材和化工等主要行业快速发展，还有煤炭企业加强煤炭品种结构调整和质量控制，近几年，煤炭价格呈现持续高位上升趋势。

最近，全国煤价连创新高，在华东地区，精煤品种每吨高达1600元，5000大卡以上的混煤每吨也达到1000元左右。在这种背景下，国内市场煤价将一路攀升。

“跑马圈煤”时代终结

煤炭企业是资源型的企业，没有煤炭资源作支撑，煤炭企业的持续发展后劲也就无从谈起。

自2001年煤炭市场趋向好转以来，各煤炭企业尤其是神华集团等大型煤炭企业纷纷行动起来，跨地区、跨省区寻找抢占煤炭资源，有的已经走出国门去开发煤炭资源。在对煤炭资源储量的争夺抢占行动中，除煤炭企业之外，鲁能集团、华电集团等电力企业及民营企业也积极参与其中，以致抢占煤炭资源之战更趋激烈。

目前的局面是，东部地区煤炭储量已基本被抢占完毕，中部地区煤炭储量也已大部分被抢占，西部地区煤炭储量部分被抢占。但优质丰富的成块煤田也所剩无几。“跑马圈煤”的时代过去之后，好的煤炭资源将更受煤炭企业追捧。

产业链趋同暗藏危机

在国际上，大部分跨国煤炭公司走煤基产业链战略，煤炭产品在企业内部直接进行消化和深加工，大幅度减少了初级产品直接进入市场的数额，降低了产品的综合成本，提高了产品的附加值。大多跨国煤炭公司收入中煤炭收入只占30%左右。

在国内，随着煤炭企业的不断重组整合、扩张发展，一些大型煤炭企业正向国际同行看齐，已率先在战略上提出了“平向产业链”的发展思路——煤、路、港、航一体化，或提出“纵向产业链”的发展思路——煤、电、化，煤、焦、化一体化。例如，我国最大的煤炭企业神华集团提出了“实行煤、电、路、港、油一体化开发，产运销一条龙经营”的发展战略；山西焦煤集团提出了建设“煤、电、材”高耗能产业链、“煤、焦、化”高附加值产业链和“资源、产品、废物利用”环保型闭式循环经济链；兖矿集团提出建设“煤、电、铝”

产业链；中煤能源集团、陕西煤业集团、大同煤矿集团等都提出实施煤、电、路、化等产业链的发展战略。

凡此种种，集中反映出一种共同发展战略趋向——通过推行以煤炭为基础的产业链条发展战略，实现煤炭产品的深加工和高附加值，进而增强煤炭企业的市场生存能力、竞争能力和持续发展能力。

但应指出和警惕的是，现在许多企业不约而同选择的煤化工产业可能会成为烫手山芋。许多煤炭企业不去认真分析市场需求及精细深加工，就盲目快速上马建设煤化工项目，一个项目投资动辄几十亿元、百亿元、甚至上千亿元。随着煤化工领域甲醇等产品产能过剩问题的凸显，风险增大，有的项目定的投产之日，可能也是下马之时。

产业调控“大”字当先

国家发展改革委2006年批复了包括神东、陕北、黄陇（华亭）、晋中、晋北、晋东、鲁西、两淮、冀中、河南、云贵、蒙东（东北）、宁东13个大型煤炭基地建设规划，旨在最终形成稳定可靠的煤炭调出基地、电力供应基地、煤化工基地和资源综合利用基地。

该规划公布之后，各有关省区及企业高度重视，通过采取重组煤炭大集团和整合煤炭资源等措施，加快推动煤炭大基地建设。目前，绝大多数煤炭大基地建设规划得以顺利实施，并已初具规模。

与煤炭大基地建设同步，2001年以来，我国各类企业对煤矿投资形成高峰，一大批300万吨、800万吨乃至1000万吨的大型和特大型煤矿陆续建成投产，其产能将会逐渐释放。新一年，围绕提高煤炭资源有效供给保障能力的目的，我国煤炭产业调控政策仍然会主打“大”字牌，包括：建设大型煤炭基地，建设以煤炭生产为基础的产业集群；培育和发展大型煤炭企业和企业集团，提高煤炭生产集中度；加大煤炭资源整合力度，调整改造中小煤矿。

煤炭资源逆向分布压力持续

我国煤炭资源相对丰富，但储量分布不均衡，开发强度及需求情况也不一样。

东部地区，包括京津冀、东北、华东和中南地区，经济较发达，能源需求量大，但煤炭资源相对较少，保有储量仅有1200亿吨左右，且开发强度大，后续煤炭资源严重不足，本区内自给供应能力会越来越差；中部地区，包括晋、陕、蒙三省区，煤炭资源极为丰富，本地区保有储量6500亿吨左右，目前虽然开发强度较大，但仍具有相当的开发潜力，是我国未来最重要的煤炭生产和供应基地，不仅能满足本地区市场需求，而且可以支持东部地区的发展；西部地区，包括西南部分省区和西北的新甘宁青，煤炭资源相对丰富，保有储量2200亿吨左右，生产规模小，开发强度不大，具有较大的开发潜力。

由此可见，我国煤炭产业布局存在的主要问题是产需逆向分布。京津冀、东北、华东、中南地区煤炭需求量持续增加，使得煤炭均衡生产期大大缩短，供应缺口进一步加大，“北煤南运、西煤东调”压力加大。

优化煤炭布局迫在眉睫

这种压力，让优化煤炭布局成为自然而然的选择。

优化煤炭布局所遵循的思路应该是：稳定调入区生产规模，增加调出区开发规模，适度开发自给区资源。

稳定调入区生产规模意味着：辽宁、吉林、黑龙江、河北、河南、湖北等六省煤炭生产规模应基本稳定在现有水平；北京的小煤矿要逐步退出市场，煤炭生产规模下降；江苏、福建、江西、湖南、广西等五省区煤炭生产规模逐步减少；浙江、广东退出市场；山东的煤炭生产规模基本维持稳定或略有增长；安徽保持一定的增长水平。

增加调出区开发规模主要是指，规划新增产能的70%以上分布在山西、陕西、内蒙古、宁夏等四省区，必须扩大开发规模，保障供应。以上区域地理位置距调入区相对较近，煤炭开发条件好，适合建设大型和特大型露天矿和矿井，坑口电站建设具有一定基础，大规模开发条件基本具备，可以扩大开发规模。

适度开发自给区资源则要求，云南、贵州、重庆、四川、新疆、甘肃、青海、西藏等八省区（市）的煤炭主要满足本区需要，少量调出到两广和湖南等地。重庆、四川资源不多，开采条件不好，应维持现有生产规模；贵州、云南资源量较多，但自然灾害较严重，煤炭产能增长受自然条件限制，同时，两省煤炭主要用于就地转化，调出量有限；至于新疆、甘肃、青海，由于距离东部消费中心距离遥远，近期煤炭生产主要立足本区需要；值得一提的是青海西南部和西藏，属重点保护的生态区，应严格控制煤炭生产开发。

多方位开展节能减排

国家提出，煤炭行业要紧密结合国民经济和社会发展实际，坚持环境保护和节约资源基本国策，坚持以企业为主体、效益为中心，努力提高资源开发利用效率，减少污染物排放，按照布局集中、产业集群、资源集约和产业延伸的发展格局，实现煤和与煤共伴生资源的综合开发、深度加工、高效利用，促进煤矿与区域社会的和谐发展，按照企业、矿区、区域三个层次发展循环经济模式，走减量化、节约化、资源化和再利用的道路。

为此，开发利用煤层气，促进煤炭资源的综合利用和清洁利用，发展高效煤炭转化技术以提高煤炭资源利用效率，将成为我国煤炭行业今年的三大看点。

安全管理侧重“法治”

煤炭行业是高危行业，在各方面的共同努力下，煤矿事故起数、死亡人数、百万吨死亡率逐年下降，安全生产状况总体稳定并趋于好转，但安全形势依然严峻。我国与世界先进水平差距大，煤矿百万吨死亡率约是南非的15倍、波兰的8倍、俄罗斯和印度的6倍，远远高于世界平均水平。

安全生产状况不仅严重威胁着人民群众的生命安全和健康，也影响到我国社会安定及国际形象。所以，最近这几年，国家接连出台煤炭企业安全治理的法律法规和措施，加大各级政府官员和煤炭企业管理者的法律责任。煤炭企业安全管理正从治标向标本兼治并重转变，从人治向人治与法治并举及侧重法治方向转变。2010年，这一趋势会变得更加明显。

山西煤改：决战2010

中国煤炭经济研究会　游梅海

世界煤炭看中国、中国煤炭看山西。多年来，山西每年生产和外销煤炭分别占到全国总量的25%和省际间净外销总量的70%，无论在世界还是在中国，其地位和作用实属举足轻重。

山西在我国的整体经济布局中承担了能源保障和支撑职能，被誉为中国经济腾飞的“内燃机”。

山西煤炭工业的一举一动都事关全国煤炭稳定供给的全局。对2009年山西推出的煤改新举措，社会各界给予了极大关注。

“主体框架工程”完成90%

回望山西煤改一路走来的风雨征程，必须弄清楚山西为何要推行“煤改”，改什么，怎么改的，改出了什么结果。

借用医生看病的话说，山西煤改是针对山西省煤炭工业“先天发育不良”和“长年超负荷运转”患上的“沉疴”进行“内外科手术”式的“疗伤”。

而既然要动手术、疗伤，那么，诊断“沉疴”的“病因”，把握“病情”的轻重，并在此基础上确定科学的治疗方法尤为重要。

好在这一切在煤炭行业内部早就达成了共识。山西省煤炭工业“发病”的起因是“有水快流”，掠夺性开采；“病情”表现是“多、小、散、低”，产生的后果是矿难频发、浪费资源、污染环境。与之相对应，最有效的治疗方法也只有一个，就是进行资源整合，对煤矿企业实施兼并重组。

按照山西事前设计的煤改路线图，其“主体框架工程”已在2009年完成了90%以上的工作量，主要体现在：

全省重组整合煤矿正式协议签订率达到98.6%，主体到位接管率达到96%，采矿许可证变更已超过80%。煤矿复产、改造和关闭工作已全面展开。

数量上减少。全省煤矿由2600座减少到1053座，70%的矿井规模达到年产90万吨以上，年产30万吨以下的小煤矿全部淘汰，平均单井规模由年产30万吨提高到年产100万吨以上；办矿主体将由2200多家减少到130家。

体制上由松散变集中。目前初步形成了4个年生产能力亿吨级的特大型煤炭集团、3个年生产能力5000万吨级以上的大型煤炭集团的架构。企业组织形成了以股份制为主要形式，国有、民营并存的办矿格局。

供给上由不安全变安全。此轮煤改工作完成后，山西将为我国新一轮经济增长提供5亿吨/年安全保障能力较高的煤炭产能储备。

这场煤改，使山西煤炭工业发生了数量和质量的深刻变革。在局部利益与全局利益、眼前利益与长远利益的博弈中，最终胜利的是山西煤炭工业的未来。

一些知情者评价，山西以煤炭资源整合、煤矿企业兼并重组为主要内容的煤改，从声势上看可以用“轰轰烈烈”来描述，从成就上看可以用“成果丰硕”来形容。

“二期工程”：改、建、关

山西煤改是一个庞大的系统工程，分“两期”进行。“一期工程”将在2010年全部完成。完成“一期工程”的主要标准就是兼并重组主体与客体之间的协议签订、主体接管、证照变更、复产复工“四个到位”。目前“一期工程”已接近尾声。

“事非经过不知难”。山西煤改，经历了一场激烈的利益大调整后，才得到了真正的推动。在这场声势浩大的煤改大决战中，山西省各级党委和政府全过程、全方位组织指挥，纪检监察部门全程跟踪监督，诸多行政部门联合行动，整个煤炭行业倾力而上。其动用力量之多，极为罕见；其执行之难，超出想象。

山西煤改“二期”是不是会比“一期”还要难？工程还要进行哪些步骤和采取怎样的举措？社会各界都在拭目以待。

许多熟知山西煤改情况的官员都说，山西省煤炭资源整合和煤矿企业兼并重组是“优进劣退”。当这项任务完成之后，山西煤炭工业以怎样的面目呈现在世人面前，就成为最大的挑战。

因此，山西煤改“二期工程”的主要任务重点体现在“改、建、关”三个字上。

“改”就是要改掉不适应科学发展的办矿体制，改掉落后的生产方式，改掉不适应高危行业的安全管理机制。

具体做法是按照国家煤炭产业政策和办矿标准，对在资源整合、兼并重组中的保留矿井进行机械化、信息化、现代化改造。2010年将优先组织对整合重组中保留的200座基础条件较好的矿井进行技术升级改造建设，矿井建设竣工投产要形成2亿吨/年左右产能规模。对基础条件较差矿井的升级改造建设则拟用两年左右的时间全面完成。届时，山西的所有煤矿都将成为安全生产保障能力高、矿井资源回收率高、矿区环境明显改观、职工生产生活条件明显改善、生产经营充满生机活力的新型煤矿企业。

“建”就是要按照《公司法》的有关规定，建立产权明晰、权责明确、管理科学、同股同利、诚实可信的现代股份制企业，全面建立并落实现代企业的产权制度、管理制度、组织制度和领导制度，使新组建的主体企业步入现代企业制度的规范运行轨道。

“关”就是要对在兼并重组整合中淘汰出局的矿井实施关闭。2010年山西的关闭目标是1400座。关闭工作的组织实施者是县级政府。现在，已有100多座矿井按照“六条标准”关闭到位，已关闭矿井的手续移交、联合验收等工作即将完成。

整体来看，山西煤改的“二期”工程完成的主要标志体现在一个“变”字上。经过对整合重组保留实施大规模的机械化、信息化、现代化改造后，矿井生产规模实现由小变大；矿井装备水平实现由落后变先进；矿井安全保障能力实现由低变高；矿井资源回收率实现由低变高；矿区环境实现由黑变绿；煤矿用工制度实现由招工变招生。

山西煤改已进入决战攻坚阶段。煤改工程全部完成后，在未来的两年内，将新增安全有保障的煤炭产能5亿吨/年。

山西为全国煤改提供范本

煤炭行业认为煤改工程全部完成后，山西将为全国煤炭主产省区提供有益的借鉴和示范，也是身体力行推进我国煤炭工业实现跨越式提升，加快缩小与发达国家差距的首支“省级方队”。

在2010年1月5日举行的山西省煤矿企业兼并重组整合工作媒体通气会上，国家能源局副局长吴吟指出，山西煤改是全国煤炭产业结构调整的先声，有利于安全事故的下降，也是参考国内外煤炭企业发展情况的正确选择，“山西的经验值得全国推广”。以山西为范本的全国性煤炭资源整合、煤矿企业兼并重组浪潮，即将到来。

煤层气：2010年“气”势如虹

中联煤层气有限责任公司　李良

对煤层气来说，过去的一年格外不同寻常。中联煤、中石油、中石化都加大了对煤层气勘探开发的投资力度。截至2009年12月31日，全国建成煤层气生产能力约25亿立方米，其中中联煤5亿立方米/年、中石油5亿立方米/年。此外，煤矿抽采瓦斯（低浓度煤层气）约60亿立方米。

2009年11月，国务院副总理张德江在《求是》杂志上指出，煤层气和天然气一样，可以广泛用于发电、工业窑炉、民用、汽车等方面燃料或化工原料。

在2009年12月27～28日召开的全国能源工作会议上，国家发展改革委副主任、国家能源局局长张国宝表示，已经将煤层气开发纳入了即将出台的新能源发展规划。全国将建成沁南煤层气产业化基地、鄂尔多斯煤层气产业化基地，建成煤层气产能80亿立方米/年。沁南盆地潘庄煤层气示范工程已建成投产，单井最高产量达到5000立方米/天。

与天然气资源量相当

我国煤层气资源量约为36.81万亿立方米，与天然气38万亿立方米的资源量基本相当。

按照地区分布，华北地区、西北地区、南方地区和东北地区的煤层气地质资源量分别占全国煤层气地质资源总量的56.3%、28.1%、14.3%、1.3%。根据储存地质情况，1000米以内、1000～1500米和1500～2000米的煤层气资源量，分别占全国煤层气资源总量的38.8%、28.8%和32.4%。

全国大于5000亿立方米的含煤层气盆地（群）共有14个，主要分布在华北和西北地区。含气量大于10000亿立方米的有鄂尔多斯盆地东缘、沁水盆地等10个区域。

目前建成的煤层气产能基本上都集中在沁水盆地。鄂尔多斯盆地煤层气资源量高达10.81万立方米，是沁水盆地煤层气资源量的近2倍，虽然尚没有形成规模化产能，但国家能源局已经把加快鄂尔多斯煤层气发展列入了国家煤层气发展规划，中联煤、中石化等公司已经开始实施勘探开发行动。

巨大的资源量，意味着一个广阔的开发前景。

国家发展改革委十分关注煤层气发展，早在2005年就组织中联煤等单位编制并发布了《全国煤层气“十一五”勘探开发规划》，规划2010年全国煤层气产量达到100亿立方米。

2009年12月，国家能源局发布的《能源发展“十一五”规划中期评估报告》指出，2010年煤层气产业发展目标可以实现。这使中联煤、中石油、中石化等煤层气企业大受鼓舞。

最近，国家能源局又先后发布了《沁水盆地煤层气勘探开发利用规划》、《鄂尔多斯盆地煤层气勘探开发利用规划》。预计2010年可以形成煤层气生产能力约100亿立方米/年，其中地面开采能力35亿立方米/年、矿井抽采能力65亿立方米/年，实现煤层气产量80亿立方米/年。2020年煤层气产能将达到300亿立方米/年左右。

纾解气荒　作用凸显

《全国煤层气“十一五”勘探开发规划》编制过程中，国家发展改革委曾经担心煤层气缺乏有效的市场需求，可能会阻碍煤层气产业的快速发展。

在纾解2009年年底南方部分城市发生的“气荒”过程中，煤层气发挥了特殊作用，市场地位急剧提升。沁水盆地等煤层气产区，通过CNG罐车、LNG罐车运往南方近100万立方米/天，在增加天然气供应总量，缓解南方部分城市天然气供应紧张方面，作出的贡献吸引了整个社会的目光。。

现在，煤层气已经到达长三角，并继续扩大供应量。2009年12月21日，中联煤的潘河煤层气国家示范工程总产量达到40万立方米/天，同日成功进入西气东输工程，并于23日到达上海白鹤门站，向长三角地区的用户供气。

预计2010年底，从沁水盆地进入西气东输工程的煤层气将达到150万~200万立方米/天，约折合6亿~7亿立方米。沁南盆地煤层气将通过端一博管道、沁气南下管道，输往洛阳、南阳、武汉、长沙等地。国家重大科技专项柳林项目所产约30万立方米/天的煤层气将进入榆济管道。而区域管道的建设，则会使太原、长治、晋城等地都能得到充足的煤层气供应。

同时，液化煤层气供应东南沿海地区的范围将继续增加，因为经济运输半径可以扩展到3000公里，即能够比较经济地将煤层气输往福建、广东、广西、云南、浙江等地。2010年液化煤层气的供应能力可望提高至50万立方米/天。

最具“气势”仍需扶持

国际市场上油价持续居高不下，势必带动国内包括煤层气、页岩气、致密气、深盆气、可燃冰等非常规天然气在内的勘探开发热潮。

但是，就现实情况来说，其他非常规能源都处于勘探开发早期或研究阶段，只有煤层气经历了13年的探索后，具备了跨越式发展的重要基础。

在国家政策的支持下，煤层气产业的销售利润率约可以达到30%左右。

煤层气开发还会在节能减排和煤矿安全上发挥重要作用。由于矿井瓦斯的煤层气浓度一般低于30%，达不到安全利用的标准，导致超过50%的煤层气直接排放大气。而目前国家电网公司供电区域除西藏外，基本实现“户户通电”。每排放1立方米瓦斯，相当于排放21立方米的二氧化碳。不但如此，还导致了诸多煤矿安全事故的发生，2009年全国发生重大以上瓦斯事故起数和死亡人数，分别占煤矿重大以上事故和死亡人数的43%和65%。如果有了煤层气开发，情况就会大大改善。

所以，目前，包括壳牌公司在内的国际石油大公司，都在积极探索与中联煤这样的国内公司合作开发煤层气的各种方案。但是，煤层气发展要想实现跨越式发展，还离不开国家的财税优惠政策及社会各方面的支持。

例如，面向2010年和煤层气产业振兴，需要将现行的补贴标准0.20元/立方米提高到0.40~0.60元/立方米；借鉴太阳能发电项目的政策，应考虑按照煤层气项目资本金的20%～30%安排财政资金，支持煤层气发电企业减少贷款，提高煤层气发电项目的竞争性；为增强煤层气企业自筹资金能力，可以考虑允许将部分开发投资在所得税前列支，然后对其列支比例加以限制（比方规定列支的开发投资，不高于当年税前利润的50%）。

再例如，需要落实煤层气发电上网补贴。煤层气发电上网价格补贴为0.25元/千瓦时，需要在省内电网摊销，更需要在执行层面有所改善。

煤电运顽疾是否会被特高压终结？智能电网在中国的能源发展战略中占据什么位置？核电、水电的未来发展路径会不会进一步明晰？

相对2009年本行业的“成绩”上升，2010年，对中国电力工业而言，最重要的不是发展快还是慢，而是如何在新课题、新挑战、老困难面前把握好发展方向。因为，核电、水电关系到我国利用能源形式可能发生的重大变化，而特高压、智能电网则关系到我国能源利用的优化以及我国在世界能源竞争中的谋篇布局。

电力篇

2009～2010年度全国电力供需与经济运行形势分析预测

中国电力企业联合会

2009年是新世纪以来我国经济发展最为困难的一年。全国范围内电力生产和消费增速回升；电力投资增幅加大、结构有所优化，新增装机继续保持较大规模，非化石能源发电加快发展，电力技术取得重要突破；全国供应能力充足，发电设备利用小时降幅收窄。总体来看，全国电力供需总体平衡、个别省区略有富余；火电企业效益有所好转、电网公司盈利下降，但行业效益没有稳定的市场保障机制。

一、2009年全国电力供需与经济运行形势分析

2009年，全国电力需求逐步回升，增速超过上年同期；发电装机容量继续保持较快增长，输变电能力进一步提高，来水和电煤供应情况前三季度总体较好、四季度变化较大，电力供应能力整体较为充裕，电网备用充足，输送效率提高，电力供需总体平衡有余。从各省网来看，江苏、上海、浙江电力供需平衡偏紧；湖北、湖南、重庆等省由于11月以来水电出力大幅下降，造成电力供应能力偏紧，湖北在12月出现拉限电情况。

（一）电力供应情况

1. 电力投资和新增能力的结构继续优化，供应能力充足

2009年，全国电力建设完成投资 7558亿元，同比增长19.93%。其中，电源投资3711亿元，占全部电力投资的49.10%，同比增长8.92%，增速比上年提高3.31个百分点；电网投资3847亿元，比上年增长32.89%，占全部电力投资的50.90%。电源基本建设投资呈现了继续加快结构调整的态势，水电、核电、风电基本建设投资完成额同比分别增长2.33%、74.91%、43.90%，火电基本建设投资完成额同比下降11.11 %。

2009年，全国电源新增生产能力8970万千瓦，其中，水电1989万千瓦，火电6083万千瓦，风电897万千瓦，太阳能1.87万千瓦。新增结构继续优化，可再生能源投产规模逐步扩大，风电新增翻倍增长；新投产百万千瓦火电机组10台，新投产单机容量60万千瓦及以上火电机组容量比重高达55.03%，30万千瓦以下机组（占新增火电机组的7.8%）基本都是热电联产机组、资源综合利用机组；核电新开工规模850万千瓦，在建规模2180万千瓦，位居世界首位。“上大压小”继续推进，全年关停小火电机组容量2617万千瓦。

截至2009年年底，全国全口径发电设备容量87407万千瓦，比2008年年底净增加8130万千瓦，同比增长10.23%。其中，水电19679万千瓦，同比增长14.01%；火电65205万千瓦，同比增长8.16%；核电908万千瓦；并网风电1613万千瓦，同比增长92.26%。发电机组结构逐步优化，非化石能源所占比重有所上升。火电设备容量占总容量的比重比上年下降1.45个百分点；水电、风电比重分别提高0.74、0.78个百分点；核电没有新投产机组，所占比重略有下降。

2. 发电量增速加速回升，火电生产快速恢复

2009年，全国全口径发电量36639亿千瓦时，同比增长6.2%。分类型来看，水电5747亿千瓦时，同比增长1.6%；火电29922亿千瓦时，同比增长6.7%；核电700亿千瓦时，同比增长1.1%；并网风电发电量269亿千瓦时，同比增长105.9%。分月来看，增速逐月加速回升，6月实现单月增速正增长，8月实现累计发电量正增长；水电发电量增速逐月放缓，9月以后四个月持续负增长，水电生产大省更加明显；受需求增加和水电出力大幅减小影响，下半年火电生产快速增长，12月火力发电量首次超过3000亿千瓦时，创造了单月火

电发电量的新纪录，也是部分地区电煤比较紧张的因素之一。

3. 月度发电设备利用小时逐步恢复到常年水平

全国发电设备利用小时小幅下降，降幅明显收窄，2009年，全国6000千瓦及以上电厂发电设备利用小时4527小时，比上年降低121小时，与上年相比下降幅度减小251小时；分月来看，6月以后月度发电设备利用小时数逐步回升，四季度已经恢复到常年水平。分类型来看，水电设备利用小时3264小时，比上年降低325小时，水电生产大省普遍下降。火电设备利用小时4839小时，比上年降低46小时，与上年相比下降幅度减小413小时，下半年回升十分明显，四季度各月已接近或超过2007年水平；核电设备利用小时7914小时，比上年增加89小时；风电设备利用状况好于上年。

4. 电煤供需总体平衡，四季度变化较大

上半年，国内煤炭需求放缓，电厂存煤保持较高水平，电煤价格较上年高位有一定回落。下半年，进口煤炭总量急剧放大，但由于需求逐步增强，煤炭资源整合过程影响了生产能力的完全释放，煤炭供需趋于偏紧；电厂库存持续下降，2009年年底，全国电煤库存平均可用天数已降至11天左右；四季度电煤价格快速上涨，煤炭供需平衡压力加大，部分地区更显突出。四季度电煤成为影响部分地区电力供需平衡的最主要因素。2009年，全国6000千瓦及以上电厂发电消耗原煤13.99亿吨，同比增长6.08%，增速略低于火电发电量增速。

（二）电网输送情况

1. 各级电网建设取得重大进展

1000千伏晋东南—荆门特高压交流试验示范工程顺利投产，已稳定运行一周年，发挥了显著的综合效益。11月，世界第一个±800千伏特高压直流输电工程——云南—广东特高压直流输电工程单极成功送电，向家坝—上海特高压直流示范工程成功实现800千伏全线带电，标志着我国输电电压等级、交直流输电技术、装备制造及电网建设管理上升到一个新水平、新台阶，进入世界领先行列。500千伏海南联网工程正式投运，全国联网继续推进。一批500千伏输变电工程建成投产，网架结构得到加强。大力实施农网完善工程，继续推进新农村电气化县建设和“户户通电”工程。电网智能化研究和试点示范工程扎实推进。

2. 全国联网继续推进，电网规模持续扩大

2009年年底，全国电网35千伏及以上输电线路回路长度125.40万公里，同比增长7.23%；35千伏及以上公用变压器设备容量28.2亿千伏安，同比增长16.03%。

3. 跨区送电总量较快增长，三峡电厂送出略有减少

2009年，全国跨区送电量完成1213亿千瓦时，同比增长13.52%，特高压交流线路送电和2008年一季度基数较低是主要原因。各月跨区送电基本保持平稳，11月出现负增长，主要原因是三峡送出电量下降。2009年，三峡电站共送出电量791亿千瓦时，同比下降1.07%，由于上年新增机组电量增加的翘尾作用以及当年来水偏枯，送出电量增速比上年降低31.78个百分点；9月以来连续四个月同比下降。

4. 区域内“西电东送”高速增长

2009年，南方电网“西电东送”1155亿千瓦时，同比增长9.26%；分月来看，受上年冰灾导致基数较低影响，增速较高，以后逐月下降，9月以来连续四个月同比下降。京津唐电网受电电量341亿千瓦时，同比增长52.92%；其中，分别从山西电网和内蒙古电网受入电量91亿千瓦时和250亿千瓦时。

5. 省间电力电量交换保持较快增长

2009年，全国省间累计输出电量5247亿千瓦时，同比增长17.93%，增速比上年提高1.81个百分点，全年各月均保持较快增长。主要能源输出省份输出电量保持较快增长。

6. 进出口电量均有增加

与周边国家和地区电力交换有所增长，电力进出口总量为241亿千瓦时，同比增长18.01%，其中，进口电量61亿千瓦时，同比增长72.06%；出口电量180亿千瓦时，同比增长6.62%。

（三）电力消费情况

1. 全社会用电量回升逐月加快，全年增速高于上年

2009年，全国全社会用电量36430亿千瓦时，同比增长5.96%，增速比上年提高0.47个百分点。分月用电量逐月加速回升，6月全社会用电量自2008年10月以来首次出现真正意义上的正增长。2009年各季度，全社会用电量分别为7810亿、8716亿、10110亿、9795

亿千瓦时，分别增长-4.02%、-0.59%、7.97%、20.72%，用电增速连续四个季度回升。

2. 第二产业用电逐步恢复，其他产业用电稳定增长

2009年，第一产业用电量947亿千瓦时，同比增长7.86%。第二产业用电量26993亿千瓦时，同比增长4.15%，第二产业用电从低迷中开始逐步回升，带动全社会用电，增速逐步快速回升，2009年各季度增速分别为-8.21%、-3.51%、5.85%、23.30%；第三产业用电量3921亿千瓦时，同比增长12.11%；城乡居民生活用电量4571亿千瓦时，同比增长11.87%，各月都保持了稳定增长。农村居民用电增速略高于城镇居民用电。

3. 工业用电量逐月走高，重工业回升加快

2009年，全国工业用电量26664亿千瓦时，同比增长4.27%，增速比上年提高0.36个百分点。分月来看，工业用电量增速自4月的-7.75%逐月持续回升，6月实现单月增速转正，12月月度用电量创历史新高；累计用电量迟于全社会用电量2个月恢复正增长。全国轻、重工业用电量分别为4617亿千瓦时和22048亿千瓦时，同比分别增长1.01%和4.97%。相对轻工业，重工业受金融危机影响程度深、影响稍晚，但是受国家“四万亿投资计划”和“十大产业振兴规划”等政策的拉动作用，其用电量回升加快、12月创出历史新高，增幅快速提升。

4. 重点行业用电全面复苏，对全社会用电增长贡献突出

2009年以来，钢铁、化工、建材、有色等重点行业生产逐步恢复，总体表现出向好的趋势，特别自7月以来月度用电量持续增加并屡创新高，同期基数较低导致同比增速恢复更加明显。

黑色金属冶炼行业用电率先快速回升。钢铁行业是用电最多的工业行业，国内投资和消费需求率先带动黑色金属冶炼行业用电快速回升，7月实现了当月用电量增速的正增长，全年用电增长6.97%，比上年增速提高5.0个百分点。

化工行业下半年用电持续好转。上半年各月用电降幅波动较大，7月首次实现当月用电量正增长，全年用电量2868亿千瓦时，同比增长3.20%，增速比上年高1.73个百分点。

有色金属冶炼行业月度用电量连创新高，全年用电量2571亿千瓦时，同比增长0.42%，比上年增速回落6.01个百分点，是四大行业中最晚恢复正增长的行业，四季度以来各月用电量连续创新高。

建材行业受金融危机影响的时间最短、实现正增长最早。建材行业受国家基础设施建设和灾后重建政策拉动最明显，3月实现单月用电正增长，各月用电量连创新高。

纺织业、通用及专用设备制造业的月度用电增长在上半年持续处于震荡态势，进入8月开始转正向好。交通运输设备制造业受铁路、交通投资大幅拉动作用，全年（除元月外）月度用电量基本处于正增长且逐月加速的态势。

5. 各省用电逐步恢复

2009年以来，各省区用电逐月恢复但情况略有差异，四季度各月全部恢复正增长。东、中部省份回升势头较好，西部省份在四季度回升幅度更大，东北地区回升相对缓慢，全国除山西外全部实现全年用电正增长。2009年，全国只有山西累计用电量仍然为负增长（-4.92%）。

6. 电力弹性系数略有提高

由于2009年工业特别是重工业生产回升更加明显，对弹性系数的影响非常大，2009年全国电力消费弹性系数为0.69，比上年回升0.12。

（四）电力生产及输送环节能源利用效率继续提高

2009年，全国供电标准煤耗342克/千瓦时，比上年同期降低3克/千瓦时。线路损失率6.55%，比上年同期降低0.24个百分点。

全国6000千瓦以上电厂厂用电率5.69%，比上年下降0.12个百分点；其中水电0.58%，火电6.51%。

（五）煤价过快上涨，电力行业经营将面临很大困境

2009年以来，在煤价同比大幅回落、发电量增速逐步转正及电价调整翘尾等利好因素作用下，电力行业利润明显回升，1～11月，电力行业利润总额891亿元，但全行业销售利润率3.16%，资产利润率1.41%，明显偏低。火电行业利润由上年同期的净亏损377亿元转为盈利465亿元，扭亏增盈842亿元，远高于全行业盈利增加额；电网企业因单边上调电价而造成经营状况恶化的趋势在9月以后得到一定遏制，1～11月，实现利润63亿元。但是利润在地区间分布极不均衡，江苏、浙江、广东三省火电企业利润占全部火电利润的

73.75%；北京和广东电力供应企业利润是全部电力供应企业利润的2.3倍，相当部分省份亏损严重。但是，电力行业效益没有机制保障，11月20日调整上网电价后，电网经营亏损情况好转，但四季度煤价过快上涨的现实情况对2010年电力行业经营将造成巨大影响。

二、2010年全国电力供需形势分析预测

2010年，是国际国内经济形势最为复杂的一年。电力行业将按照国家的要求部署，做好保供电、调结构、降能耗、重发展质量等各项工作；预计新增装机保持较大规模、供应能力进一步增强，需求继续回升，供需总体平衡，全国发电设备利用小时与上年基本持平；煤炭供应紧张、价格上涨矛盾比较突出，行业盈利能力将再次面临考验；电煤、来水和气温将是影响部分地区电力电量平衡的最主要因素。

（一）电力供应能力分析及预测

1. 投资保持较大规模，结构继续优化

预计2010年电源和电网投资预计都将在3300亿元左右，全年全国电力投资完成额6600亿元左右，低于2009年水平。

投资结构继续优化，城市和农村配电网投资的力度将逐步加大，电源投资中火电投资比重将继续低于50%，水电、核电投资比重将继续提高；电网投资占电力投资的比重也会再度低于50%。

2. 基建新增维持高水平，全国装机规模将突破9亿千瓦

预计2010年全国全年基建新增装机8500万千瓦，其中，水电新增超过1500万千瓦，火电新增5500万千瓦，核电新增108万千瓦，风电新增1300万千瓦，太阳能光伏新增20万千瓦。预计2010年年中，全国发电装机容量将突破9亿千瓦。2010年年底，全国发电装机容量在9.5亿千瓦左右，其中，水电2.1亿千瓦，火电7亿千瓦，核电1016万千瓦，并网风电3000万千瓦。

3. 电煤供需偏紧，价格上涨压力很大

由于现在水库蓄水偏少、需求高位增长，部分省份煤炭资源整合过程中将难以完全释放

生产能力，煤炭生产量下降，对电力供应和地区平衡产生一定影响，可以判断，上半年火电发电量及火电耗煤量仍将保持在很高的水平上，电煤供需偏紧的局面短期内难以改变。预计2010年全国电厂发电、供热生产电煤消耗在16亿吨左右。煤炭需求总量增加和结构性、地区性矛盾将进一步推动煤价继续走高，增加电厂煤炭采购难度和采购成本。

4. 气温、来水仍有可能影响供需

2010年，我国大部分地区出现气温偏高、偏低等天气的概率仍然很大，部分时段电力保障能力将承受巨大考验。

预计至2010年汛前，主要流域来水将继续维持目前严重偏枯的趋势，流域来水量仍将严重不足。预计2010年全国来水情况总体为平水年偏枯，今冬明春全国特别是华中地区干旱基本成定局。汛期也存在来水集中、来水量大等可能。

（二）电力需求及供需形势预测

2009年，电力消费增速回升向好的势头已经基本形成，目前，促进经济增长的积极因素多于不利因素。综合判断，预计2010年全国电力消费增长势头将高于2009年，全年电力消费达到39700亿千瓦时左右，以2009年全国电力工业统计快报为计算基数，全年电力消费同比增长9%，达到39700亿千瓦时左右。考虑到2009年各月的基数效应，2010年全社会用电量将呈现“前高后低”的总趋势，上半年增速将超过10%，下半年逐步回落。预计全年发电设备利用小时将在4500小时左右，与2009年基本持平或略有下降。

2010年，全国电力供需总体平衡有余。受来水、电煤及天然气供应等不确定性因素影响，上海、江苏、浙江、湖北、湖南、江西、四川、重庆等地区部分时段电力供需偏紧，可能存在一定的电力电量缺口。

三、对当前电力供需问题的认识和建议

（一）转变电力发展方式，推进行业科学发展

当前，我国电力工业最突出的矛盾仍是电力结构性问题。火电机组和火电发电量比重仍然过高；电源电网发展不协调；我国能源资源与能源消费逆向分布的特征和全球气候变化的

压力都要求我国电力工业必须加快转变发展方式，实现科学发展。

1. 进一步加快电源结构调整力度，实现清洁发电

要高度重视清洁煤发电。我国能源结构中以煤炭为主的格局在相当长时期内难以改变，必须充分重视洁净煤燃烧技术的发展与推广。要继续上大压小，积极合理发展热电联产，提高综合能源利用效率。

要继续加快水电、核电、风电、太阳能发电等清洁能源发展，努力提高非化石能源发电在总装机中的比例，加强与电网协调发展的统一规划力度；加强与清洁能源发展有关的政策研究，争取良好的发展环境；组织研究和制定清洁能源发展有关行业标准和技术规范，尽快健全和完善标准体系。

2. 加大电网建设力度，实现电源电网协调发展

要加快建设坚强的智能电网，继续增强“西电东送”、跨区跨省电网输电能力建设，大力推进特高压、大煤电、大水电、大核电、大型可再生能源基地的建设，优化电源结构和布局，促进能源资源在更大范围的优化配置和提高电网平衡能力；加快城农网建设改造力度，实现各级电网协调发展，促进电力发展方式的根本性转变。

（二）逐步理顺煤电关系，完善推进电价改革

1. 理顺煤电关系

2008年煤电关系十分紧张，火电企业严重亏损，煤电运衔接也存在许多矛盾。金融危机以来，电力需求下降导致煤电矛盾趋缓。随着2009年下半年经济形势好转，电力需求上升，电煤消费逐月增长加快。但由于地区电力结构不平衡、枯水期普遍来水少和极端天气影响，出现了缺煤停机或限电，煤价普遍上涨40元／吨左右，电煤问题又重新显现。要理顺煤电关系，特提出如下建议。

（1）努力做好当前的煤炭供应工作。煤炭企业应在安全生产的前提下努力提高产量，运输行业应优化调整运力，保证重点地区、重点电厂的煤炭供应，发电企业应积极筹措资金，想方设法购买电煤，以保证当前乃至春节以及“两会”期间的电力安全。要加强对重点合同量、价的监管力度，提高履约率，保证电煤供应。对于部分省份的煤炭资源近期不得外运出省的地方保护政策，要坚决制止。

（2）加强国家对煤炭资源的调配力度，建立国家煤炭应急储备制度。煤炭资源作为关系国计民生的基础性资源，国家应该具备相当的调配能力，从宏观制度层面构架煤炭储备体系，以应对电煤频繁告急。启动煤炭储备机制不仅可以缓解能源安全与经济发展提速间的冲突与矛盾，也可以平抑煤炭市场异常波动，防止过度投机行为，符合国际通用做法。同时，也应鼓励各发电集团建立自己的电煤储运机制。

（3）加强煤炭产运需协调，整顿电煤流通环节，加大力度帮助电力企业协调重点地区、重点电厂（特别是新增的重点电厂）的电煤产运需保障平衡，确保资源总量基本平衡和稳定供应。尽快建立电煤信息统计体系，完善电煤价格指数测算与发布机制，做好电煤的预测预警工作。

（4）适时启动煤电联动。煤电联动机制自2004年年底实施以来，一是不能及时启动，二是有关机制存在问题。现阶段，应进一步完善煤电价格联动机制，调整发电企业消化煤价上涨比例，设置煤电联动最高上限，适当控制电煤价格涨幅，保持煤炭、电力价格基本稳定。应根据2009年年底及2010年年初以来电煤价格不断上涨的情况，及时启动煤电联动，以缓解发电企业的经营压力和煤电之间的矛盾。

2. 推进电价改革

近年来的经济运行中，“市场煤、计划电”的体制性矛盾依然突出，电力企业这几年难以承受煤价频繁上涨和电价调整滞后造成的刚性成本增加，行业盈亏基本由政府制定的价格决定。煤电价格矛盾已影响到部分时段、部分地区的电力供需平衡。应采取切实可行的措施，进一步推进电价改革。

（1）在合理的电价机制形成过程中，继续坚持煤电联动的原则和机制，同时解决热电价格长期倒挂的问题。

（2）加大需求侧管理工作力度，发挥价格对需求的引导调节作用。理顺各种终端能源之间的比价关系，引导用户合理消费各种能源。

（3）加快资源型产品价格改革步伐，尽快研究符合市场规律、适应我国国情的科学合理的电价形成机制，以促进清洁能源发展，调整能源结构。

（三）加强能源规划与协调，发挥行业协会作用

近两年电力发展和运行中，暴露出经济发展和电力发展、清洁能源发展与传统能源及电网发展、电力运行与上下游以及相关行业如何协调的问题。建议政府有关部门要综合考虑煤电油运各种因素，做好“十二五”能源总体规划，坚持电力适度超前发展，统筹解决能源布局的结构性问题。建立健全能源综合运输调配体系，包括发展特高压长距离输电，提高相关部门能源跨区域调配能力，增强应对能源资源需求突发性、大规模变动的能力。电力行业发展与煤炭、石油、天然气、交通运输等行业密切相关。要采取措施推动电力行业和其他行业间合作，建立行业之间的工作沟通与协调机制，努力推动煤电油气运等问题的有效解决。

随着政府职能的进一步转变，行业协会作为政府与社会、企业间的桥梁和纽带，在行业自律、标准制定、合作交流等各项工作中承担着越来越重要的责任。建议国家给予相关行业协会更大的支持，帮助协会与政府、企业共同做好运行形势分析工作，使行业协会更充分地发挥作用。

智能电网应做“顶层设计”

中国工程院院士、副院长　杜祥琬

中国要发展智能电网，首先要做好概念设计、顶层设计。在战略指导下做好规划、规划指导下做好方案，为了实施方案先做好示范。

中国能源战略转型势在必行

中国能源需要很好的战略思想，概括地说就是绿色低碳能源战略。绿色低碳能源战略包括中国能源战略的转型，从目前比较粗放、污染、低效、欠安全的能源体系，通过几十年努力转变为比较洁净、安全、高效、现代化的能源体系。这个能源体系包含非常丰富的内容，是个重大的战略。

能源战略一定要成为国家发展方式非常重要的基础性支撑。中央最近比过去任何时候都更强调加快发展方式转变，加快发展方式转变既包含能源体系的转变，也包括能源供需模式的转变。我们有一段时间发展很快，供需模式粗放，那种要多少就给多少的需求，不是非常好的模式。应该把它转变成一个“以科学的供给满足合理需求”这样的模式。为什么这样提？因为我们现在社会上需求未必都是合理的，也包含一定的浪费，我们要满足的是真正的需求，合理的需求，同时要有科学的供给。

电力是能源行业的重要部分，随着经济社会发展，电力在整个用能当中的比例可能还要增加。而电网又是电力行业中非常重要的一部分，电网企业作出了重要贡献。

电网的建设是一件大事，在中国发展新阶段，也对电网提出新的要求，电网本身也需要科学发展战略，也将面临新的挑战和机遇。电网公司作为国有大型骨干企业，从国家角度要有一个全面、科学的战略思考，在战略指导下做好规划、规划指导下做好方案，为了实施这个方案先做好示范，因此以较高的社会责任感制定方案、规划都是非常必要的。

智能电网应看重内涵

美国人很善于起名字。戈尔提“数字地球”，另外有人提“智慧地球”。无非是把我们生活的星球做个信息化的表达，比如称作“信息地球”也挺好。对于“智能电网”概念，应不重名字，而在内涵，怎么理解“智能电网”？现在有媒体开始有评论，“智能电网”在国外还是“三无”，无实际的应用、无成熟的技术、无标准等。出于科学发展考虑，要重视不同的声音，大家都可能理解不一样，对于国外的东西要参考，但是一定要结合中国的特色、中国的国情。

怎么理解中国的“智能电网”？中国电网发展并不是在一张白纸画一幅新图画，我们面临的是在已有基础上研究如何提高改进、提升电网的问题。我们之所以提“智能电网”，实质是把这二十年迅速发展的信息技术和电力技术结合，将信息融入各个领域，因此，我理解“智能电网”就是信息技术和电力技术结合。

具体到特征而言，我理解智能电网目的是实现高效节约、安全可靠、新能源友好，而信息化、自动化、互动化是手段。

这个概念设计里面包含信息技术，比如双向电源端、用户端的测量、控制、互动，其实双向也可以说“三向”：电源端不断变化，比如新能源并网后需要有一定功率预测；而用户端也是在不断变化，峰谷负荷预测也是一个难点；环境同样需要监测，环境极大影响电网本身，对此必须要有信息测量。电源端、用户端、环境端都需要智能信息技术，需要做好测量、预报、控制、互动。电力技术本身又涉及电源、电网的输送、电能的储存、变电、用电、调度，又把信息技术有机融合到了一起。

第一位是概念和顶层设计

中国要发展智能电网，首先要做好概念设计、顶层设计。我看了很多关于智能电网方面的文章，中国到底建成什么样的智能电网、特高压电网、坚强电网，在现有电网基础上如何发展、如何提高？为了做好这样的概念设计、顶层设计，我觉得一定要科学论证，这个论证应该是综合性的。技术、经济、环境要做综合性的论证。我们建设一个什么样电网在技术上是可行的、经济上是划算的、环境上是友好的，是符合中国国情的。先把概念设计在业内专家层面高度统一思想，为国家决策真正提供很好、比较成熟、可以操作的方案。

国家能源专家咨询委员会与电力专业委员会，2009年年初曾经研讨撰写了一个《关于加强我国电力规划建议》的报告，开始规划包括电网顶层设计的问题。怎样做顶层设计？我的建议是这样，国家主管部门牵头、有关部门共同参加，跨部门、跨单位组成专家群体，提出一个概念和设计，当然，电网公司肯定要发挥重要的作用。

发展智能电网，其标准制定包括技术标准和管理标准，要走在前头，要让标准指导实际工作。如果标准体系的建立能走在国际前列，也是非常值得我们做的事情。

新能源与电网如何友好

这个是我们现在没有解决的问题。国家电网公司的张家口风光储示范工程，抓住了一个瓶颈问题，就是间歇性的风、光能源资源，如何与电网互相融合，这本身需要示范。张家口示范成功后，还需要明确，如果有更大、更高功率的风电在内蒙古、新疆发展起来，这一套风光储能技术能否推广？也就是将来面对更大功率的新能源并网，它的可放大性如何？示范项目应必须给出一个答案。让电网对新能源友好，反过来说，如何让新能源对电网友好，我的看法是风电可以自己找其他用途，自己来削峰，让电网少承受一点，用它做别的事情，比如做海水淡化等。

由此我想到另外一个需要我们扎扎实实攻关的方向，就是储能技术，比如说风很强的时候到底怎么来储能？储能手段有几种？抽水蓄能无疑是很好的储能方式，但中国风电强的地方水都不够，怎么办？一个办法就是化学储能，这显然是重要的途径，但是提高化学储能能力的密度、总量规模还是一个新的挑战。现在从发电潜力来讲，太阳能可以说是最大的，据我们研究成果，扣除不可利用的因素，可利用的太阳能光伏发电装机容量约为20亿千瓦、风能约为10亿千瓦。还有物理储能，比如可以用热的方式，用沙漠、石头储存起来然后放出来等。

实际上，中国的用电方式也需要调整，用电通过电网是大头，这是由中国能源分布不均衡特点决定的，我国能源资源大部分都在西北，用电负荷都在东南，不均衡性造成我们不得不输电，或者输煤加输电。但是用电也不一定全部经过大电网，有其他方式比如分布式用电可以采用，虽然目前能够消耗的总量上不明确，这种用电形式对边疆、新农村建设的重要作用不可小视。又比如边防哨所，可能只需要一个发电机就可以解决用电问题。而微网在中国能消耗多少电，也值得关注。

发展智能电网，中国要充满自信

中国科学院院士　顾国彪

我国智能电网的研究工作开始较早。所以，在给出加快我国智能电网发展的建议之前，我们有必要先回顾一下我国智能电网的发展历程。

智能电网技术基础很好

1999年，清华大学卢强院士承担了“973”项目——“我国电力大系统灾变防治和经济运行的重大科学问题研究”。他提出数字电力系统的概念。数字电力系统虽然跟智能电网的概念不完全一样，但实际上是把电力系统所有的物理结构、物理特性、技术性能、经济管理、环保指标等用数字化技术实时再现，从而对电网的管理和科学决策、安全稳定性、实时评估、改善紧急控制和最优解决方案及快速恢复等提供支撑，从中可以看到智能电网的雏形。

2001年，中国科学院电工研究所开始分布式电力技术和微型电网的研究工作，主要研究可再生能源的分布式利用。此研究包含很多智能电网的元素。分布式电网的功率是双向流动的，它的内部网络应变也应该是灵活可控的，它能够容纳多种发电方式和储能技术，且具有很高的供电可靠性并满足用户所需要的电能质量。所以，分布式电力技术也是智能电网一个重要的组成部分。当前，欧美国家所做的智能电网示范工程，很多也是分布式电力技术层面的。

2004年，中国电力科学院周孝信院士承担了另一个“973”项目——“提高大型互联电网运行可靠性的基础研究”。他主张采用分布式计算对整个电网实时仿真。首先要测量电网当中的很多参数，通过PC机群做分布式计算，对电网进行实时仿真。利用实时仿真，我们能对电力系统会不会出问题或会出什么样的问题作出评估和预测，然后再提出更加优化的运行方案的解，从而使得电网运行趋于更加安全可靠，并在出现故障时将影响控制在最小的范围。这项研究是智能电网技术的重要组成部分。

天津大学余贻鑫院士早在2006年就开始关注智能电网方面的一些研究，前期在智能配电系统做了大量的研究工作。2008年，他承担了另一个“973”项目——“分布式电力系统”的研究，主要针对可再生能源的分布式利用开展有关基础研究。

以上研究并未提出“智能电网”的明确概念。但是，研究所涉及的自动化、信息化、智能化程度等方面比较深入。这些技术为后来智能电网的推出做出了铺垫。所以，我国智能电网的技术基础很好。

用自信创新推进技术

近几年，我参与智能电网项目的规划和鉴定，对智能电网试点小区进行调研。通过走访和研究，我认为，中国智能电网的研究并不比国外落后。过去，中国经常购买外国人的技术标准。但现在看，中国在智能电网技术上的研究比外国一些国家还要好。我们欠缺的是自信心以及自主创新的精神和人才。

一些智能电网试点小区的家庭已经实现了智能化的功能。例如，将家电设备借助家庭网络与智能电表连接成一个网络后，只要通过电话或者短信，居民就可以通过智能电表去控制家电设备。居民能够感受到智能化的好处。每天回家之前，只需要发个短信，家里的空调就能打开。智能电表不仅控制家用电器，还可与自来水、煤气、暖气甚至家庭传感网联系起来。通过这个系统，居民还可以支付所有的费用，并能确切知道家中的安全状况。

奥巴马提出“2025年，25%的电要来自可再生能源”的新目标，美国开始大力发展新能源和智能电网。据了解，美国在夏威夷所做的风力发电站，风电要占当地上网电量的25%。但从技术角度来看，25%的风电在系统里边根本不可能并网，因为电网目前的技术不可能承受。

中国推广智能电网绝不能一哄而上，应有条件、逐步地进行，技术条件不成立时绝不能强行推广。首先，选择合适的区域网进行试点；其次，选择局部网络进行示范；然后，进行大规模推广。只有实现推广，才能实现智能化。试点易，但是推广难。然而，我们要相信中国人有能力推进智能电网技术。

战略联盟共同推进

我国下一步发展智能电网，在技术方面需注意以下四点问题。

第一，应着力解决大电网的安全稳定。美国“8·14”大停电的原因是缺乏统一电网规划。一个结构合理的电网，应是便于调度和进行事故处理的电网。虽然中国没有像美国那样发生大停电，但是电网安全稳定还是很重要的。运营大电网关心的是在全国范围之内如何优化配置资源并且保证安全、稳定、可靠。

第二，智能配电网技术应大力发展。智能配电网是为了重点解决供电可靠性问题和电能质量问题，并且保障电网是自愈的，还要实现用户与电网的双向互动等。

第三，大力发展储能技术。只有大规模发展储能，才能适应智能电网的发展。对于实现电网安全可靠运行，储能技术不可或缺。它可以有效实现需求管理，消除昼夜间峰谷差，不仅能提高电力设备运行效率、降低供电成本，还能促进可再生能源的应用。

第四，要注重新能源的发展。目前，我国的电网信息化自动化比美国和欧洲的还要好，但是却面临新能源的规模开发利用问题，这是电网的一个重大的挑战，也是核心的挑战。

建立智能电网是可持续能源发展方式的新开端。如果想将智能电网做大做强，还要建立以智能化电网企业的战略大联盟。战略联盟应包括发电商、电气设备生产商、零售商、用户，共同构建新一代先进数字化、信息化、自动化、互动化的智能电网。在智能化的环境中，可以将厂网之间的战略伙伴关系贯穿到智能电网的全新的物流系统之中，重新铸造合作共赢、新型的电力B2B与B2C的商务与服务关系网络。

智能电网：谁主沉浮？
——中美发展智能电网政策的比较分析

中国现代国际关系研究院美国研究所所长　袁鹏

中国已被西方国家普遍视为“世界老二”。因此，中国要重视自身的一举一动可能引发的国际社会不适感。在发展智能电网方面同样如此，既要勇于创新，抢占话语权和主动权，也要善于合作，以谋求更大空间和更持久发展。

要结合中国国情、因地制宜发展智能电网，不要搞一刀切。智能电网以示范区模式推进比较好，甚至可以选择数十个条件成熟的地方搞示范区，示范区做成功后，连成一片，就实现了总体规划目标。

最近发生的谷歌事件以及中国决定制裁涉台军售的相关美国公司，引起美方的高度反弹，他们认定这是一心搞自主创新的中国开始对美国高科技公司或大公司收紧政策。此外，正当奥巴马政府信心满满地去发展新能源产业，并谋求通过中美合作抢占中国市场的时候，却蓦然发现在太阳能电池等许多领域，国际市场已被中国占领。由此引发美国以及欧洲的警惕甚至惊恐。他们认为中国不仅在廉价商品方面抢占国际市场，而且在新能源方面也抢占国际市场。奥巴马在不久前发表的《国情咨文》中，誓言美国“绝不当老二”，指向中国的意味颇为浓厚。在这样的大背景下，中国谋划发展智能电网，虽有后发优势和政策优势，但应兼顾国际社会的反应，尤其要把美国可能作出的反应及由此带来的负面影响考虑在内。

美国智能电网推进困难重重

奥巴马发展智能电网的政治和战略意义要高于实际意义。首先，美国发展智能电网明显带有奥巴马个人及其团队的色彩。另外，党派之争也不容忽视，民主党一直比较强调高科技、信息技术和新能源的发展，与共和党有明显不同。其次，美国确实在衰落，很关键一个标志就是20世纪90年代信息高速公路和IT产业泡沫的破裂，以及这次金融泡沫的破裂。因此，奥巴马把新的经济增长点就“押注”在绿色经济上。这是他对未来的思考。

智能电网是奥巴马新能源战略的主要组成部分。但从目前看，美国发展智能电网的目标并不宏大，而且推进也并不顺利。虽然，奥巴马提出了横跨东西两岸、涉及四千万家庭的智能电网发展目标，但现在政府投入只有45亿美元。另外，政策上虽规定可以给予开发智能电网的相关企业一定补贴，但力度不大，且实施起来有一定难度。更严重的是，新能源立法在美国众议院获得通过，但在参议院是否可以获得通过就不得而知，因为这要取决于医改能否取得成效。在奥巴马内政议程中，金融改革和医疗改革都优先于新能源变革，且更紧迫，前两者如不能推动实施，新能源变革将无从谈起。目前，金融改革虽勉强获得通过，但遭到了一大批人的反弹；医疗改革现在看来破产的可能性比较大，即使能够通过，也和初衷相差甚远。现在奥巴马又要面临国会中期选举的困扰，他是否能够把握整个美国国内政治生态形势，还是未知数。所以，这更牵扯了奥巴马大量的精力和时间。因此，奥巴马现在最优先执行的工作并不是发展智能电网。

中美建设智能电网的间接影响

从目标设定和推行难度看，奥巴马的“智能电网”推进力度比我们想象的要慢。他拟定了很多预期规划目标，比如能够拉动几十万人就业、能够降低开支、能够实现能源独立、能够创造5万亿美元产业规模等。这些预期是否能在奥巴马的任期内，甚至是连任后实现这些目标不得而知。但这些情况对中国发展智能电网有间接的影响。

第一，奥巴马原本希望通过智能电网法案以及相关新能源立法，抢占包括智能电网在内的新能源国际标准的制定权，进而谋求更大的利益空间。如若因国内政治掣肘而难有进展，而中国则迅速发展并制定出智能电网标准，势必会引起美方反弹。换言之，必须注意中美两国在智能电网国际标准上的博弈。

第二，奥巴马原本期待中美在新能源领域展开合作，以合作拓展中国市场。但现实是，过去七八年间中美政策的反差，导致美国在新能源发展方面滞后于中国，中国走在了美国前面，尽管是粗放的，但毕竟许多市场已被中国占领。所以，等到奥巴马要和中国展开合作时，发现合作的结果并不如预期。中国加速发展智能电网，同样会引起美国新的不适应。

第三，美国希望加强中美新能源合作的另一用意是，借此施压中国转变经济发展方式，对内减少温室气体排放和污染，对外减少对国际资源能源的利用，在气候谈判上和美国保持步调一致。但最终结果和美国预期有落差，这就构成中美潜在的又一重矛盾。

以上种种分析，是要提醒决策者在规划智能电网建设时，不能忽视中国的发展将引发美国的心理落差，进而采取一些对中国不利的动作，最终使中国的规划受到阻挠。

中美智能电网建设如何共赢

面对这些矛盾，中国下一步应该怎么做?

首先，要谦虚谨慎理性，中国不应该设立一个过于宏伟、有具体时间点的目标。而是要一步步去做。防止“未成曲调先有情”，这个“情”指的是对中国不利的情况。中国已被西方国家广泛视为“世界老二”，因此，中国要加强国际合作，避免中国在国际上赢利的空间越来越少。

其次，我们不能只看中国的城市电网发展程度，不看中国的西部和农村地区电网发展情况。要结合中国国情、因地制宜发展智能电网，不要搞一刀切。现在国际社会认为的“中国模式”，其内涵之一就是先搞示范区，有成功经验后，再推广。所以，智能电网以示范区模式推进比较好，甚至可以选择数十个条件成熟的地方搞示范区，示范区做成功后，连成一片，就实现了总体规划目标。

最后，要加强对外宣传的统筹协调，随时随地加强国际沟通和协作，避免让国际误认为中国是在关起门发展智能电网，不与他国合作，引发国际尤其是美国的不适应感。

特高压：煤电运顽疾的终结者

《能源评论》记者　刘建冬　程洪瑾　王伟　　实习记者　张越月

2009年，中国能源本可以用“总体平衡，缓慢攀升”作结，但在第四季度出现了“状况”，困扰多年的“燃煤”之急再次来袭。华中、华东、京津一片焦灼。

其中，湖北省也许算是幸运的。2009年正式亮相的特高压试验示范工程，在关键时期，为湖北送去了200万千瓦的电力，使湖北省无形中“少停了一个中等城市的电”！回想起2008年对无电之城郴州的举国救援，人们困惑不解的是，在我国很多领域产能过剩的今天，为什么在能源资源领域却屡屡出现“短缺”和告急的魅影？“年年难过年年过”，难道中国经济注定要在每一个岁末度一次“年关”吗？难道中国百姓注定要在每年春节的喜庆节日中，与铁路部门一起在“运人”还是“运煤”的痛苦抉择中煎熬吗？

是到了彻底解决这个问题的时候了！

气喘吁吁的煤炭运输

每年春节前后的中国铁路，是世界上最繁忙的铁路——世界人口最多的大国数以亿计的人群要在这个时候进行集体大转移，一票难求的困局人们早已见怪不怪了。与此纠葛在一起的，还有分布与使用不平衡造成的能源失衡，“煤要运过去，人要运过来”每每伴随着寒冷天气，“运煤”就与“运人”开始争夺铁路运力！

其他物品可以为春运客流让路，唯有电煤不能！华东、华北、华中的大批火电厂在等米下锅！于是，春运的煎熬与电煤的煎熬，便在每个冬天折磨每一个利益相关者。

于是才有了2008年胡锦涛总书记亲自到同煤集团和秦皇岛港催煤的场景，才有了每年国务院总理、副总理亲自主持的各种煤电运联席会议。

尽管如此，为千家万户送去温暖的火电厂却常常处于“嗷嗷待哺”状态。煤电顽疾症候连连。

——电煤运输“惧冷症”

对于今年电煤紧张，一个公开的解释是，随着寒潮来临，各地供热量大幅度上升，加剧了煤炭储备不足的状况，受天气影响交通运力明显不足。而湖北水电比重较大，在枯水期发电量下降，导致对火电的需求上升。

“我们早已预计到今年的用电量增长会比较快，而且提前做了准备。” 湖北省经济和信息化委员会电力处副处长易新文表示，但令他始料未及的是，即使这样，湖北电煤供应同样面临了极大压力。

——电煤供应“恐暖症”

也有观点认为，由于宏观经济复苏高于预期，重工业用电量大增，电力需求加大导致电煤紧张。

2009年全年全社会用电量为36430亿千瓦时，其中，2009年12月的用电量同比增幅超过20%。中国煤炭工业协会副会长姜智敏认为，国民经济发展将继续拉动煤炭需求增长。由于我国北煤南运煤炭运输成本较高，以及煤炭进出口政策的调整，煤炭净进口的局面将难以改变。

——电煤产能“不足症”

来自中国煤炭工业协会的数据显示，在山西整顿小煤窑前，全国中小煤矿煤产量占煤矿总产量的50%以上。西山煤电公司一位主管生产的副总经理对媒体表示，“每一座矿的产量和产能是在开发时就已核准好的，我们的产量一直都是在求稳的前提下慢慢提高的。如果突然提高产量，那可能引发安全问题。”

——电煤运力“营养不良症”

每到迎峰度夏和迎峰度冬或者恶劣天气发生之际，铁路部门的神经就会格外紧张。2010年1月9日，铁道部决定1月10~30日集中力量突击抢运电煤，重点抢运湖北、湖南、江西省及京津唐地区电煤，全路电煤日装车计划由目前的3.8万辆车增加到4.5万辆车。1月20日，全路单日电煤装车达46264辆车的新高。

以能源大动脉大秦线为例，今年抢运电煤以来，采用和谐2型电力机车，由两台机车，一前一中牵引车辆。这种机车可以保证铁路日运量达到每天110万吨。“每秒钟就有12.73吨的电煤从大同运往秦皇岛”，大秦铁路湖东车辆段副段长李栓良说。

铁道部经济规划研究院专家石群则表示，目前铁路电煤运输的主要问题是现有铁路适应度低，预留程度不能完全满足条件的变化。

——电厂储煤“底气不足症”

2009年，发电企业预期煤炭价格会进一步下降，所以并未大量囤煤。但是随着经济复苏叠加恶劣天气，导致电煤库存迅速下降，很多企业措手不及，引发煤炭运输紧张。

山东省经济和信息化委员会经济运行局局长邱青森对媒体表示，2010年年初山东电煤库存维持在9天，个别电厂电煤库存仅5天，这种库存状态已持续40多天。

发电企业面对不确定的经济形势，担心的是会面临资金链断裂的风险。华电滕州新源热电有限公司副总经理葛林法说，电厂所用煤60%来自省内，电厂难以接受省里协调的5000大卡煤炭640元/吨的价格，而市场煤价今年以来大幅上涨，发热量在7000大卡的标煤价格已升到900元/吨。照目前情况来看，电厂元月份预计亏损1000万元。“受天气和煤质影响，煤炭冻结严重，一车煤最多要卸十几个小时。目前，公司电煤库存仅能维持7天，后续增库十分困难。考虑到电厂的亏损状态，公司已准备停机。”

而从五大发电集团向上游产业链延伸的情况来看，电厂不是不想存煤，它们甚至希望直接拥有自己的煤矿，但即使抛开在煤炭业打拼的风险和管理成本，电厂也需要考虑，从煤到电厂，运输成本问题不可忽略。

于是，许多发电集团选择建坑口电厂，选择响应国家能源政策的号召，参与大型煤电基地的整合。而这些基地，往往离用户较远。

所有问题又回到了起点，中国能源供应过于倚重煤炭的大范围调配，是否科学？我们是否该调整一下固有的运输思维模式?

纠结的能源输送思维

"头疼医头、脚痛医脚","缺煤扩能,缺电装机",中国的能源运输问题似乎在一个永无止境的循环里纠结。

国家发展改革委年初公布的煤炭跨省区运力配置框架方案显示,2010年,铁路部门为煤炭跨省区调运预留的运力总量为9.06亿吨,其中电煤占7.2亿吨。与2008年相比,2009年跨省铁路运力已经增加了6000万吨。但截止到"关门"时间,全国煤炭合同签订量已超过15亿吨,"爆仓量"大大超过预期。这也印证了问题症结所在——如果仅仅依靠传统运输方式,将很难解决电煤季节性、区域性短缺问题。

一方面,输煤环节繁多,情况复杂。从煤矿开采出来,经过汽车运输到集运站后,装车进行铁路运输。然后到港口,存入储煤码头,进行混煤存放。再经过装船运输到其他港口的码头,有些直接运输到港口附近的电厂,有些在港口卸下来后运往内陆电厂,还有些需要经过内河航运,运至沿江的电厂。在整个过程中,有多次运输、装卸等环节,每一个环节都有可能引发问题,还会有加价产生,进而推高煤价。厦门大学中国能源经济研究中心主任林伯强表示,煤炭价格中运费估计能占到50%,高运费已经成为高煤价的一个重要因素。

另一方面,虽然中部地区煤炭运输依赖铁路,但是从资源省区(山西、内蒙古)到用煤地区,除了京广铁路外,缺少像大秦铁路这样的运煤大动脉,所以运力不足是一个非常关键的问题。而按照目前的铁路建设常规程序,启动铁路建设项目,光是论证可能就要花数年时间,称得上远水难解近渴。

来自国家能源局的资料显示,2009年中国已经成为煤炭净进口国,全年净进口1.03亿吨,这意味着,"短缺魅影"将出现得更加频繁。

特高压:"远水"可以解"近渴"

古代人类在地面驰骋感到不尽兴时,希望像鸟儿一样在蓝天里飞翔;今天的我们在地面运输不通畅时，是否也可以将视野转移到天空?

试想一下，如果实现煤从空中走，现有能源运输格局将会怎样?

2010年1月14日国家电网公司工作会议上，公司总经理刘振亚自信地提出：“特高压可以解决困扰中国政府和百姓多年的煤电运顽疾，这不是说大话，而是实话。”

《人民日报》1月18日刊文《这个“老六”可以有》，指出在中国这样的特殊国情下，把输电作为五大运输体系外的第六种运输形态，非常必要。特高压输电将是缓解煤电运紧张顽疾的终结者。

1月21日，湖北省副省长段轮一专门向国家电网公司表示谢意。特高压交流试验示范工程投运后，2009年累计向湖北省送电近20亿千瓦时，2010年的前20天，又向湖北输送电力约4亿千瓦时，累计相当于输入电煤近120万吨，有效地弥补了湖北电力供应缺口。

一份权威调查报告显示，因为“一站直达”减少了大量中间环节，输电经济性明显优于输煤。从我国主要煤炭产区（西部和北部）到中东部负荷中心，输电落地电价比输煤到负荷中心建电厂的上网电价低0.02～0.11元/千瓦时，输电在经济性、生态环境影响、区域经济协调发展、占地等方面优于输煤。全国政协委员路耀华建议，在制定能源中长期发展规划时，同步规划特高压建设和各级电网协调发展的规划。

业内专家更是由惊奇转为支持。武汉大学电气工程学院教授周文俊对媒体表示，要解决电力短缺问题就应加强跨区输电，特别是要利用特高压电网将华北、西北煤炭基地的富余电力长距离、大规模地输送到华中地区来。业内人士建议，湖北必须立足于增加外部电力输送通道和输送能力，争取特高压电网在省内有更多的落点。通过加快跨区电网建设大量接受北方火电和西部水电，以弥补省内电力资源的不足。

受益的也不仅仅是电力输入地，作为全国重要能源基地的山西省，同样受益匪浅。据了解，通过特高压交流输电工程，山西向华北输送的电力可达300万千瓦，相当于一年就地消化标准煤约700万吨。

“山西每年输出煤炭4亿吨以上，给铁路运输造成很大压力，而中间环节费用高，也导致山西煤炭运往沿海越来越不经济。澳大利亚和越南的煤到上海，比山西煤还要便宜100多元，更具竞争力。”山西省政府发展研究中心主任张复明对媒体表示。

共识已经形成，特高压输电的“远水”完全可以解决季节性、局部地区的电煤短缺的

“近渴”。路耀华认为，解决煤电油运紧张的矛盾，需要彻底转变电力发展方式，优化输送方式和电源布局，不断提高我国输电方式在能源输送中所占比重。

作为煤电运顽疾的终结者，未来的特高压输电将不断带来惊喜。按照国家电网公司总体规划方案，在2012年前将建成“两纵两横”特高压骨干电网，可将山西等煤电基地、内蒙古和河北风电基地、西南水电基地的电力送往京津冀鲁、华东、华中等用电量大的地区。届时，每年可跨区输送电量3000亿千瓦时，相当于输送煤炭1.5亿吨，将基本解决华中、华东地区煤电运紧张的矛盾。

促动中国能源输送体系深度变革

输煤难题不会自动消失，可以预见的是，中国城镇化加速、人口增加，交通业应对春运的压力越来越大；随着生活水平的提高，取暖负荷创纪录的城市可能一个个增加，这在缺少煤炭资源的南方省份将更为普遍。

互联网使世界变得更平，特高压让中国能源输送变得更快——而这，正是解决中国能源解决空间分布不均衡、时间分布不均衡的高效方案。

传统思维认为，中国能源在空间上不均衡的压力，西电东送、西气东输等全国性能源输送体系建设就出自这种判断；但是，随着冬季取暖高峰的频创新高和交通运力的紧张，能源供应的时间不均衡压力，也越来越明显。

石油、天然气全国范围的输送工程，战略意义人所共知，但是电力高速公路的建设却曾经屡被争议。当人们热炒“物联网”概念时，或许没有想到，电网就是一张特殊的巨大的“物联网”。而特高压，就是这张物联网的脊梁，它配置资源的范围更大，效率更高。

20世纪90年代，当时的电力部和华北电管局曾经提出“煤从空中走，电送北京城”，在这种政策引导下，山西、内蒙古的电，源源不断地送到北京，彻底解决了北京多年缺电的顽疾。

今天，当世界上更先进的电网——特高压电网横空出世后，“煤从空中走，电送全中国”的梦想也即将成为现实。

火电、风电、光电均可从空中走向四面八方。它是最快的“快递公司”，电能以每秒三十万公里的速度“送货”；它有最精确的计量，同质同价，价格被国家严格监管。而坚强智能电网的兴起，则让它更加聪慧，实现与用户的更多互动。

特高压引发的中国能源输送体系变革，既有科技的力量，也有着战略谋划的力量，更是大势所趋，人心所向。

中国核电发展应实施“三步走”战略

国家核电技术公司党组书记、董事长　王炳华

中国核电登上“第三代”列车

1954年，苏联建成世界首座民用核电站，开启人类和平利用核能的新纪元，此后世界核电进入蓬勃发展的时期。到目前为止，全世界正在运行的核反应堆的数量是436个，总装机容量是3.72亿千瓦，为全世界提供了17%的发电量。

在中国，40年前，周恩来总理主持启动“728”工程，我国核电从此起步，建成“金山一期”的一台30万千瓦核反应堆。到目前为止我国共建成11台核电机组，总容量是910万千瓦，占全国总装机容量的1.1%，这个数字与全世界的17%相比差距非常大。

目前，第三代核电技术已成为当前发展的主流。美国三里岛和前苏联切尔诺贝利两次事故后，虽然世界核电建设陷入低谷，但是却激发了核电技术飞跃发展，全球核能界都在寻找一种新的和平利用核能的反应堆，新一代安全、经济的核电技术，契合了人类寻找清洁、高效能源的理念与需求，使其成为发展低碳经济、应对气候变化的理性选择。

到目前为止具有商用价值的主要是两种技术类型：一种是以美国西屋公司技术为代表的AP1000，另一种是以欧洲尤其是以法国为代表的是EPR，EPR的发展过程起初也是引进

了美国的核技术，功率达到170万千瓦。

到目前为止，三代核电技术相对二代改进型来讲，技术水平和可靠性发生了实质性的变化。美国总统奥巴马在其竞选过程中，从未明确表示要重新启动核电建设，但是他担任美国总统之后指出，美国虽然有近30年没有建设过核电站了，但是核能仍然是全美最主要的低碳生产，如果要在满足日益增长的能源需求的同时避免气候变化带来的严重后果，美国必须提高核能的供应量。为此他提出了由政府提供83亿美元贷款担保来推动美国核电产业的发展，即支持两个美国的业主共同建设4台AP1000的核反应堆。

2010年3月19日，日本经济产业省制定提出了《能源基本计划草案》，根据该草案，日本将以确保安全为前提，重点发展以核电为主的低碳电源，到2030年至少增加4座核电站。当前全球有超过60个国家计划发展核电，甚至阿联酋等富油国也选择发展核电。除我国外，世界上已经开工建设和申请建设的核电机组，大多数采用第三代核电技术。

安全经济的 AP1000

与其他核电反应堆相比，AP1000技术的安全性更高，经济性更好。主要是因为其采取了五个方面的措施：第一是采取了非能动安全技术，在极端事故下，72小时内无需人工干预，仍能保证安全停堆。一个反应堆正常运行中，系统运行是连贯的，一旦发动机停止工作，在规定时间内必须要把反应堆停下来了。而反应堆停下来之后堆心反应并没有完全停下来，堆心有余热，需要有一套系统把余热导出去，以保证反应堆内部部件系统安全，现在的AP1000系统可以做到这一点。第二是安全性比二代技术提高2个数量级以上。第三是系统比二代更加简化。美国人走的安全路线是减法，推崇系统越简单越安全。欧洲人为了安全走的是加法路线，EPR的保护系统就是四套。第四是采取了模块化建造的方式，大大缩短建造的周期，所需设备、材料数量大大减少。第五是设计寿命为60年，机组可利用率93%，优于二代技术，目前正在运行的核电站的寿命一般是45年。

中国选择自主化战略

中国发展核电三十年，在技术路线上始终摇摆不定。一派是引进派，另一派是自主派，争论了30年。21世纪初，党中央、国务院作出了引进先进技术、统一技术路线，高起点实现我国核电自主化发展的战略决策。在曾培炎副总理的领导下，国家核电自主化工作领导小组先后召开了12次会议和多次专题会议，包括72次非正式会议，研究引进三代核电技术等相关工作。温家宝总理先后4次主持国务院会议，专门研究并积极推进我国核电自主化发展。2006年9月，根据温家宝总理指示，国家发展改革委组织34位核电专家（包括9名两院院士）就三代技术引进召开专题会议，并达成了共识——AP1000技术是目前国际上相对最先进、最安全和最经济的核电技术，选择AP1000作为我国核电自主化项目的依托是合适的。

2006年11月，胡锦涛总书记主持政治局常委会议，听取我国第三代核电技术招标和组建国家核电技术公司的工作汇报，作出了引进AP1000核电技术，建设依托项目4台机组，成立国家核电技术公司的战略决策。

2007年11月，国务院发布《核电中长期发展规划》，将AP1000第三代核电技术作为“十二五”以后发展的主流。2008年2月15日，国务院常务会议原则通过了《大型先进压水堆核电站重大专项总体实施方案》，批准由国家核电技术公司作为示范工程实施主体，负责牵头实施重大专项。2009年2月，在大型先进压水堆及高温气冷堆核电站重大专项领导小组第五次会议上，明确内陆核电站将全部采用三代核电技术。过去可以说引进技术舍得拿钱，消化技术很少拿钱，再创新基本上不拿钱，这次的决策是引进、消化、吸收、再创新，除了买技术的费用之外，国家在重大专项，我们叫做16个口，其中民口是11个，军口是5个。民口11个重大专项中，百万千瓦先进压水堆是排在第6位的，国家财政拨款431亿元，其中50亿元用于消化引进技术，80亿元用于再创新研发，国家针对三代核电技术的引进是给予了大力支持的。

制胜法宝：战略+机制+体系

核电作为一种安全、经济、可靠的清洁能源，对我国应对气候变化、保障能源安全、调整能源结构具有重要的现实意义。2009年年底召开的中央经济工作会议已经将核电纳入战略性新兴产业。回顾国家核电技术公司三年来的经验，可以概括为以下三点思考。

1. 引进消化吸收再创新、形成标准、形成品牌，这是我们发展核电产业的“三步走”的战略

第一步是自主化依托项目，建成四个反应堆。第二步要在沿海内陆形成标准化设计，建造10台机组。未来在这两个基础上，开发我们的AP1400、AP1700，通过实践，探索出一条符合第三代核电自主化发展的“标准化设计、工厂化预制、模块化建造、专业化管理、自主化建设”的新路子。

AP1000技术在标准化设计当中要遵循以下原则：范围覆盖全厂，包括核岛、常规岛和BOP；满足中国核安全法规要求，并参照美国法规的要求；采用工作单位对大宗材料进行国产化的概念，最大限度地满足国产化的要求；优化布局设计，降低工程造价。这是目前我们非常重要的四个方面的工作。

2. 创新体制机制，才能促进我国核电自主化健康发展

企业是核电技术创新的主体，但是必须在战略掌控、安全监督、政策扶持、优化集成等方面充分发挥政府的主导作用。在行业层面，要进一步明确产业发展模式，形成专业化分工、协同效应突出的核电工业体系。通过优化整合，积极培育核电在技术研发、工程建设管理、电站运行和全寿命周期服务以及核燃料循环领域具有国际竞争力的国家队。

这方面我们要学习、法国、韩国，甚至美国。20世纪80年代，韩国在引进美国技术之初，就着手改革体制机制，集中产业资源，建立科学合理的核电工业体系。经过20多年的努力，韩国开发出具有自主知识产权的140万千瓦的APR1400，成功走出一条引进、消化吸收和再创新的发展道路，并在2009年年底，战胜了法国、美国、日本等对手，中标阿联酋近500亿美元的核电项目，实现了核电技术和装备的出口，成为第五个可以成套输出核电机组的国家。

三十年来我国核电发展从军民结合、寓军于民到以核养核、滚动发展，再到融核于电、以电促核，体制机制不断创新，为核电产业的发展创造了良好的条件，但与成为世界核电大国和核电强国的要求相比，体制机制需要进一步创新。应按照政府主导、深化改革、尊重历史、面对现实，统筹规划、分布实施的原则，逐步形成更加开放、高效的管理体制，既有国家意志又有市场活力的运行机制，促进我国核电事业健康持续发展。

3. 打造完整的核电工业体系，提升产业的国际竞争力

我国核电行业需要围绕三代核电自主化依托项目，积极引进与设备国产化、重大专项等三大战略重点，在研发、设计、制造、建设、运行等五大环节，进一步整合资源，突破关键技术。现在我们最重大的任务就是研发。国家核电技术公司发展的路线叫做创新、创造和创意。创造是最重要的，同时要提高关键设备的制造能力，提升工程建设的管理能力，充实核岛的建设安装力量，同时构建核电站运行技术服务体系，建设完整的核燃料循环体系。

目前我国电力企业进入核电领域的呼声非常高，愿望也非常迫切，总觉得现在三大业主单位承担这么大的核电站建设任务是不是有点力不从心，为什么不让其他发电企业承担？前不久一家财经媒体上有一篇关于核电的文章其中谈了几个观点非常好。第一个观点就是核安全是一个国家的责任。这点与常规电站不同，常规电站讲安全就讲一个工业安全。一个核电站要讲三个安全，第一个安全是核安全，第二个安全是辐射安全，第三个安全是工业安全。核安全是最重要的。一旦核安全出了问题，首先要确保从业人员不被辐射，其次才是工业安全。第二个观点是核安全无国界。第三个观点是一个国家准备和平利用核能，至少要有15~20年准备时间，制定法律、培训队伍、确定技术路线，这是非常重要的三个环节。发展核电产业光喊不行，一定要把工作做得非常扎实，才能够成为核电领域的一员。日本为了发展核电足足准备了15年的时间，以东京电源开发株式会社为例，这家公司原来从事电网建设，然后占领日本所有燃煤电站建设市场，在2005年才进入核电建设领域。

通过深化改革、自主创新，一定会提升我国核电产业的国际竞争力，最终成为世界核电强国，谱写电力工业发展的新篇章，共同为保证我国能源安全、应对气候变化，转变经济发展方式作出贡献。

大办核电：要热情，更要理性

中国核工业集团公司科学技术委员会常委、研究员　张禄庆

根据公开消息，目前，至少已有多家电力集团表示要将自身拓展成为包括核电在内的综合能源集团。考虑到国家积极发展核电等新能源的政策导向、这些企业近两年经营实绩和实现自身可持续发展的需要，应该支持这些企业进军核电领域。

但是，也要看到，不是随便哪一个具有资金实力的企业就能控股建设核电的。

入主核电必须要具备核安全资质

必须要看到核电的特殊性，即核电厂反应堆包容的巨大释能潜力和运行产生的大量放射性物质，可能会产生对社会公众和生态环境造成严重危害的风险。确保核电厂安全始终是至高无上的第一原则。国家核安全监管部门对于核电厂的设计、设备制造、土建安装、人员培训和运行管理均有极其严格的法规要求。在核电厂建设过程中，国家核安全监管部门要对业主单位和操作人员核发多种许可证。因此，企业要成为国家认可的核电投资主体，就必须具备必要的核安全资质。

如何进入核电领域

要想在2～3年内取得核电控股资质，是个很大的挑战。五大发电集团等企业首先应该积极和中国核工业集团、中国广东核电集团等已具有核安全资质的企业合作，取得核电项目的参股权。通过参股，它们不仅要提供相应的资本金，更重要的是派遣一些技术、生产管理方面的骨干人员，从核电站的项目策划、厂址准备，到建安调试、运营管理，全程参与进去。在参与过程中，逐步学习、掌握核电的相关知识，日积月累，就可以形成、拥有自己的核电项目建设、运营管理的人才和能力，也就不难取得合格的核安全资质。我们可以回顾一下建设大亚湾核电厂1、2号机组的历程。在此之前，我国对大型商用核电厂的有关技术及建造运营管理完全是一片空白。大亚湾核电厂的建造模式实际上是作为交钥匙工程，由法国人总承包。而中方则由具备其他相关领域工作经验的人员在各个岗位出任副职，全程参与所有环节的日常事务处理。经过实际锻炼，中方人员较快地成长为核电建设骨干人才，在之后的岭澳及后续核电项目中发挥了重要的中坚作用，真正成了核电业主。五大发电集团等企业可以借鉴这个经验，这才是一个循序渐进的科学模式。

五大发电集团等企业参与核电领域，应该集中力量于核电项目的建设，以及核电厂的运营管理方面，不必再组建自己的核电设计队伍。这是因为：第一，组建一支有资质的核电设计队伍，从掌握技术、经验积累、人才培养等方面要求都极高，绝非一蹴而就的易事。第二，我国核电是搞标准化批量建设，现有的设计力量可以基本满足我国核电建设施工出图的需要。另外，核电与常规火电最大的不同在于核岛部分，常规岛部分与火电厂大同小异。所以只要将核岛部分的设计委托给他方设计即可，常规岛自己完全有能力设计。

目前不少人对于核电的福祉和效益看得很重，而对核电的风险领会和重视不够。目前有经验的核电建造和运行人员的稀缺现象日益严重，许多业内人士十分担心核安全问题。核事故无国界，万一发生重大事故，其影响可能就不仅仅是中国，而是世界范围的核电事业。三厘岛和切尔诺贝利核电事故就让世界核电业停滞了许多年。

核电“大跃进”需理性

2007 年10月，我国政府正式颁布了核电发展中长期规划（2005~2020年）。规划到2020年核电装机容量争取达到4000万千瓦，在建1800万千瓦。这个规划肯定是经过科学论证，充分考虑各种影响和制约核电发展因素后制定的。但过去不到两年的时间，该规划目标就要调整到近亿千瓦。这么大幅度的调整，目标如何实现呢？我国的铀资源供应、设备制造国产化和人力资源等方面都做足了充分的准备吗？举一个例子，目前我国不能本地制造的核电设备占到 20%，而国外企业可能并无足够的产能来配合我们突然扩大数倍的需求。现在炒得很热的核电发展速度，无疑再次推进了我国机电设备制造产能的扩张。但这个核电高潮过后，我国机电设备制造企业积累的产能如何实现可持续发展呢？这个问题似乎无人去想。 建国后的历史教训足够深刻地证明：科学发展是硬道理，硬发展不是道理。时代不同了，那种“人有多大胆，地有多高产”的唯心主义思维方式早该扔到历史的垃圾堆里去了。

应允许业主自主选择核电机型

市场经济下的核电主管部门的主要职责应是制定发展规划和扶持政策，按照规划核准项目并监督实施。而具体选用什么核电机型应该是业主的自主范围。这就好比政府鼓励买私家车，但不能规定必须都买奔驰车一样。政府有关部门引进AP1000核电技术，希望以此推动核电技术革新，用心良苦。 AP1000核电技术是具有一定成熟性的第三代先进核电堆型，但尚无实际运行经验。目前当务之急是尽可能又好又快又安全地建成三门核电厂的世界首台AP1000核电机组。如果AP1000核电技术的安全性与经济竞争力得到实际验证，根本无需硬性推广，业主就会自动采用。这才是市场经济的竞争规则。

二代加核电技术与AP1000核电技术的分析对比已十分详尽，再来争论实在没有必要。但有一点要说明，目前全世界投运的二代型核电机组逾400台，其运行安全可靠性是完全可以接受的，不能拿二代加核电技术的安全性“差”为借口，来达到推广某种核电机组的目的。

首台新型核电机组在建设中和建成后的试运营，出现这样或那样的问题是很正常的，进行有针对性改进，就能逐步接近完美。但是如果不等取得设计、建设和运行的经验，就要在内陆推广AP1000核电机组，所冒风险是否太大了一点?

我国最初在东南沿海地区发展核电的另一个考虑是这些地区比内陆经济发达，电价承受能力高。目前，这种状况并没有根本改变。AP1000核电机组的功率至少在125万千瓦以上，内陆必须要采用冷却塔，而不能直接向江河、湖泊排放废热。这些成本上涨因素均可以用高电价来补偿业主，但最后只能由用户买单，问题是内陆地区有如此长时期承受高电价的能力吗？2007年颁布的有关规划中明确指出：“在三代核电技术完全消化吸收掌握之前，以现有二代改进型核电技术为基础，通过设计改进和研发，仍将自主建设适当规模的压水堆核电站。”由此可见，二代改进型核电机组建设规模多大算适当，由主管部门决定；但推广建设AP1000 核电机组的时间起点应该是明确的。到底如何安排这两代核电机组的布局和批量，来实现核电的发展规划，的确应该认真思考、全面协调。

未来十年水电开发进入关键期

中国水利水电科学研究院原院长　高季章

水电徘徊前行的隐忧

“一江春水向东流，流的都是煤和油。”刚刚过去的2009年对水电行业来说可谓喜忧参半，可喜的是2009年水电的投产量创了一个新高，估算会超过1500万千瓦，而这些投产机组基本都是上一轮（5~10年为一个水电建设周期）水电建设高峰时的项目。但是，因为水电的争论使得水电立项减少。俗话说：“人无远虑，必有近忧。”由于这几年受生态环境和移民问题的影响，是否需要继续建设一批大、中、小型水电站，达到发达国家水平，还存在不少疑虑。例如，怒江的水电开发规划国家是否批准，也有不同的解读。国家发展改革委和环境保护部的会议审查认为，原规划的十二级开发方案不可行，推荐的近期开发的四级可行。但是，这是否表明国家认可了四级开发方案，也是认识不一。再如，2009年金沙江中游有两个电站没有得到环评的批复而被叫停，现在半年多过去了，问题还没有解决。这些问题直接影响了几个主要水电项目的推进，可能会导致下一个五年，或者未来十年水电建设的速度放慢，这同能源结构调整的方向是不符合的。

不同国家、不同地区、不同的能源资源结构，不同的发展阶段，应该有不同的能源开发战略和规划。核电、风电、太阳能等都需要加快发展，较大强度的开发还有一个较长的过程。今后10~20年，加速水电的开发，加大水电在能源中的比重，这是我们必须做的，有利于能源结构调整，应对全球气候变暖。切忌长期争论，久拖不决，贻误时机。

水电建设前期工作量大，时间长，前期工作储备不足是影响中国水电开发更快发展的制约因素。必须尽快完善水电前期工作管理体制，在水电勘测设计环节引入竞争机制。在保证水电开发需要的前提下，水电前期工作要有足够的设计储备，从而确保水电快速、健康、可持续的开发。

还差6个百分点

目前我国能源结构中，非化石能源仅占9%，10年中将非化石能源比重要提高6个百分点，到2020年达到15%左右，任务仍很艰巨。按照规划，2020年以前水电装机容量应该达到3亿千瓦，而水电在非化石能源中的比重应占到60%。

由于历史原因，过去已建的部分工程，特别是引水式电站，没有保证生态流量的下泄，对生态环境造成负面影响。但水电建设可以兼顾生态保护，截至2009年6月，中国的水电开发率（已建成容量／技术可开发容量）仅为34%。虽然有一批水电站在生态环境保护方面是成功的，但就全局来讲，这方面的工作需要大大加强。

水电资源的高效可持续利用是可以实现的。目前国家已经开始执行《规划环境影响评价条例》，主要解决水电规划阶段“建与不建”的问题，界定哪些流段可以开发，哪些不可以，并且要求以后水电开发都要保留一个生态流量，不能让被开发的河流断流。另外，对现在还不具备开发条件的流域，需要依靠科学技术水平的提高，有条件了再开发，都需明确下来，这项工作需要比较快的推进。现在对怒江开发的争论仍在继续，金沙江中游也处于停滞中，如果这两个重要的水电基地长期拖下去，将直接影响到2020年水电的比重，也将影响到我国完成非化石能源占15%这一重要的目标。

水电开发移民的新思路：投资型移民

在规划可开发流域的同时，水电移民的问题也需要提前规划、统筹解决。水库移民是世界性的难题，要想做得好，可能比修大坝、建电站都难。移民脱贫与生存条件改善所需要的资金问题一直困扰水库移民的难点。现在国家也出台了一些移民新政策，补偿标准比过去提高了很多，三峡工程移民费用和工程费用基本上是各占一半。

除了国家已实行的政策外，专家学者和各级政府都在进行探索，比如“投资型移民”与云南的“16118政策”。“投资型移民”的概念是将应补偿移民的经费不是一次性给移民，而是作为投资（股份），获取水电开发的长期效益，安置费用先用借款的方式解决。以怒江流域为例，每个移民每年得到的收益在5000元左右；但需要解决“流域统筹”的管理机制和经费“持续增加”的来源问题。

云南省政府2007年针对金沙江中游电站移民提出的“16118政策”——立足长效补偿机制（逐年定量递增，补偿期与电站运行期相同）；实行6种安置并举（城市安置；城乡结合安置；农业生产安置；分散安置；货币安置；就业安置）；建立产业发展资金；享受统一后期扶持（600元／人年）；实行两年效果良好，移民年人均得到的综合补助达到4800~6000元，为历史最高水平。

国家应该及时总结并完善云南的经验。目前看，至少有三个方面的难题需要解决：

首先，要解决资金来源。长期以来，水电上网电价大大低于火电，如果按照现行的电价政策，政府就应该承担更多的责任。如果需要企业承担，应提倡同网同价、同质同价。我国的水电站建在经济不发达地区，电力外送到发达地区，当地的电反而更贵了。将来水电站都应该有一部分电直供当地，且电价维持在合理水平，支持当地经济的发展。发展当地的产业，可以增加就业机会，移民生计问题就容易解决。

其次，要统筹考虑同省区、同流域不同电站移民补偿措施与标准差异引起的攀比问题。

最后，要解决新老补偿标准的衔接，新标准和措施与已按老标准安置移民的差异和攀比问题。应该说解决好移民是政府的一个要求，中央政府要求保持稳定，地方政府也是盼望当地经济发展和移民稳定。从水电开发企业来讲，只有解决好移民问题，工程才能顺利推进。

小水电亟需政策扶持和市场机制

水利部水电局教授级高级工程师　刘京和
清华大学能源环境经济研究院副教授　周胜

在诸多可再生能源中，我国的小水电开发历史可谓十分悠久。它可以给边远地区和农村带来了光明和财富。

目前，小水电为我国提供了97%以上的可再生能源电力，占绝对优势。如果我国小水电开发率达到发达国家的开发水平（即60%的开发率），那么小水电的装机容量将达到7700万千瓦，即在2008年的基础上新增2700万千瓦，如果以年运行3000小时计算，相当于新增发电量810亿千瓦时，对减少温室气体排放意义重大。但近年来，我国小水电增长速度相对较慢，在未来的电力供应中，小水电的地位和发展面临着严峻挑战。

缺乏公平的电力市场环境

我国电力以煤电为主，小水电总体规模偏小，属弱势产业。随着大电网的延伸，越来越多的小水电并入大电网，与煤电竞争。而受丰水期限发、出力率考核等限制措施，使得小水电在上网电量、上网电价和结算等方面存在的问题，始终得不到很好的解决。

目前小水电的电价普遍较低，远低于当地火电电价。这使得小水电的经济效益普遍低于预期。小水电站经济性典型调查分析结果表明，在调查的64座水电站中，盈利企业11个，保本企业13个，亏损企业40个。

容量扣减和电力扣减是小水电实际财务收益普遍达不到项目设计水平的重要因素之一，既造成资源浪费，也降低了小水电企业的经济效益，在很大程度上影响了投资者的积极性。

国家政策支持有限

小水电属于可再生能源，但国家政策支持十分有限。尽管《可再生能源法》于2006年1月1日正式生效，其相关配套政策也陆续出台。但从目前看，小水电上网电量和上网电价等问题仍没有得到实质性解决：仍要遵从“水力发电价格暂按现行规定执行”。这对小水电而言应该是一个遗憾。小水电开发业主为了确保利润，在环境、生态和移民等方面的投入和补救措施相对较弱，从而削弱了小水电理应发挥的作用。

在增值税问题上，国家规定了小水电适用6%的增值税率，但很多地方政府执行不到位，给小水电企业增加了额外的负担。另外，由于小水电运行维护成本较低，在中国现行的生产型增值税税制下，小水电得不到任何抵扣，增值税优惠对小水电的激励作用大大减弱。

小水电供电成本将增加

目前，我国小水电的供电成本较低，但从长期看，将开采品位更低、位置更远、更难输送的小水电资源，这必将导致成本上涨。小水电的发电成本主要与初始投资、运行维护成本和年运行小时数有关。初始投资主要由水工建筑、机电设备和其他构成。其中，水工建筑成本受小水电资源的影响最大，将随着开发率的增加而增加。小水电技术相对成熟，采用新技术使得成本下降的因素相对较弱。机电设备和其他成本变化很小。由于管理水平的提高和人力成本增加的因素相互作用，运行成本变化很小。小水电年供电量主要与年运行小时有关，一般情况下，小水电资源越减少，开发率越高，新增电站的年运行小时就越低。

据调查，近年来，小水电的供电成本增长率接近成本的自然增长率（随着地质条件变化和开发难度的增加，生产成本就自然增加），年增幅为3%~5%。以3%计算，相当于开发率增加1%，开发成本就增加1.92%。因此，随着小水电开发率的提高，小水电供电成本将渐增。

提高小水电自身的供电质量

提高小水电的供电质量既需要提高小水电管理水平，准确预测小水电供电能力，便于大电网的优化调度，又要通过一定的技术手段稳定输出电力，提高小水电的供电质量。比如可以通过修建一定库容的水库改善供电质量，或者与带调节能力的其他水电站结成联盟，进行优化调度，从而稳定小水电甚至整个水电的电力输出。对于丰水期的多余电力，可以发展与小水电季节性变化一致的产业进行消化，比如生物质成型燃料或其他对电力要求不高的产业，这既可消化多余的电力，又可提供增加收益和就业的机会。

要为上网电量和电价提供公平环境

小水电目前的上网电价普遍低于其他形式的上网电价，从经济学角度看，这不利于电力资源成本最优化配置。另外，小水电的内部收益率在设计水平上是具有竞争力的，但在实际执行过程中，由于有效上网电量和上网电价达不到预期水平，小水电的实际内部收益率低于预期收益率。这削弱了小水电的市场竞争力，不利于小水电的良性发展。但小水电的上网权、上网电价和上网电量涉及与大电网的协调问题，处于弱势地位的小水电发言权很小，因此，政府在这方面起的作用和是否执行到位的监督尤为重要。

要对小水电的外部效益进行补偿

小水电的外部效益如何得到体现，即在电价形成机制和发电成本中充分反映小水电的正外部性，使小水电的项目成本更加接近于它的社会成本，这是小水电长期发展必须要解决的问题，也是整个社会资源有效配置的问题。要对小水电的外部效益进行客观量化，然后可通过适当方式对小水电的外部收益进行补偿，使其既能获得合理利润，同时，又能促使小水电不断降低成本，提高竞争力，充分发挥小水电的环境和生态效益。

外部性补偿措施除了强制性上网电价和上网电量保护政策外，经济激励型的政策也能对小水电资源进行更有效的配置，有效降低小水电的发电成本，提高小水电实际内部收益率，这主要包括投资补贴、专项贷款、税收减免、贴息或低息贷款等。当然，关键是如何保证这些激励政策执行到位，比如6%的增值税的落实到位。

另外，随着CDM的实施，应充分利用国际合作机制，为小水电提供增加其收益和提高其市场竞争力的机会，从而为全球温室气体减排作出贡献。

油气篇

全球经济复苏态势明朗，美元贬值压力持续，以及资本市场走出阴影，是世界范围内油气价格上涨、油气投资加剧的重要推力。

在这样的全球背景下，2010年，我国油气需求将继续增加，油气价格与国际接轨的迫切性更加强烈，上涨趋势不可阻挡。这一方面会导致国内通货膨胀压力增加，另一方面也倒逼越来越多的国内油气企业寻求国外的合作机会和发展机会。

以自主创新推动天然气长输技术国产化

中国石油天然气集团公司副总经理、党组成员　廖永远

几十年来，经过几代人的锐意创新和艰苦创业，中国当代石油工业初步建立了具有中国特色的陆相油气勘探开发理论技术体系，三次采油、低渗透油田超前注水与高效改造、中深层稠油蒸汽驱、凝析气田高压循环注气、克拉2异常高压气田开发等一批核心技术已达到国际领先水平，为国民经济快速发展作出了重要贡献。

国产化攸关能源安全

在过去的十年里，中国石油天然气集团公司（简称中国石油）相继建成的西气东输一线、陕京二线、忠武天然气管道和中石化兴建的川气出川管道的大型燃驱压缩机组、电驱压缩机组、大口径全焊接球阀等关键设备几乎全部从国外引进。由于天然气管道输送常采用航改型的燃气轮机，航空发动机技术是欧美国家禁运技术，我国无法从技术转让和制造许可两个通道获取新技术进行国产化。于是国外产品的价格不断上升，交货期变长，服务质量参差不齐。由于没有合格的国产设备，我们不得不长期依赖国外制造商，我国的能源大动脉受制于西方国家。如果发生政治危机和经济制裁，我国庞大的能源枢纽将会一夜之间停滞瘫痪，

安全运行难以保障。

随着西气东输二线天然气管道工程和中亚天然气管道的相继建成，中国石油在役和今后多条新建天然气管道将构成4万多千米的管道运输系统，将同铁路、公路、航空和航海运输一样，构成国家的第五大运输系统，这一庞大的天然气管道网络系统能否得到安全运行30年或50年根本保障？承担国家能源枢纽作用的长距离大口径油气管道运输系统如何提高经济效益？

天然气长输管道关键设备国产化对于发展油气管道输送工业，保障国家能源安全、经济安全、产业安全和国家综合实力的提高具有重要意义，天然气长输管道关键设备国产化能不能顺利实施，最终能不能达到我们的预期目标，是对国家意志和企业利益相结合的考验。

联合攻关解难题

中国石油积极响应国家对长输油气管道增压站场输送重大装备国产化的要求，科学面对国产机电设备可靠性、效率低和缺乏工业应用业绩的矛盾，搭建天然气管道输送工艺用国产燃驱和电驱离心式压缩机组工业性应用实验平台及大口径全焊接球阀工业性应用实验平台，开展国产管道输送工艺关键设备试制和工业性先导性应用技术研究。

为此，中国石油将依托西气东输二线国家重点建设工程，进行国产化科技攻关，在国家创造的弥足珍贵的有利环境下通力合作，发挥中国石油的需求导向作用，充分发挥沈阳鼓风机有限公司（简称沈鼓集团）、中船重工集团和中航工业集团等机电制造企业对首台首套新产品开发和开拓市场的积极性，开展大规模联合攻关。

应用实验平台的建设，将能够全面提升我国长距离大口径油气管道输送生产系统关键设备国产化保障的技术能力和先进水平，为未来的中国管道运输工业，搭建并推进我国长距离大口径油气管道输送工艺专用关键机电设备的产业链建设和工业体系建设。

自主创新助力领跑之路

“十五”期间，中国石油根据西气东输一线工程建设需要，联合国内大型钢铁企业首次完成了X70钢热轧卷板和宽厚板新产品研制，并首次成功研制出了X70钢级直径1016毫米螺旋埋弧焊管、直缝埋弧焊管、热煨弯管和各类管件新产品，在中亚天然气管道、西气东输一线、陕京二线、川气东送管道、印度东气西输管道等共7000多千米管道工程建设中进行了大规模应用，有效抑制了国外的钢材、钢管价格，全面提升了中国钢铁制造企业和天然气管道工程建设创新能力和水平。

“十一五”以来，根据国家总体部署，中国石油启动我国天然气四大战略通道之一，即西气东输二线工程建设。西气东输二线包含“一干八支”，总长8600多千米，其中干线长度4700多千米，采用直径1219毫米 X80高强度钢管，设计压力12兆帕。如此大规模、高强度、高压力、大口径管道建设在世界上尚属首次，必须依靠自主创新，解决管道建设过程中的关键技术、材料及装备问题，为西气东输二线工程顺利建设及安全运行提供强有力的技术支持。为此，中国石油设立重大科技专项，组织国内大型钢铁企业与集团公司制管企业，以及相关30多家科研单位共1000余人进行专项攻关。经过两年的自主创新和艰苦拼搏，实现五个方面的工程应用新技术突破。一是全面实现了X80钢直径1219毫米螺旋焊管、直缝焊管、热煨弯管、热拔三通管件、焊丝焊剂等5类9项新产品的国产化，目前已生产直径1219毫米X80钢管4300千米（280万吨），为西气东输二线的顺利建设提供了物质保障，节约工程投资100多亿元，极大地带动了国内 钢铁企业、制管企业的快速发展；二是首次采用断裂控制技术制定出中国长输天然气管道用（西气东输二线）X80钢板材、管材制造和焊接敷设施工等40多项技术标准；三是首次在中国采用基于应变设计方法，加强了管道通过特殊地质地形地段的安全设计；四是首次在国内采用自动焊和半自动焊新工艺技术，大大提升了X80直径1219毫米钢管的焊接敷设施工能力和效率；五是首次在国内采用低温防腐技术，实现了X80钢管防腐施工。

中国石油在X80管线钢管力学行为研究方面，获得六项关键应用新技术的实质性突破。这些管道技术的自主创新，整体提升了我国钢铁和管道行业自主创新能力与核心竞争力，使我国从钢铁大国转变为钢铁强国，中国石油制管能力跨入了世界领跑者行列，在金融危机背景下的大规模应用，对拉动国内GDP增长也起到了积极作用。

在今后的十年时间里，中国石油将继续贯彻落实国家有关自主创新的政策，按照国家能源局的统一部署要求，与中国机械工业联合会通力合作，与沈鼓集团、上海电气集团、哈电集团、中船重工集团和中航工业集团等十余家国内制造企业建立联合攻关项目组，重点围绕天然气长输管道30兆瓦级燃驱压缩机组、20兆瓦级电驱压缩机组、48″600磅级和900磅级全焊接球阀和可对长距离大口径油气管道输送生产运行进行实时监视与自动化控制的监控与数据采集系统软件（SCADA软件）等重大关键设备和生产过程控制软件，开展首台（套）新产品国产化研制和小批量制造能力的搭建。计划在2010年完成十台套国产48″600磅级和900磅级全焊接球阀的首批试制，2012年完成首台套国产20兆瓦级电驱压缩机组新产品工业试验，2013年完成首台套国产30兆瓦级燃驱压缩机组新产品工业试验，千方百计实现关键设备国产化目标。

2009~2010年中国石油消费与石油市场分析

中国石油天然气集团公司经济技术研究院　龚金双　郭一凡　王海博

受全球金融危机的严重冲击，2009年我国石油需求增速放缓，但继续保持增长态势，估计全年石油表观消费量（国内产量+进口量-出口量，下同）将达到4.05亿吨，市场呈现供大于需状态，油品需求结构也发生了变化。2009年国内原油产量增长停滞，石油对外依存度继续提高，原油对外依存度首次突破50%。成品油生产能力继续提高，汽柴油产量增长，出口大幅增加。新的成品油定价机制的出台，使国内石油市场价格与国际石油市场价格的关联性增强，也使得国内供需状况对地区性价格形成产生明显影响。

2010年，我国经济将进一步好转，石油需求仍将保持较快增长，基准情景下预计石油表观消费量将达到4.27亿吨，同比增长5.4%。全年原油生产和加工量约将分别达到1.93亿吨和3.91亿吨，分别增长2.0%和5.1%；石油净进口量2.34亿吨，石油对外依存度将达到55%。

一、2009年中国石油市场供需和价格

（一）石油消费呈继续增长态势，但增势放缓

1. 石油消费继续增长，成品油需求涨跌互现

2009年第一季度GDP同比增速降至近10年的最低点6.1%，在大规模投资刺激计划和

信贷大幅扩张的提振下，经济快速下滑的势头得到遏制。二季度经济出现明显回升，单季GDP增长7.9%，三季度进一步提高到8.9%。在经济增速减缓的大背景下，1~11月国内石油表观消费量达3.712亿吨，同比增长3.3%，增速比上年回落2.2个百分点，预计全年我国石油表观消费量4.05亿吨，同此增长3.7%。2009年前11个月原油表观消费量3.513亿吨，同比增长4.6%，增速比上年回落0.9个百分点，估计全年原油表观消费量3.83亿吨，增长5.0%（见图1）。

各种成品油的消费一改往年齐涨态势，呈现涨跌互现。1~11月汽油表观消费量同比增长6.0%；煤油同比增长18.6%；柴油同比下降2.6%；燃料油同比下降6.9%（见表1）。预计全年成品油（汽煤柴油，下同）表观消费量2.21亿吨，同比增长2.8%。其中，汽油、柴油、煤油表观消费量分别为6700万吨、1.39亿吨和1500万吨，分别增长5.6%、0.1%、17.2%（见图2）。

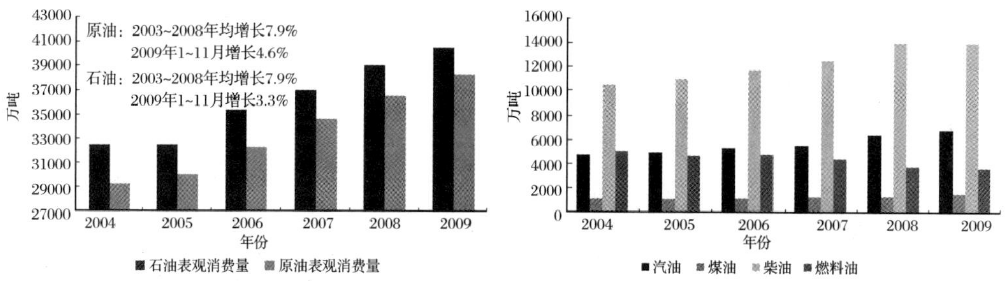

图1 2004～2009年我国原油和石油年度表观消费量　图2 2004~2009年我国主要油品表观消费量

资料来源：根据国家统计局、海关总署数据整理，2009年数字为估计值。

表1　我国主要油品表观消费量增长率比较

油品	2002~2007年均增长（%）	2008年增长（%）	2009年 1~11月	
			表观消费量（万吨）	同比增长（%）
汽油	8.3	14.1	6152.8	6.0
煤油	7.1	3.6	1395.8	18.6
柴油	10.3	11.7	12555.3	–2.6
燃料油	4.8	–18.0	3125.8	–6.9
液化石油气（LPG）	5	–11.0	1920.1	11.4

资料来源：根据国家统计局、海关总署数据整理。

2. 中国石油消费增长上半年由负转正，下半年增速明显增大

2009年2月石油表观消费量只有2778万吨，同比下降幅度扩大到9.9%，为两年来的最低水平。其中，原油表观消费量2543.8万吨，为三年来的最低水平；柴油表观消费量948.7万吨，同比下降11.5%。3月份开始，国家投资和经济刺激政策效果逐步显现，随着春耕开始和基建项目逐步开工，经济活动开始活跃，市场消费波动回升。原油以及成品油需求出现环比大幅回升。3月份原油表观消费量环比增长24.6%，汽、柴油表观消费量环比分别增长22.2%和11.9%，均为历史所罕见，超过了季节性需求变化的特征（见图3和图4）。

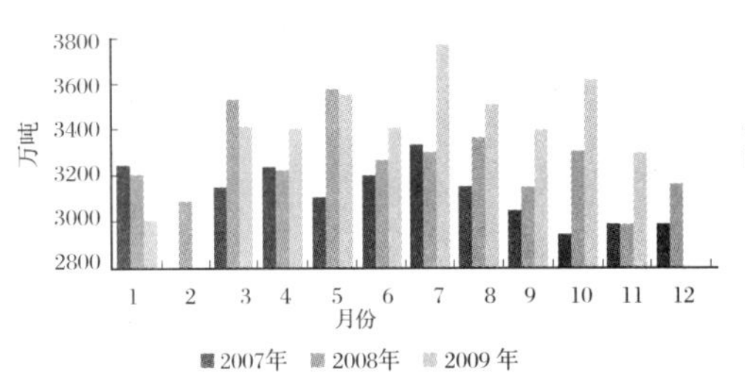

图3 2007～2009年中国月度石油表观消费量

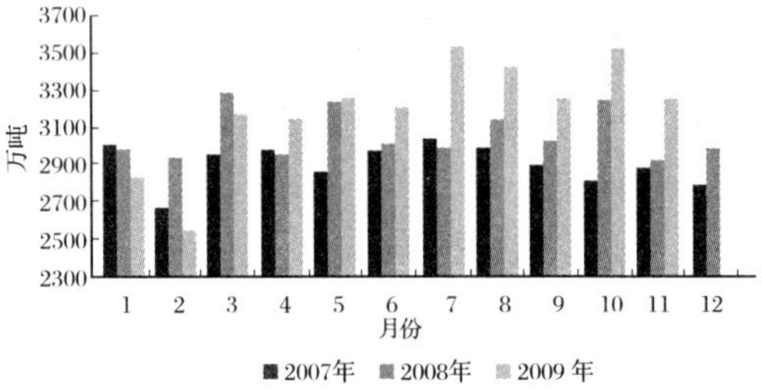

图4 2007～2009年中国月度原油表观消费量

进入三季度以后，石油表观消费量达到10653万吨，同比增速加快至8.8%。除柴油以外，其他成品油月表观消费量达到历史最高水平，增幅由降转升，并明显增大。由于受工业增长滞后影响，柴油消费同比继续下降，但降幅收窄趋势明显。三季度，成品油表观消费量达到5875万吨，同比增长3.0%。在成品油消费增长带动下，炼厂开工水平提高，原油表观消费量10212万吨，同比增长12.2%，到11月原油表观消费量已连续8个月同比正增长（见表2）。

表2 我国石油和主要油品表观消费量 单位：万吨

品种	2007 年					2008年					2009年				
	一季度	二季度	三季度	四季度	全年	一季度	二季度	三季度	四季度	全年	一季度	二季度	三季度	四季度	全年
石油	9154	9520	9509	8892	37017	9805	10044	9787	9426	39041	9190	10365	10653	10300	40500
原油	8573	8779	8862	8445	34600	9174	9158	9100	9078	36489	8542	9618	10212	10000	38300
柴油	2864	3129	3116	3323	12466	3399	3499	3715	3271	13886	2971	3380	3761	3800	13900
汽油	1324	1350	1421	1495	5553	1547	1512	1666	1617	6343	1626	1677	1688	1710	6700

续表

品种	2007年					2008年					2009年				
	一季度	二季度	三季度	四季度	全年	一季度	二季度	三季度	四季度	全年	一季度	二季度	三季度	四季度	全年
煤油	296	302	316	311	1230	328	318	324	312	1280	333	350	425	400	1500
燃料油	1041	1307	1184	860	4344	967	1019	768	896	3664	914	1035	789	680	3400
液化石油气（LPG）	597	557	553	582	2306	537	511	506	502	2052	541	561	412	560	2120

注：2009年四季度和全年数字为估计值。

3. 用油行业恢复程度各异，汽煤柴油涨跌互现

由于各油品的主要用油行业不同，各行业受金融危机和国家经济刺激政策的影响不同，因此各油品需求增长情况大不相同。

汽油需求受影响程度不大。由于汽车和摩托车主要是生活性消费，受金融危机影响有限。同时，国家出台了刺激汽车消费的系列政策，使汽车生产和销售快速回升，导致汽油需求逆势上涨，同比和环比都有所上涨。2009年1~10月，全国汽车销量1087万辆，同比增长36.23%；估计2009年汽车总产销量达到1300万辆，同比增长35.8%；汽油消费量可能达到6700万吨，同比增长5.6%。

值得一提的是，虽然2009年汽车产销量大幅增长，且首次突破千万大关，但汽油需求增速却并不太高，低于上年增速和前些年的年均增速（见图5）。这有几个主要原因：一是新车的油耗低；二是大幅增长的汽车产销量，因交货滞后，没有进入当年的汽油消费行列；三是2009年汽油调兑市场较旺盛。2009年市场上汽油与调兑原料（如甲醇）之间存在巨大的价差，每吨高达数千元，商家通过调兑获取高额利润。2009年4月8日和5月18日，《车用燃料甲醇》国家标准和《车用甲醇汽油（M85）》国家标准相继正式颁布，并分别于2009年11月1日和12月1日正式实施。随着国家政策的逐步明朗，2009年全国各地试点使用甲醇汽油的范围不断扩大，如山西省已有1000多座加油站在全面销售M15。

柴油需求下跌。柴油用油行业复杂，除了交通运输外，工业，农、林、牧、渔、水利业，批发零售业，建筑业等各行业的柴油需求都可观。金融危机使经济受到一定影响，特别是工业和运输业，使柴油需求受到影响，柴油需求一度深幅下跌。虽然3月开始回升，跌幅减小，但同比前8月基本一直在下跌（见图6）。前三季度，中国经济只增长7.7%，工业增加值增长8.7%，重工业增加值增长8.7%，都是近些年来较低的。特别是第一季度，经济只增长6.1%，工业增加值增长5.1%，其中，重工业增加值增长4.5%，低于工业增加值和轻工业增加值增速，这是近些年所没有的；许多高耗能重化工业产品产量增速较低甚至下降；电力、煤炭供应形势较好，煤液化等替代能源较快发展等，因此影响柴油需求增长。此外，库存的变化对柴油需求也有较大影响。

650
600
550
500
450
400
350
万吨
1
2
3
4
5
6
7
8
9
10
11
12
月份
2007年
2008年
2009 年

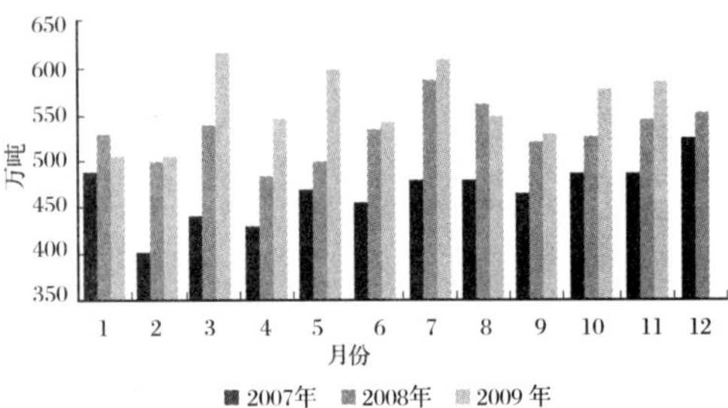

图5　2007～2009 年我国月度汽油表观消费量

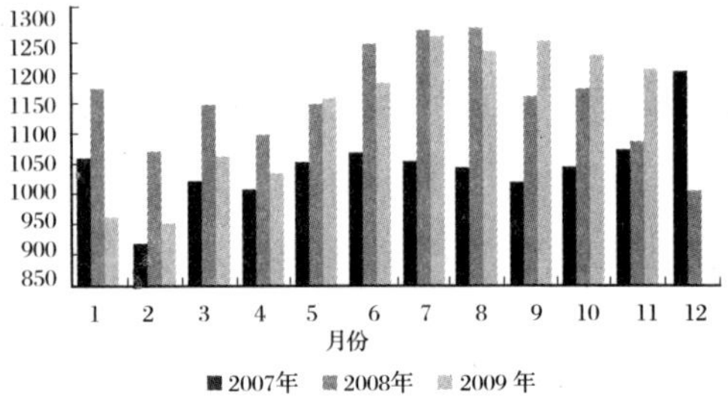

1300
1250
1200
1150
1100
1050
1000
950
900
850
1
2
3
4
5
6
7
8
9
10
11
12
月份
2007年
2008年
2009 年

图6　2007～2009 年我国月度柴油表观消费量

煤油需求增速提高。我国航空运输正处于快速发展阶段，航空运输需求，特别是国内航空客运需求具有一定的刚性，金融危机虽然一度使国际航空运输，特别是国际航空货运受到影响，但航空客运、特别是国内客运旺盛，支撑煤油需求，使煤油需求2月止跌大幅反弹，同比大幅增长，之后波动大幅回升。在中国受金融危机影响较重的一季度，全国航空旅客周转量完成783.7亿人公里，同比增长10.9%。1~10月，民航旅客周转量增长16.4%。

燃料油需求继续下降。燃料油需求受工业生产影响大，金融危机使工业生产，特别是东南沿海以燃料油作为重要能源的地区的外向性经济受到较大影响，使燃料油需求受到较大影响；同时，燃料油消费税大幅提高也影响了燃料油需求。

LPG需求止跌反弹。LPG消费量的75%左右用于民用和商业，还有一部分用于车用和化工。2009年，这些方面受金融危机的影响较小，价格的下跌还促进了民用和商业用的刚性需求。LPG没有消费税，2009年成品油消费税大幅提高后，在某些时候、某些领域LPG的成本比较优势显现出来。2009年LNG（液化天然气）进口价格高于LPG，二甲醚与LPG的价差缩小，对LPG的替代减弱等，这些使2009年LPG需求止跌反弹。

沥青需求大幅增长。由于国家4万亿元投资等经济政策的刺激，基建等行业快速增长，导致2009年沥青需求大幅增长，与柴油等油品的需求下降情况形成鲜明对比。在多数油品需求较弱的一季度，沥青表观消费量达到505.1万吨，同比大幅增长41.2%；1~11月沥青表观消费量2430.6万吨，同比大幅增长44.6%。沥青需求快速增长使沥青需求占石油总需求的比例达到6.5%的高水平。

消费柴汽比先降后升。消费柴汽比一季度逐步下降，到3月最低时只有1.72；4月开始逐步回升，6月突破2，9月达到2.38的高水平（见表3和表4）。

我国主要油品表观消费量占石油表观消费量的比例情况见图7。由图可见，我国2009年柴油、汽油、燃料油的表观消费量占石油表观消费量的比例在各油品中居前3位。

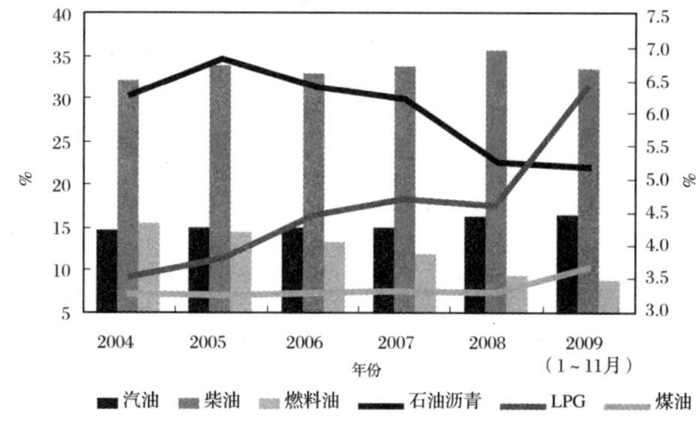

图7　2004~2009年我国主要油品表观消费量占石油表观消费总量的比例

表3　2001~2009年我国消费柴汽比变化情况

年份	2001年	2002年	2003年	2004年	2005年	2006年	2007年	2008年	2009年
消费柴汽比	2.09	2.05	2.09	2.20	2.27	2.22	2.25	2.19	2.04

表4　2009年我国月度消费柴汽比变化情况

月份	1月	2月	3月	4月	5月	6月	7月	8月	9月	10月	11月
消费柴汽比	1.90	1.88	1.72	1.89	1.94	2.18	2.07	2.26	2.38	2.13	2.07

（二）原油生产增长停滞，成品油生产增长较快

1. 国内原油产量增长停滞

2009年国内原油产量增长停滞。因国内石油市场相对疲软，年初国内最大原油生产者中石油的成品油销售受到影响，进而影响其原油生产。1~11月国内原油产量17360.2万吨，同比下降0.5%。估计全年原油产量1.89亿吨，与上年基本持平略降。而2004~2008年的年均增速和2008年增速均为2.3%（见图8）。

从走势情况看，上半年，特别是一季度国内石油需求较疲软，国内原油生产受到较大影响，其中尤以国内石油需求最弱的2月份影响最大。2月国内原油产量只有1431.8万吨，为多年来低点，同比大幅下降4.6%。3月在国内石油需求回升的带动下波动回升，8月达到高点（见图9）。

2. 成品油供应能力较快增长，国内市场增加新的参与者

2009年，国内新投产炼油能力4500多万吨/年，供应能力较大幅度增长。3月下旬，中海油惠州大炼厂投产，与此同时，中海油炼油及销售事业部也开始全面运作，并拟定了“两洲一湾”的成品油市场发展规划，采取了系列行动，包括成立相应销售分公司，收购、新建管道、油库、加油站、小炼厂，与大石油公司互供油品，进行低价竞争等。此外，陕西延长石油集团也正在采取切实的措施加紧进入国内成品油市场。中海油、陕西延长等大型国有上下游一体化石油公司进入国内成品油市场使市场竞争格局发生了新的变化。

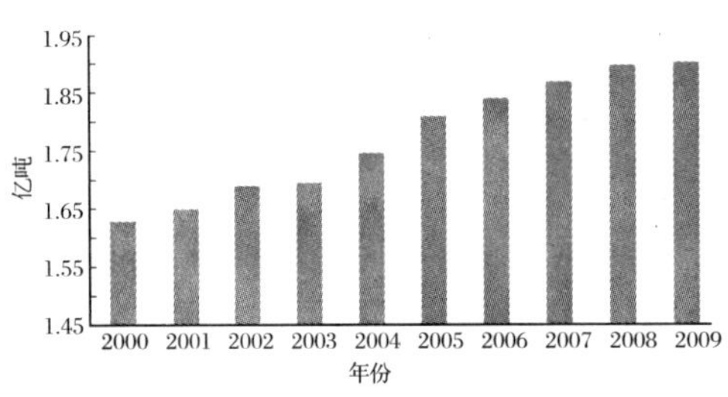

图 8　2000～2009 年我国年度原油产量

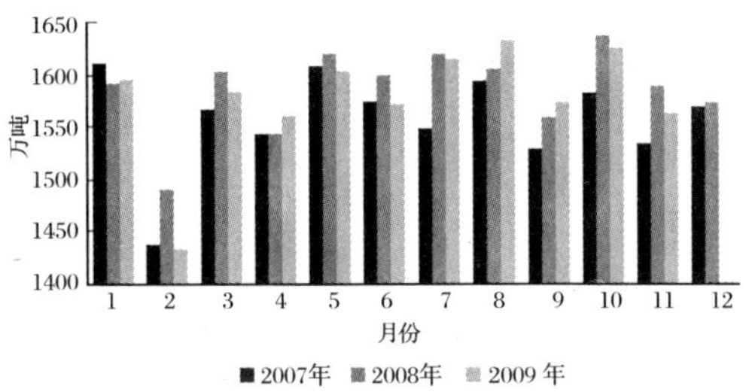

图9　2007～2009 年我国月度原油产量

注：2009年数字为估计值。

3. 成品油生产供应充足，库存增加

2009年国内原油加工量和成品油产量仍保持了较快增长，并呈现了与经济走势类似的先降后升的特点。1~11月国内原油加工量34026.6万吨，同比增长6.4%，生产成品油20667.7万吨，同比增长7.8%。成品油中，汽油产量6544.8万吨，同比增长13.2%；柴油产量12779.8万吨，同比增长3.7%；煤油产量1343.2万吨，同比增长24.9%。预计全年原油加工量3.72亿吨，增长8.8%。汽油产量7100万吨，增长11.9%；柴油产量1.4亿吨，增长5.8%；煤油产量1450万吨，大幅增长24.4%（见图10、图11、图12和表5）。与2003~2008年的年均增速比，原油加工量增速上升1.7个百分点，柴油产量增速下降3.6个百分点，而汽油和煤油产量增速分别提高6.0个和17.3个百分点。

全年两大集团成品油库存处于近几年的较高水平。1、2月，中石油、中石化两大集团原油、成品油库存处于近些年的高水平，一些地区甚至一度出现了堵库现象，油田和炼厂压产运行，原油和成品油管道安全运行和原油调配问题突出。与当时的平均日销量比，中石油1月成品油库存超过45天，是近年来所没有的，2月仍达到近40天；中石化1月库存超过23天，为近些年的最高水平，2月也达近23天。从3月开始到5月，随着国内石油需求回升和国际油价上涨，两大集团成品油库存才有所下降。下半年，国内油田复产和炼厂开工率提高导致成品油库存又有所回升。

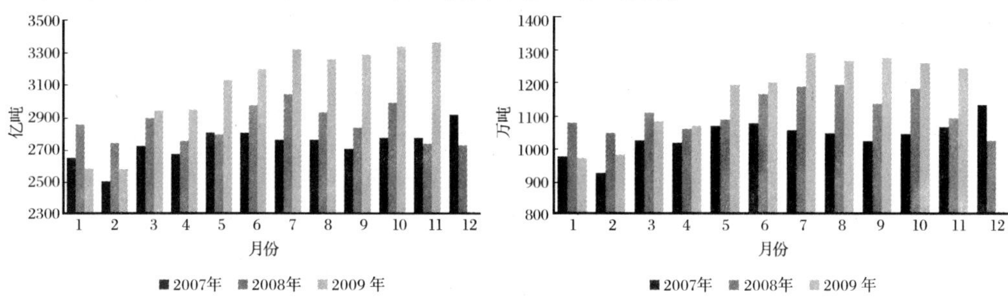

图10　2007～2009年我国月度原油加工量

图11　2007～2009年我国月度柴油产量

表5　2007~2009年我国原油加工量和主要油品产量　单位：万吨

品种	2007 年					2008年					2009年				
	一季度	二季度	三季度	四季度	全年	一季度	二季度	三季度	四季度	全年	一季度	二季度	三季度	四季度	全年
原油加工量	7849	8258	8197	8434	32679	8470	8477	8775	8412	34207	8212	9301	9870	9900	37200
汽油	1488	1510	1492	1542	5994	1570	1482	1609	1688	6348	1688	1792	1820	1800	7100
柴油	2853	3142	3104	3217	12370	3241	3294	3504	3284	13324	3012	3449	3822	3820	14100
煤油	254	299	309	286	1153	303	283	284	296	1165	302	356	419	370	1450
燃料油	551	573	636	598	2310	568	535	529	583	2229	439	513	432	440	1820
液化石油气（LPG）	473	474	463	509	1934	483	471	473	437	1860	454	450	362	480	1750

注：2009年四季度和全年数字为估计值。

4. 汽油等油品生产增速加快，柴油等油品生产增速大幅下降

2009年，国内汽油、煤油、沥青等油品生产增速加快，而柴油、燃料油等油品生产增速下降。1~11月国内沥青产量2101.0万吨，同比增长52.6%；煤油产量同比增长24.9%，汽油产量同比增长13.2%，都大大快于近些年的增速；而柴油产量同比只增长3.7%，大大低于近些年的增速；燃料油产量1689.5万吨，同比大幅下降19.0%，这是近些年所没有的下降速度；LPG产量1624.9万吨，同比增长3.5%，虽然增速低于前些年的年均增速，但扭转了2008年的下降趋势。受消费柴汽比变化影响，生产柴汽比先降后升，波动幅度大。一季度生产柴汽比逐月下降，3月最低时只有1.71。4月开始逐步回升，9月达2.2的高水平（见表6和表7）。

表6　　2003～2009年我国生产柴汽比变化

年份	2003年	2004年	2005年	2006年	2007年	2008年	2009年 1~11月
柴汽比	1.78	1.94	2.05	2.08	2.06	2.10	1.95

表7　　2009年我国1～11月生产柴汽比变化

月份	1月	2月	3月	4月	5月	6月	7月	8月	9月	10月	11月
柴汽比	1.83	1.82	1.71	1.85	1.89	2.01	2.01	2.10	2.20	2.05	1.96

（三）石油进口继续较快增长，原油对外依存度首破50%，对中东依赖程度进一步提高

1. 石油进口继续较快增长

2009年石油进口量继续较快增长，但增速下降。1~11月，石油净进口19756.1万吨，同比增长6.9%。其中，原油净进口17771.6万吨，同比增长10.2%。估计全年石油净进口量2.16亿吨，同比增长7.6%；原油净进口量1.94亿吨，同比增长10.8%（见图13）。

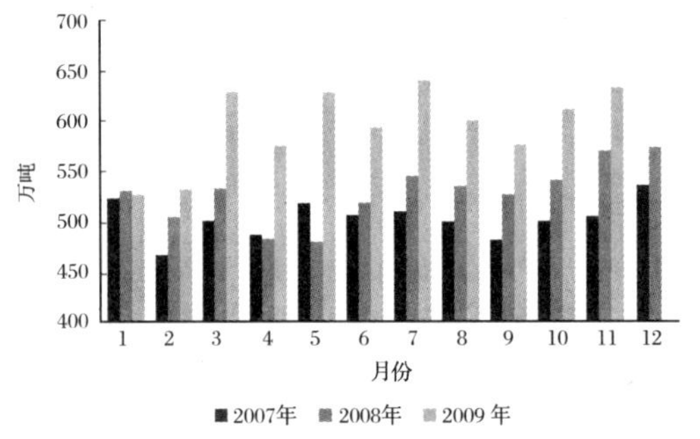

图12　2007～2009年我国月度汽油产量

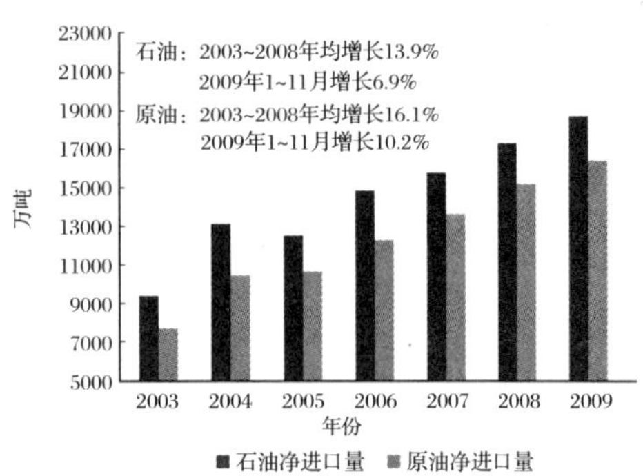

图13　2003～2009年我国原油和石油净进口量

表8　　2007～2009年我国石油净进口量　　单位：万吨

品种	2007年					2008年					2009年				
	一季度	二季度	三季度	四季度	全年	一季度	二季度	三季度	四季度	全年	一季度	二季度	三季度	四季度	全年
石油	4546	4801	4843	4212	18351	5126	5288	5011	4643	20068	4585	5621	5833.2	5560.9	21600
原油	3965	4060	4197	3765	15935	4495	4402	4324	4295	17516	3937	4874	5393	5196.5	19400
原油加工产品	581	741	647	447	2416	631	886	687	348	2552	648	747	441	364	2200

注：2009年四季度和全年数字为估计值。

2. 柴油净出口量创历史纪录、汽油净出口再度大幅增长

近年来，我国石油净进口量呈现出原油净进口量较快增长，大多数油品进口量根据国内供需平衡情况调节的趋势。

2009年，国内汽煤柴油供应充足，使汽煤柴油进口量下降，出口量增长。其中，汽油净出口再度大幅增长，净出口量有望达到或接近2007年的水平；柴油从上年净进口油品变为净出口，净出口量将突破200万吨，为历史最高水平。2009年石油沥青变为中国第二大净进口油品，11月石油沥青净进口达到329.7万吨，占石油总净进口量的比例为1.7%，仅次于燃料油。LPG净进口量扭转下降趋势，转为大幅增长。燃料油仍为我国石油产品中净进口量最大的品种（见图14、图15和表9）。

3. 中东原油进口所占比例最大，但进口多元化有新进展

2009年我国原油进口来源仍主要集中在中东、非洲和前苏联地区。1~10月这三个地区原油进口量占原油总进口量的比例达88.7%。值得注意的是，从非洲地区进口的原油占原油总进口量的比例继2008年转而向下以后，2009年继续下降到29.5%；从中东地区进口的原油占原油总进口的比例虽比2008年有所下降，但仍达48.5%；从俄罗斯、美洲和亚太地区进口的比例有所上升（见表10和图16）。

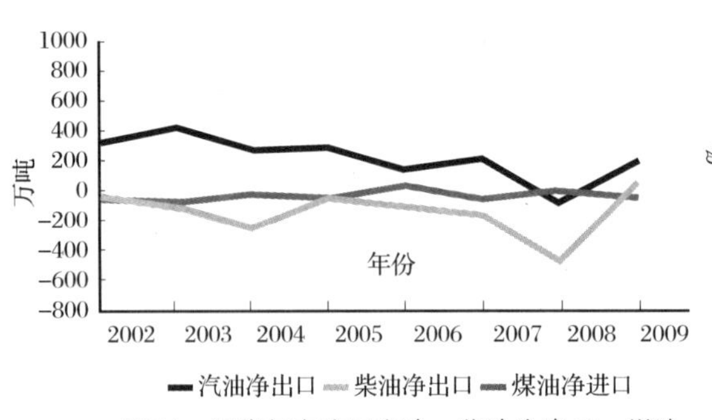

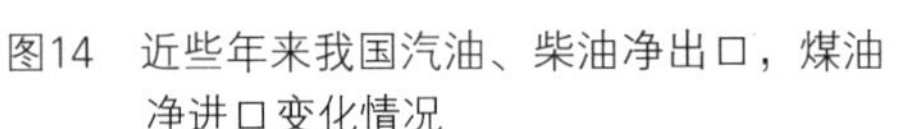

图14 近些年来我国汽油、柴油净出口，煤油净进口变化情况

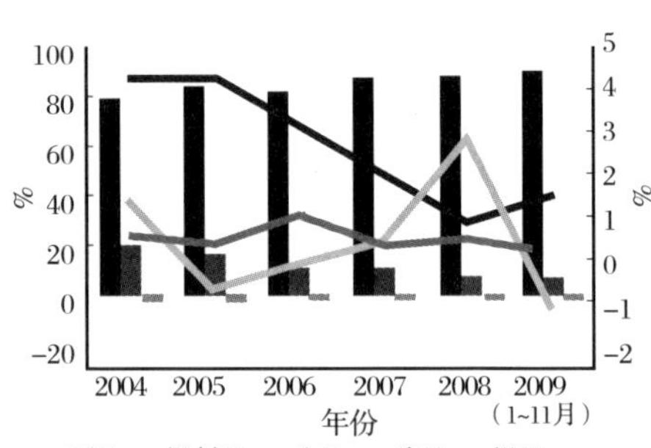

图15 原油和几种主要油品净进口量与石油净进口量的比

注：2009年数字为估计值。

表9 2009年1~11月我国主要油品进出口情况 单位：万吨

产品名称	时 间	进口量	出口量
汽油	2009年 1~11月	4.4	396.4
	上年同期	198	178.8
	同比（%）	−97.8	121.8
煤油	2009年 1~11月	559.7	507
	上年同期	587.9	486.3
	同比（%）	−4.8	4.3
柴油	2009年 1~11月	176.3	400.7
	上年同期	616.7	43.3
	同比（%）	−71.4	825.8
润滑油	2009年 1~11月	192.1	13.6
	上年同期	154.9	22
	同比（%）	24	−38.2
燃料油	2009年 1~11月	2184.5	748.1
	上年同期	1897	623.3
	同比（%）	15.2	20
石脑油	2009年 1~11月	231.7	69.8
	上年同期	54.6	145.7
	同比（%）	324	−52.1
溶剂油	2009年 1~11月	1.9	0.4
	上年同期	2.3	0.3
	同比（%）	−19.4	7.8
润滑脂	2009年 1~11月	1.5	0.7
	上年同期	2	0.8
	同比（%）	−27.4	−17.5

续表

产品名称	时　间	进口量	出口量
液化石油气	2009年 1~11月	370.5	75.3
	上年同期	214.9	61.4
	同比（%）	72.4	22.6
石油焦	2009年 1~11月	300.3	129.3
	上年同期	88.6	149
	同比（%）	238.8	-13.2
石油沥青	2009年 1~11月	336.1	6.4
	上年同期	305.3	1.8
	同比（%）	10.1	249.1

表10　　2006 ~ 2009年我国原油进口来源变化

进口来源国家和地区	2006 年（万吨）	2007 年（万吨）	2008年（万吨）	2009年1 ~10月（万吨）	2009年进口份额（%）
沙特阿拉伯	2387.15	2633.21	3636.84	3277.7	19.8
伊朗	1677.22	2053.68	2132.24	2021.6	12.2
阿曼	1318.31	1367.78	1458.15	1038.8	6.3
也门	454.35	323.68	413.1	218.9	1.3
阿联酋	304.4	365.09	457.89	247.9	1.5
科威特	280.92	363.23	589.63	594.9	3.6
伊拉克	104.58	141.21	186.01	589.3	3.6
卡塔尔	33.36	28.27	87.78	38.5	0.2
中东地区小计	6560.48	7276.15	8961.64	8027.7	48.5
安哥拉	2345.2	2499.65	2989.44	2555.1	15.4
苏丹	484.6	1030.6	1050.03	982.4	5.9
刚果	541.9	480.14	437.1	355.7	2.2
赤道几内亚	526.65	328.01	270.94	179.3	1.1
利比亚	338.57	290.69	318.91	460.7	2.8
其他国家	341.81	675.16	329.2	348.2	2.1

续表

进口来源国家和地区	2006 年（万吨）	2007 年（万吨）	2008年（万吨）	2009年1 ~10月（万吨）	2009年进口份额（%）
非洲地区小计	4578.74	5304.25	5395.61	4881.4	29.5
印尼	212.24	228.41	139.28	240.3	1.5
泰国	114.83	110.18	76.52	47.1	0.3
马来西亚	11.34	49.86	89.27	202.5	1.2
澳大利亚	40.21	46.35	89.7	119.1	0.7
菲律宾	—	3.76	—	—	—
蒙古	4.54	10.61	15.14	18.4	0.1
其他国家	132.93	124.47	96.33	128.5	0.8
亚太地区小计	516.18	573.64	506.25	756.0	4.6
俄罗斯	1596.54	1452.63	1163.78	1295.3	7.8
委内瑞拉	420.08	411.52	646.34	362.4	2.2
巴西	222.28	231.55	302.18	367.3	2.2
哈萨克斯坦	268.27	599.79	567.06	449.8	2.7
阿根廷	170.37	156.64	77.1	72.0	0.4
挪威	32.71	18.11	0	15.8	0.1
厄瓜多尔	20.15	23.46	104.79	138.9	0.8
其他国家	131.98	315.19	163.64	174.2	1.1
欧洲中亚 / 西半球小计	2862.63	3208.89	3024.89	2875.6	17.4
进口量合计	14517.5	16316.59	17888.4	16540.9	100

注：根据国家海关数据整理。

4. 石油对外依存度进一步提高，原油对外依存度突破50%

2009年我国石油和原油对外依存度双破50%。1~11月，石油净进口量19756.1万吨，石油表观消费量37116.3万吨，石油对外依存度由2008年的51.4%上升至53.2%；原油净进口量17771.6万吨，原油表观消费量35131.8万吨，原油对外依存度达50.6%（见图17）。估计2009年全年石油对外依存度53.3%，原油对外依存度50.7%。

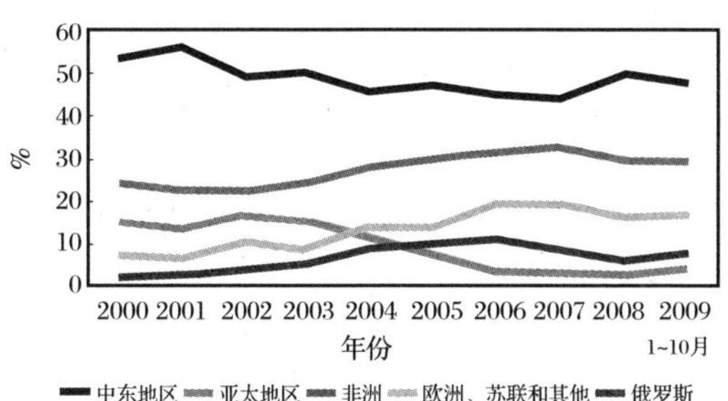

图16　2000～2009年我国原油进口来源比例

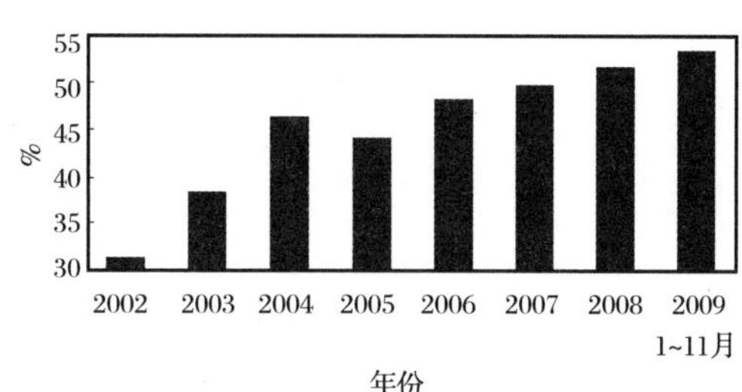

图17　2002～2009年我国石油对外依存度变化情况

（四）价格与国际油价的联动性增强

1. 新的成品油定价机制出台，国内石油市场改革取得阶段性进展

2009年以来，国家继续完善成品油价格和税费改革相关政策，新价格机制及其配套政策密集出台。财政部等七部委先后出台了《关于落实成品油价格和税费改革后进一步完善种粮农民部分困难群体和公益性行业补贴机制的实施意见》和《关于落实成品油价格和税费改革后财政补贴机制的实施意见》，将成品油涨价的相关补贴进一步规范化、正常化。5月，国家正式颁布了《石油价格管理办法（试行）》，石油价格形成机制进一步明确。新办法体现了对国内成品油价格，既与国际接轨，又要有控制。引入了供需对价格的决定作用，考虑了我国越来越多地依靠国际石油的长期发展趋势，兼顾了生产者和消费者的利益，以及尽可能减少对必保行业和弱势群体冲击等多方面因素。

2009年，国家调整成品油价格频率明显加快。1月15日，在距上次调价仅27天的情况下，政府根据国际油价变化，下调了国内成品油价格；6月1日和6月30日，9月2日和9月30日一个月内两次调整国内成品油价格；到11月10日，国家共调整八次国内成品油价格，这种频率是近些年所没有的（见表11）。

国家调价仍考虑国内经济状况等因素。2009年虽然国家出台了新的成品油价格机制，但在根据国际油价对国内成品油价格进行调整时，国内经济状况等仍是重要参考因素。2009年国家调价仍有几次明显不到位，涨幅明显低于国际油价涨幅；有几次调价时间明显推迟等（见图18），对石油公司特别是两大石油石化集团生产经营和盈利一度造成较大不利影响，短期又曾出现过原油加工几乎不盈利甚至亏损的情况。

表11　　2009年我国汽柴油出厂价变化

时间	90号无铅汽油（元/吨）			0号柴油（元/吨）		
	调整前	调整后	调整幅度	调整前	调整后	调整幅度
2009年1月15日	5580	5440	-140	4970	4810	-160
2009年3月25日	5440	5730	290	4810	4990	180
2009年6月1日	5730	6130	400	4990	5390	400
2009年6月30日	6130	6730	600	5390	5990	600
2009年7月29日	6730	6510	-220	5990	5770	-220
2009年9月2日	6510	6810	300	5770	6070	300
2009年9月30日	6810	6620	-190	6070	5880	-190
2009年11月10日	6620	7100	480	5880	6360	480

注：1. 出厂价指两大石油集团供军队出厂价。
2. 资料来源于国家发展改革委。

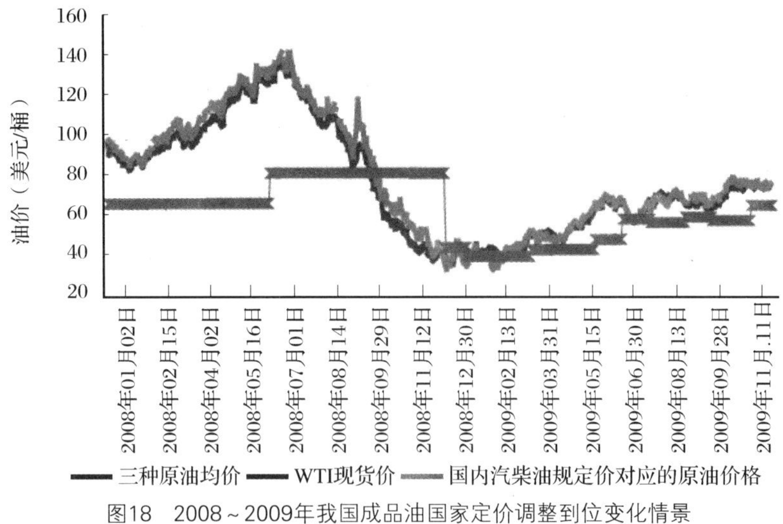

图18　2008～2009年我国成品油国家定价调整到位变化情景

2. 价格与国际油价的联动性增强

2009年，在国家新的石油价格政策影响下，国内石油价格与国际油价的联动性明显增强。原油价格仍然随国际油价波动而波动，滞后国际油价变化一个月。

1~3月上旬，国内汽柴油批发价基本呈现单边下跌趋势，零售价也稳中有跌。3月中旬开始，在国际油价上涨、国内石油需求回升的情况下，汽柴油价格全面反弹。之后，国家上调国内汽柴油价格，国际油价继续波动上涨，汽柴油价格一路上涨，势头强劲。在石油需求下降、国际油价高位盘整等因素影响下，6月中下旬成品油市场价格有所下跌。三季度，国内石油供应较充足、国际油价涨势乏力，国内成品油市场价格波动下跌，价格不到位，与国家最高限价一般都有几百元的差距。

（五）成品油市场竞争更趋激烈，营销网络建设加快

1. 市场主体多元化进程加快，竞争日趋激烈

2009年，随着中海油惠州大炼厂的投产，中海油大举进入国内成品油市场。同时，中航油正谋划内陆油品销售；中信、北方工业公司在成品油仓储方面已有突破，下一步计划开展成品油零售业务；陕西延长石油打入陕西高速公路加油系统，并与壳牌联合拓展在陕西和四川的油品销售终端业务。这表明2009年内资、外资、国有、民营，特别是一些国外石油巨头和大型国有企业正加快进入国内石油终端市场，市场竞争形势趋于激烈。

2. 营销网络建设快速推进

为增强销售控制力，提升效益，国内零售终端、运输和仓储设施建设的竞争也越来越激烈。中石油、中石化在原油和成品油码头、仓储、管网等设施如火如荼建设的同时，也没有放弃重点、热点和有发展前景地区加油站的争夺。其他企业也正根据各自的情况加快相应设施建设。中海油正在珠三角、长三角和环渤海地区加快加油站、油库、输油管道等设施建设。2009年该公司洽购了广东200家民营油站，投产了第一条成品油管道，建成了广东立沙成品油库，通过控股北京华路和汉沽中油在北京这一高效市场掌握了5.15万立方米的油库资源，还计划2010年在“两洲一湾”地区建设1000座加油站及其配套油库，形成较为完善的成品油营销网络，使销售能力达到800万吨/年。中化计划3年内在山东省发展500座加油站等。

3. 竞争从低级向高级发展、营销理念升级

（1）战略联盟、强强联合成为市场竞争的重要手段。各大公司普遍加大了与地方政府的战略合作力度，签署了一批战略合作协议。如中石油与广东省签署战略合作协议，实现优势互补、互利共赢、共同发展，与深圳市签署全面合作协议，与兰州市签署战略合作框架协议。中石化与广西签订战略合作协议，投资建设30万吨级原油码头和原油商业储备

等项目。中海油与福建签订战略合作协议，投资建设海西宁德工业区，与广东省签署全面战略合作协议。此外，加强企企联盟越来越突出。仅二季度，中石化分别与武钢、工商银行、中国重汽、航美传媒结为战略伙伴，合作范围涉及品牌建设、金融服务、国际业务、技术和户外传媒等。中石油与中国工商银行、国家开发银行、中国农业银行、长城汽车、中交股份、华能国际等签署战略合作框架协议等。

（2）服务、质量、品牌意识不断加强。石油公司服务、质量、品牌意识不断加强。各石油公司，特别是大型石油公司在服务、质量、品牌建设上进行长期不懈的努力，取得了长足进展，服务、质量、品牌等已成为竞争的重要筹码，竞争不再只是低价销售。如，近年来，两大石油石化集团加大了将加油站从单一的加油业务向综合服务转变的推进力度。据估计，2009年中石油加油站非油销售收入将突破25亿元，仅两年时间，非油销售收入翻了两番。目前中石油开展综合服务的加油站从2007年的2940座增加到6638座，超过投运加油站总数的1/3。中石油计划用5~10年的时间，初步实现“从单一的油品零售商向加油站综合服务网络运营商转变”。2009年上半年，中石化新增开设便利店的加油站3471座，累计已达8773座。

二、2010年中国石油市场展望

2010年，国际金融危机的发展仍具有一定的不确定性，国内外发展环境也存在一定的不确定性。2010年世界经济可能会逐步回升，但回升速度将比较缓慢；我国经济将进一步好转，但仍一定程度受世界经济回升速度慢的影响。在这种情景下，2010年我国石油需求增速将有所回升，预计全年石油表观消费量将达到4.27亿吨，增长5.4%。原油表观消费量4.047亿吨，增长5.7%。各主要油品增长情况各异。

2010年国内原油加工和成品油生产的环境可能会相对较好。估计2010年将加工原油3.91亿吨，增长5.1%。各种油品产量增速受国内供需状况和盈利情况不同而有较大差异。原油生产有所增长，但增速仍受资源条件限制，估计2010年全年生产原油1.93亿吨，增长2.0%。石油进口将继续增长，估计全年石油净进口量2.34亿吨，增长8.3%，其中，净进口原油2.117亿吨，增长9.1%。

（一）石油需求增速将加快

1. 宏观经济形势进一步企稳回升

2010年，受世界主要经济体经济转好带来的出口增长以及国内消费、投资持续增长等因素影响，我国经济将延续向上趋势。但各种不确定性仍然较大，宏观经济政策大幅调整的可能性较小，预防通胀、调整经济结构、转变增长方式、减少过剩产能也可能成为政策着力点。综合考虑国内外各种因素影响，预计2010年全年我国固定资产投资增长20%~25%，拉动GDP增长4~5个百分点；社会消费品零售总额实际增长15%左右，拉动GDP增长4个百分点左右；出口拉动GDP增长0~1个百分点。基于此，我们将2010年世界经济和我国经济的增长设定三种情景，基准情景下中国GDP增速为9%，高情景和低情景下GDP增速分别为10%和8%。

（1）高情景：世界经济已经触底，后期将较快回升。我国出口形势好转，政府投资和经济刺激政策继续发挥作用，工业生产增速加快，重工业增速快于轻工业，经济进一步回升，全年GDP增长10%左右。

（2）基准情景：世界经济可能已经触底或不久将触底，后期将逐步回升，但回升的路程比较漫长，速度比较慢。我国出口形势有所好转，但仍不理想，外向性经济仍受到一定影响。经济增长最主要的动力仍然是政府投资和经济刺激政策，重化工业较快增长，经济形势进一步好转，但也面临许多困难，增速仍受到一定限制，全年经济增长9%左右。

（3）低情景：世界经济继续探底，或长时间处于低位，可能出现二次金融危机。我国出口形势仍较严峻，外向性经济继续受到较大影响，部分抵消政府投资和经济刺激政策的作用，经济增速可能会有波动，全年GDP增速在8%左右。

2. 石油需求增速将加快

（1）主要用油行业石油需求增势不减。2010年，随着宏观经济进一步回暖，主要用油行业复苏势头不减。汽车行业将继续保持产销两旺的态势，全年汽车销量有望达到1600万辆，同比增长23%。作为提供客运和物流为主的派生性需求行业，交通运输业直接受到经济复苏的带动，预计2010年公路运输周转量同比增长13.60%，水运运输周转量同比增长15.2%，航空运输周转量同比增长14.5%，铁路运输周转量同比增长5.20%。工业生产继续加速，农业稳步发展，建筑业增速在基建和房地产投资带动下仍将保持高位。主要用油行业的继续复苏，将拉动成品油需求增长：汽车销量将再创新高，将带动汽油需求稳步增长；工业生产加速、运输市场活跃、物流景气上升，将带动柴油需求快速回升；国内外经济好转，航空运输加速反弹，将带动煤油需求增长。

1）汽油需求。汽油车：2010年汽油车销量仍将保持快速增长，预计全年销量可达1200万辆。到2010年底，汽油车保有量达到6000万辆。由于小排量汽车的快速增长，单车油耗将进一步下降，预计2010年汽油车汽油需求将同比增长8.7%。

摩托车：受经济形势逐步好转和摩托车下乡政策的拉动，2009年摩托车销量保持了较高水平。2010年，政策补贴力度可能会下降，摩托车销量同比增速将略有回落，预计2010年全年摩托车销量2350万辆。到2010年底，摩托车保有量达到10312万辆，全年摩托车汽油需求将同比增长5.8%。

2）柴油需求。柴油车：考虑到汽车市场仍将保持产销两旺，以及物流业的继续回暖，2010年柴油车产销量仍将快速增长。预计到2010年底，柴油车保有量将达到1656万辆。由于2009年以来，政策带动轻卡销量大幅增长，柴油车单车油耗将有所下降。但单车油耗下降不足以抵消保有量的增长，预计2010年柴油车柴油需求7528万吨，同比增长4.6%。

工业：2010年，在宏观经济持续复苏和市场需求预期改善的情况下，工业企业将进入库存回补阶段。2010年，工业生产将继续加速增长，工业产值同比增速有望达到11.3%。预计2010年工矿企业用油需求为1313万吨。

农业：2010年，利好政策将继续推动农用车销量增长。预计2010年底农用车保有量达到2670万辆，尽管单车油耗下降，但保有量的增加仍将使农用车用油需求小幅增长。国家加大农机补贴力度，将进一步刺激市场需求，拉动农业生产用油需求的增加。预计2010年农业产值增速为4.8%，农业用油需求2680万吨。

交通运输：2010年，经济回暖、工业生产加速、对外贸易好转等诸多利好因素，将带动交通运输业继续企稳向好。预计2010年水路运输总周转量将达到67753亿吨公里，铁路运输总周转量将达到26428亿吨公里。预计2010年全年铁路用油需求为660万吨，同比增长5%；水路运输用油需求497万吨，同比增长15%。

3）煤油需求。2010年，随着国内外经济企稳回暖，航空运输业需求将继续反弹。预计2010年航空运输总周转量将达到483亿吨公里，同比增长13.4%，带动航空用煤油需求增长。考虑到库存的因素，预计2010年航空煤油表观销量同比增速将超过5%。

（2）三种情景下的石油需求预测。

1）不同情景下的石油需求弹性系数。在社会经济结构不出现重大变化的情况下，弹性系数法用于短期预测具有较高的可信度。我国石油需求增速变化差异性大，在不同的经济增长速度、不同的经济结构以及不同的能源供需状况下，石油需求增速变化较大，石油需求弹性系数波动较大。多数情况下，石油、原油和汽、煤、柴等油品波动方向基本一致（见图19）。

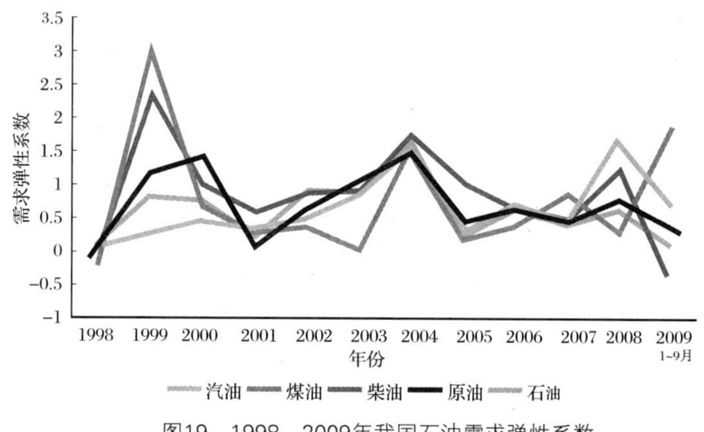

图19 1998～2009年我国石油需求弹性系数

2010年，我国经济主要仍由固定资产投资拉动，重化工业对经济的拉动作用较大。基准情景和高情景下，经济增速有明显提升；而低情景下，经济增速相对稳定或有所下降。对2010年石油需求弹性系数的情景假设应与这些特点相联系，寻找历史上类似情景。分析2000年以来的情况，2003年、2004年因为电力等其他能源短缺严重，造成这两年石油需求出现奇缺，2010年我国电力等其他能源出现严重短缺的可能性小，因此，预测2010年的石油需求时，这两年的石油需求情况可借鉴性小。除了这两年以外，2000年、2002年、2006年三年的经济增速提速较明显，且这三年重化工业对经济的拉动作用明显，因此，预测高情景和基准情景的石油需求时，这三年的石油需求情况有一定的借鉴性。2001年我国经济增长8.3%，且增速比2000年略有下降，重化工业对经济的拉动作用大于轻工业，与2010年经济增长的低情景较相似，因此预测2010年低情景的石油需求时，2001年的石油需求情况具有一定的借鉴性。根据上述分析，对石油、原油和汽、煤、柴油高中低三种弹性

系数设定公式为

$$CE_{Low}=\frac{\min(CE_{00},CE_{02},CE_{06})+CE_{01}+CE_{07}+CE_{08}}{4}$$

$$CE_{BAU}=\frac{\text{med}(CE_{00},CE_{02},CE_{06})+CE_{07}+CE_{08}}{3}$$

$$CE_{High}=\frac{\max(CE_{00},CE_{02},CE_{06})+CE_{07}+CE_{08}}{3}$$

其中，CE为弹性系数，下标Low、BAU、High表示三种情景，数字表示具体年份；min表示取最小值，med表示取中位数，max表示取最大值。计算后三种情景弹性系数取值见表12。

表12　　各油品不同情景下的需求弹性系数

	汽 油	煤 油	柴 油	原 油	石 油
低	0.71	0.46	0.74	0.49	0.47
基准	0.86	0.53	0.86	0.63	0.61
高	0.93	0.62	0.91	0.90	0.66

2）不同情景下的石油需求预测。根据前面判断的2010年三种经济增长情景和石油需求弹性系数，计算得到高中低三种情景下2010年石油需求增速，再根据2009年各油品消费量估计值，计算2010年需求见表13。

表13　2010年我国石油、原油和汽、煤、柴油需求量与增速预测　　单位：万吨

		汽 油	煤 油	柴 油	原 油	石 油
2008年实际值		6343	1280	13886	36489	39041
2009年估计值		6700	1500	13900	38300	40500
2010 年预测值	低	7080	1550	14720	39790	42020
	基准	7220	1580	14970	40470	42700
	高	7320	1600	15170	41740	43180
2009年增速		5.6	17.19	0.10	4.96	3.7
2010 年增速	低	5.7	3.3	5.9	3.9	3.8
	基准	7.8	5.3	7.7	5.7	5.4
	高	9.3	6.7	9.1	9.0	6.6

注：对预测结果进行了取整，并根据取整后的数据对增速进行了重新计算。

按照基准方案，2010年我国石油表观消费量为4.27万吨，同比增长5.4%；原油表观消费量4.047万吨，增长5.7%。汽油需求继续较快增长，柴油需求增速回升，煤油需求增速下降。

3）季度石油需求预测。通过分析，我们得到石油、原油和汽、煤、柴油的季节因子如表14所示。

表14　　2010年我国石油、原油和汽、煤、柴油需求季节因子

油品＼时间	一季度	二季度	三季度	四季度
石油	0.98	1.03	1.03	0.98
原油	0.97	1.01	1.02	1.00
柴油	0.93	0.99	1.04	1.03
汽油	0.97	0.98	1.02	1.03
煤油	0.96	0.98	1.06	1.00

根据年度预测结果和季节因子，预测石油、原油和汽、煤、柴油季度石油需求如表15所示。

表15　　2010年各油品季度需求预测　　单位：万吨

高情

油品＼时间	一季度	二季度	三季度	四季度	年 度
石油	10540	11040	11050	10550	43180
原油	10120	10500	10670	10450	41740
柴油	3520	3770	3950	3930	15170
汽油	1770	1800	1860	1890	7320
煤油	390	400	420	390	1600

基准情

油品＼时间	一季度	二季度	三季度	四季度	年 度
石油	10410	10930	10930	10430	42700
原油	9810	10180	10350	10130	40470

续表

基准情					
时间 油品	一季度	二季度	三季度	四季度	
柴油	3470	3720	3900	3880	14970
汽油	1750	1770	1840	1860	7220
煤油	380	390	410	400	1580

低情					
时间 油品	一季度	二季度	三季度	四季度	年 度
石油	10250	10750	10760	10260	42020
原油	964	10010	10160	998	39790
柴油	342	366	383	381	14720
汽油	172	174	180	182	708
煤油	370	380	410	390	155

（二）原油生产小幅增长，成品油供应能力和产量将较快增长

国内原油产量受国内石油资源条件限制，增长幅度不大。2010年国内石油需求增速加快、国际油价可能会保持较高水平对国内原油生产有一定的支撑作用。估计全年国内原油产量为1.93亿吨，增长2.0%。

成品油生产将较快增长。2010年新的成品油价格政策将得到切实贯彻实施，原油加工利润可得到一定的保证。2010年国内原油加工能力还会保持一定幅度增长。预计2010年中国国内原油加工量将达到3.91亿吨，增长5.1%。各油品生产增速受国内供需状况和盈利情况不同而有较大差异，见表16。2010年汽柴油仍将保持净出口，见表17。

表16　　2010年我国原油产量、原油加工量和主要油品产量预测　　单位：万吨

时间 油品	一季度	二季度	三季度	四季度	年 度	年度增长(%)
原油	4780	4870	4880	4850	19380	2.0
原油加工量	8900	9760	10220	10000	38880	5.1
汽油	1780	1890	1910	1930	7510	5.8
柴油	3500	3750	3930	3900	15080	7.0
煤油	360	390	410	400	1560	7.6

表17　　2010年我国原油、石油和主要油品净进口量预测　　单位：万吨

时间 油品	一季度	二季度	三季度	四季度	年 度
石油	5650	6080	6070	5600	23400
原油	5050	5330	5490	5300	21170
柴油	-30	-30	-30	-20	-110
汽油	-30	-120	-70	-70	-290
煤油	20	0	0	0	20

2010年油价上涨几成定局

中国石油大学工商管理学院教授、副院长　董秀成

石油作为世界上最重要的战略资源，其价格变化一直牵动着全球的神经。2010年乃至今后几年，国际油价走势如何，是当前世界各国普遍关注的重大问题。从市场关系来看，目前有两种力量同时左右着油价的走势，一种力量是往上推，一种力量是往下拉。未来油价到底走势如何，则取决于哪一个力量更强。由于石油具有战略意义，属于一种特殊商品，因此其价格形成除了受供求关系影响外，还有诸多其他因素在起作用。只有综合分析这些影响因素及其发展趋势，才能正确把握油价变化趋势。

国际油价将震荡上行

影响国际油价的因素包括经济发展趋势、市场供求关系、储备和库存、美元汇率、市场投机、突发事件和地缘政治等。从目前形势分析看，预计2010年国际油价将出现震荡局面，但总体趋势是逐渐上涨，在年内再次突破100美元/桶可能不会令人意外。

（一）全球经济复苏迹象明显，拉动油价上涨

目前，国际机构普遍预测世界经济将逐渐走出萎靡态势，纷纷调整今后全球经济增长预

期，石油输出国组织也表示世界石油日均需求量均将逐渐回升。与此同时，国际油价在近期有明显反弹趋势，说明对世界经济走势已经走出悲观预期。世界主要经济体的经济数据出现明显转好迹象，尤其是新兴工业化国家经济增长速度出现明显复苏，人们对世界经济走势持审慎乐观的判断。这些变化必然拉动石油消费需求增长，进而对油价上涨产生影响。

（二）美元将继续面临贬值压力，推动油价上涨

由于国际油价主要以美元计价和美元结算，因此美元汇率变化对油价影响很大。由于美国长期财政赤字和贸易赤字，再加上美国刺激经济计划导致大量发行美元，资本市场对美元价值信心不足，因此美元稳定很困难。在短期内，油价以美元计价和结算的局面还很难改变，因此美元汇率是重要的因素。随着美国经济总体缓慢回升趋势，美元或许会继续贬值。一旦美元持续贬值，不管石油消费需求如何，油价上涨是必然的。

油价上涨影响GDP增长

作为世界第二大石油消费国和第二大石油进口国，油价上涨对经济逐步回升必然产生抑制作用。油价上涨对我国经济的影响表现为两个方面：直接影响表现为外汇支出增加、净出口减少，进而降低GDP增长率，并拉动物价上涨；间接影响主要表现为产品出口面临着下降的潜在危险，一是以石油为主要燃料、原料的产品，因生产成本上升导致产品竞争力下降，从而使出口面临下降的潜在危险；二是出口对象国因油价上涨使国际收支出现困难，进而降低其进口能力。

（一）影响到国际收支平衡

随着我国经济复苏，对石油的需求量还将上升。由于我国石油产量增长缓慢，石油供需缺口增大，对外依存度将越来越高。一旦国际石油价格出现异常波动，对我国国民经济将造成冲击。另外，油价上涨会打破贸易平衡，不利于出口贸易回升。

（二）可能增加通货膨胀压力

我国对原油进口需求量持续上升，油价上涨直接导致支付原油采购成本上升，这最终由

国内各行业承担，从而降低行业利润和国内投资额，或再度引发通胀压力。油价上涨使以石油为能源或原材料的相关行业的价格上扬，形成新的涨价因素。

油价上涨倒逼价格机制

油价上涨对国内石化行业的影响是最直接的，但由于国内石油产业布局和价格政策等原因，对上下游产业影响是不同的，程度差异很大。

（一）国内原油价格与国际原油价格每月接轨

如果国际石油价格上涨，对石油上游开发产业是利好的。总体上看，油价上涨对于上游是有利的，可以提高盈利能力。国际油价上涨，国内原油价格也随着提高，因此在成本基本不变的情况下，将给石油开采企业带来丰厚的利润。

（二）成品油价格实行有控制的国际接轨

国际油价在80美元/桶以下，国内成品油价可以根据国际油价变动进行调整；当油价超过80美元/桶时，国家在调整成品油价格时可缩减炼油产业利润水平；当油价超过130美元/桶时，国家可以临时暂停接轨政策。可想而知，一旦国际油价持续上涨，国内石油加工产业将再度成为最大受害者。一旦不能与国际油价接轨或接轨不充分，必然导致炼油类企业成本大幅上升，利润大幅下降甚至再度出现全行业巨大亏损。同时，成品油价格或再度出现内外倒挂，国内炼油行业投资和生产的积极性降低，走私现象再度泛滥，局部油荒现象有可能死灰复燃。

由此可见，面对国际油价上涨，国家成品油价格政策将面临艰难抉择：如果不能进行国际接轨，炼油行业将再度回到亏损局面，产业健康发展不能保证，而且还有可能出现局部油荒等社会问题；但如果国际接轨，成品油价格上涨幅度过大，对相关利益群体和相关行业产生影响和冲击，加剧通货膨胀压力，引发社会问题。

中国对外油气合作成熟度展望

云南大学能源安全与战略研究中心教授、主任　吴磊

2010年，在中国能源安全面临的一系列挑战中，对外石油依存度增速较快、国际能源竞争愈演愈烈、“走出去”战略和对外能源合作面临诸多困难等，已经成为中国能源安全面临的主要矛盾，成为关系中国“经济命脉和民生大计”的重大战略问题，凸显中国对外油气合作成熟度亟待提高。

能源安全是永恒主题

中国的能源安全主要是石油和天然气供应安全问题，是对清洁能源需求刚性上升而国内供给严重不足、对外需求不断增长引发的结构性矛盾。过去十年里，中国石油消费增长占世界石油需求增长量的大约1/3，相当于一个中等国家的石油消费。同期国内石油产量和供应增速缓慢，对外石油消费需求增长迅速。1995年中国对外石油依存度只有15.6%，2003年增至34.5%，2005年升至48.1%。2009年，中国石油消费的大约50%（每天400万桶）需要进口来满足，预计2015～2020年中国石油进口量将翻一番，每天达到800万桶，对外石油依存度将超过60%；天然气进口将从目前的40亿立方米/年，增长到2020年的1000亿立方米/年。

2004年中国取代日本，成为仅次于美国的第二大石油消费国和第三大石油进口国。美国能源部预测，2030年中国原油进口量每天将接近1000万桶，相当于2000年美国的石油进口量。另据国际能源机构估计，如果按照2020年中国经济翻两番计算，2020年中国石油需求将达到9.2亿吨，即使中国石油利用效率提高一倍，仍然需要4.6亿吨，而中国的石油产量最多能够达到1.8亿～2.0亿吨，供需缺口为2.5亿～3.0亿吨。这一巨大的缺口只能通过进口来填补。显而易见，中国石油供应安全形势严峻，如何有效确保国家的对外油气需求，以“走出去战略”为战略依托，积极开展国际油气合作，已经成为中国能源安全研究的重要内容之一。

与战略目标相距甚远

客观评价，自“走出去战略”实施以来，中国与世界上油气资源重点区域和国家的能源合作取得了长足进步，对国家能源安全具有一定的积极作用。然而，深入分析，中国与全球油气资源重点区域的能源合作仍然存在众多问题和缺陷，不仅合作的深度不足，取得的成果有限，而且离国家能源安全的战略目标相距甚远。

首先，尽管中国与世界上油气资源重点区域的能源合作遍及30多个国家，签订了众多能源协议，但取得的标志性重大成果有限。统计资料表明，过去十年里，中国海外油气投资与生产的绝大多数集中在苏丹、哈萨克斯坦和印度尼西亚三国，上述三国不仅是中国对外油气合作取得重大突破的国家，而且是中国对外油气合作获得重大收益的国家。中国海外油气合作的集中化趋势，说明中国对外能源合作的广度和深度都严重不足。应该指出的是，迄今为止，中国在中东、俄罗斯、拉美等资源富集地区和国家，至今没有获得如同上述三国那样的参与当地油气勘探、开发和生产的重大上游油气合作的突破性成果（少数国家例外），中国石油公司的对外油气合作大多集中于海外并购或参股海外的一些中小油气田或边际油气田，获得的控股权和实际资源极其有限。

其次，从数量和规模上看，过去十年，中国对外油气合作所获收益对国家能源安全的贡献有限。中国获得的这部分有限的份额油，由于运输困难和成本等因素的影响，并非全部运回国内消费，作为加权因素直接作用于国家能源安全。比如在非洲，尽管中国的石油公司在苏丹石油工业发展中占据了主导地位，但在非洲最丰富的油气资源国家—利比亚、阿尔及利亚、安哥拉和尼日利亚，中国石油公司目前仍然是“微不足道的角色”。从资产（商业）价值和生产指标分析，中国石油公司不仅落后于国际大石油公司，而且落后于印度和马来西亚等国家的国家石油公司。2006年，中国三大石油公司在非洲的油气产量每天总计为26.7万桶，仅相当于国际能源巨头埃克森美孚石油公司非洲产量的大约1/3。上述情况说明，不仅中国的海外油气投资数量，而且中国获得和控制的海外油气资产“一直是相当有限的”，其对国家能源安全的贡献也是“相对较小的”。迄今，中国绝大多数的海外油气需求，仍不得不通过波动频繁的国际市场，以国际贸易的方式获取。

再次，中国开展对外油气合作面临众多困难和风险，对此明显估计不足，不仅低估了国际能源资源的激烈竞争，而且对国际能源政治、油气资源重点区域和国家的能源政治经济风险，分析和研究不够，有关政策措施调整滞后，致使中国对外能源合作成果有限。

目前，全球油气资源的88%为发展中国家及其国家石油公司所控制，另外10%为西方大国际石油公司控制。从双边和多边角度看，虽然中国与世界上油气资源重点区域和国家签订了众多政府间能源合作协议，但这些能源合作大多缺乏机制化或制度化安排，落实起来困难重重，政策协调也比较困难。仅靠国家间友好关系、首脑外交和能源外交，中国对外能源合作的广度和深度都是有限的。

尽管愈演愈烈的国际能源竞争和“油气霸权”是中国对外能源合作的重大影响和制约因素，中国对世界上油气资源重点区域及国家的特殊能源政治和能源经济、潜在的法律和地质风险的分析和把握明显不足。比如，近年来资源民族主义的重新崛起不仅在中东，而且在中亚、俄罗斯、拉美等地区和国家盛行，传统能源合作模式受到极大挑战，中国要想与这些地区和国家的能源合作取得重大和深度进展日趋困难，必须寻求新的能源合作与发展模式。

最后，虽然国家也获得了一些重大对外能源合作成果，但是作为开展对外能源合作的中国国家石油公司（中石油、中石化和中海油），本身存在着管理和经验不足、技术竞争力不强（深海开采技术、非常规油气提炼技术）、高成本高风险的投资风格、政策协调不力、各自为战，甚至内部相互竞争等问题，也影响到中国的对外能源合作。因此，必须从国家能源安全战略高度，在重新审视和评价中国过去十年对外能源合作经验教训的基础上，对中国国家石油公司的对外投资和经营行为，进行综合和系统评估，以利于中国对外能源合作进一步发展。

多边能源合作展望

从研究多边能源合作与国际能源安全治理问题角度来看，加入国际能源安全机制的好处和利益是比较明显的，但是，其代价和风险也是显而易见的：这些国际能源安全机制可以使中国与先进国家俱乐部捆绑在一起，却又可能使中国独立自主的外交政策和代表发展中国家的形象严重受损。

目前看来，在对待国际能源安全合作机制问题上，中国的政策是参与和协调，而非急于加入，至少在这些国际重大安全机制安排问题上，中国仍然必须仔细考量和权衡，目前时机和条件显然还不成熟。虽然如此，如果仅仅强化与资源丰富地区和国家的能源合作，以资源获取作为国家能源安全的战略重点，而不加强与能源消费大国的能源安全合作，显然也不是成熟的能源安全战略。

为此，必须从国家能源安全战略的高度，进一步加强对中国与全球油气资源重点区域和国家开展能源合作战略意义的认识，重新审视和评估中国的对外能源合作问题，特别是中国与世界上油气资源重点区域和国家的油气合作问题，对过去十年来中国对外油气合作取得的成功经验进行理论总结，对其不足和问题进行深入和综合分析。然后，具体、深入并综合分析中国与全球油气资源重点区域和国家能源合作所面临的各种机遇、风险和挑战，在此基础上切实推进中国与世界上油气资源重点区域和国家的能源合作，确保国家能源安全。

新能源篇

一方面，迫于国内能源供给压力以及国际竞争压力，可再生能源超常规发展成为中国能源经济的一个“现象”；另一方面，中国初步发展可再生能源的探索又说明，理顺各方利益关系，防止无序发展带来的资源浪费和闲置，又让“建章立制”成为必要。

2010年，中国可再生能源行业的发展状态以及政策的调整力度，一样值得期待。

2010：可再生能源政策关键年

国务院参事、中国可再生能源学会理事长　石定寰

2010年4月1日，《中华人民共和国可再生能源法修正案》正式实施，可再生能源领域的政策成为各方关注的焦点。此法的修订为可再生能源发展奠定了更为坚实的法律基础，接下来更关键的是法律如何得到执行。

发展可再生能源政策先行

没有具体政策，目标必然放空。一方面，可再生能源的发展需要通过技术进步不断降低成本，提升与常规能源的竞争力；另一方面，由于可再生能源开发成本偏高，必须依靠政府扶持才能得到发展。纵览全球，各国无一例外地通过政策扶持来培育市场，拉动产业发展。因此，全国人大应加强对政府部门的监督，督促政府加快落实这个法律，以切实有效的政策来促进可再生能源产业和应用市场的发展。

中央经济工作会议明确提出，综合国际国内经济形势看，转变经济发展方式已刻不容缓。目前，我国能源结构中70%以上为化石能源。"十一五"规划要求实现单位GDP能耗降低20%的节能目标，按照5年达成20%的目标计算，10年需节能40%。面对这么重的减

排压力，可再生能源发展速度需加快是不争的事实。但是，当前结构调整速度和政府对中央精神贯彻执行的力度仍远远不够。

应以价格信号带动电价

我对常规能源和可再生能源的价格趋势有一个判断。一方面，由于煤价上涨、环保压力增大，常规电价会持续上浮；另一方面，随着技术进步和生产的规模效应，可再生能源电价只会不断下调。这是两个根本不同的趋势。政府应看到这个趋势，并以此来指导决策。

当前，国家推动产业发展的政策工具有多种，现在推广的金太阳工程采用的是国家财政直接补贴的办法，相关企业直接获益，政策效果立竿见影。但这种办法并不能从根本上解决问题，最终还是要依靠价格信号这个基础性工具。

以上网电价政策为例，欧洲国家经过多年实践后证明它是行之有效的，对可再生能源的价格补贴没有给国家增加更多负担。据统计，2009年全社会用电量达3.6万亿千瓦时，全国发电装机容量达8亿多千瓦，而国内太阳能光伏电池生产能力大约为300万~400万千瓦，只相当于七八台火电机组的发电容量。这么小的规模平摊到整个电网中对电价的影响微乎其微。

2009年，常规电价每千瓦时提高了2分钱，可再生能源电价附加刚提到4厘/千瓦时，后者不及前者提价幅度的1/5，如果将可再生能源电价附加增加到常规电价提升幅度的1/3，实际上不会给老百姓造成很大负担，但对这个产业的意义却十分重大。

现行光伏政策喜忧参半

我国光伏发电产业应已具备了国家给予扶持性产业政策的条件。原因有以下几点：第一，我国光伏产业已经形成了一个比较完整的产业链；第二，我国光伏产品的生产能力和产量已经跃居全球首位；第三，过去几年，由于国内市场尚未打开，中国产品主要出口欧美市场，能够通过欧洲市场严格的质量检测表明中国制造已经具备一定的国际竞争力；第四，一批具有实力的国内企业已经在竞争中成熟起来并位列世界光伏产业前茅，在世界排名前三十的企业中就有十几家来自中国，这些企业通过国际资本市场融资，已经在国际市场上形成中国板块，并具有举足轻重的影响力。此外，从设备的国产化率来看，光伏发电业比风电产业起步时水平高。以上这些都是我国风电产业起步时所不具备的。

在中国光伏市场刚刚起步的时候，相关政策却迟迟不见出台。政策要在一个恰到好处的时机出台，过早市场还未形成，过晚则无法体现政策优势。我认为，我们正逐步失去政策支持的机遇。

现行的招标制度制约了光伏产业的发展。1万千瓦的光伏项目仍需国家级部委来组织招标，这导致过去两年中国家仅批几百兆瓦的项目。我认为，根本办法是要加快出台电价政策。如果有指导价格，生产招标审批的权力就应下放到地方，中央政府依据法律，进行相关规划规则指定。

和风电2000多万千瓦的装机容量相比，光伏发电还不到百万千瓦，在电源结构中所占比例很小。因此，现在正是给予政策支持的好时机。国家要清楚加快发展什么，政策扶持引导的方向是什么。不仅要壮大产业规模，更应让企业能实现合理盈利，有能力拿出钱投入研发，占领制高点。欧美发达国家在这个领域投入了巨额资金，就是着眼于未来的竞争。

生物质能在农村潜力巨大

2010年，生物质能有两个方向值得关注。

第一，传统生物质能的利用方式应得到提升。目前对生物质能的投资，无论在资金分配、管理和使用效果等方面，都存在很大盲目性；生物质气化、液体燃料，是当前最具前景的发展方向之一。

农村是我国可再生能源发展的重要战场和应用领域，其中生物质能源最具发展潜力。可是，纵观近几年有关农村能源建设的内容，似乎就是沼气和农村电网。可见，国家缺乏对可再生能源在农村能源体系中的地位和作用以及它在社会主义新农村建设中的作用的统一规划，缺乏从综合系统的角度来研究未来农村能源的解决方案。

第二，生物质能气化以及液体燃料是更为重要的发展方向。现在我们使用的燃料中50%以上是气体燃料，随着能源需求继续增长，液体燃料作为替代燃料的发展空间很大。

真正能转化为液体燃料的是农村的生物质，比如纤维素制酒精、秸秆制生物柴油，这些都是未来世界生物能发展的方向。在未来一段时间，需要新技术的突破为产业化打好基础，目前无论是生物纤维素制酒精，还是第二代合成油，都仍未成熟到可以大规模商业化的程度。另一个生物质能的重要来源就是城市垃圾利用，我认为，这方面还有很多工作要做。

2010年新能源产业仍将保持高景气度

宏源证券新能源与电力设备小组分析师　王静　李青　赵曦

目前，我国已出台许多政策，来扶持和引导新能源行业的快速发展，在政府意欲加速提高可再生能源在能源消费中的占比前提下，“产能过剩”仅是表面现象，大力发展新能源行业的政策并没有改变，新能源行业仍将保持高景气度的发展。

光伏产业走出低谷

金融危机给光伏产业所带来严寒一直影响到2009年第一季度，众多国际厂商业务下滑，国内多家大型光伏企业收入和出货量锐减。2008年第四季度和2009年第一季度，光伏电池出货量环比增幅分别降至-13.89%和-20.78%。直至2009年中报公布，各公司情况才获得好转，出货量环比增幅回升至38.9%，扭转的信号已来临。2009年第三季度，各公司光伏电池出货量达到历史新高，环比增幅跳至73.91%。在全球振兴低碳经济的呼声中，光伏产业迎来了新春。

光伏企业效益的好转，源于国内、国际市场的需求回升，2009年下半年开始，全球光伏市场的形势发生了较大改变，欧美众多国家相继出台了许多发展光伏产业的政策。

随着下游市场需求的打开，光伏产业再次爆发性增长。乐观预计，至2012年，全球光伏产业的年均复合增长率都将保持在50%以上，届时，光伏电池的年产量将达到35吉瓦。即使保守估算，复合增长率也不会低于30%，至2012年将至少达到20吉瓦的年产量。

以2008年、2009年之交的经济危机为契机，2009年，我国推出一系列光伏补贴政策，国家开始大力发展光伏产业，这些政策对于打开国内市场有着极其重要的作用。

光伏产能并未过剩

2009年下半年开始，随着光伏产业进入新的增长期，另一种担忧从危机中生发，“产能过剩”的呼声响彻市场内外。但国家连续出台多晶硅产业限制政策，并不表示国家开始限制太阳能产业的发展。多晶硅只是光伏电池产业链的一个环节。2004~2008年，是多晶硅的暴利时代，使得无数资金流向这一环节，政策的宏观调控仅仅是在规划产业链各个环节的平衡，而不是限制整个产业的发展。如果不再审批新项目，按目前已规划的建设情况看，至2012年，我国多晶硅产能将达8万吨，产量达6万 ~ 7万吨。这样的产能产量是否过剩，可以根据下游来进行判断。

截至 2009年9月，财政部正式确认“太阳能屋顶计划”，全国总计有111个，共91兆瓦的项目获得补贴，补贴总额度13亿元。截至2009年11月，“金太阳”示范工程共安排294个示范项目，发电装机总规模为642兆瓦。受政策刺激，众多地方政府和光伏企业纷纷制定规划，准备在光伏领域大显身手，据不完全统计，目前国内规划建设光伏电站总装机容量达6.7吉瓦以上。

目前，多晶硅料加工为电池片，一般为每兆瓦电池片需硅料10吨左右，据此计算，仅上述国内目前规划项目即需多晶硅料6.7万吨，虽然今后随着技术的进步硅片的厚度将不断降低，加工的工艺将不断提高，但即使如此，每兆瓦也至少需硅料8吨以上。这仅是目前国内的市场需求。我国是全球第一大光伏电池生产基地，如果今后继续保持50%以上增速，至2012年，则至少需要晶硅13万吨以上。因此，短期来看多晶硅产能只是相对过剩，如果下游市场需求不断扩大，甚至会再次出现多晶硅料供应不足的局面。但在我国，由于大多数产能是在多晶硅价格暴涨时期投建，随着多晶硅价格的回落，很多产能已无法保证盈利，逐步沦为被淘汰的落后产能。多晶硅的暴利时代应不会再次上演，今后多晶硅的价格将逐渐趋于一个合理价位，并随着技术的进步和规模的扩大而不断走低。

2002~2009年世界太阳能电池发货量见表1。

表1　2002~2009年世界太阳能电池发货量　单位：兆瓦

国家＼年份	2002	2003	2004	2005	2006	2007	2008	2009
中国	10	10	50	200	400	1088.0	2600.0	4000.0
欧洲	135	193.35	314	470	657	1062.8	2000.0	2800.0
日本	251	363.91	602	833	928	920.0	1300.0	1800.0
中国台湾地区						450.0	900.0	1000.0
美国	120	103.2	140	154	202	266.1	432.0	600.0
其他	45	73.8	89	102	314	663.1	668.0	500.0
合计	561	744.26	1195	1759	2500	4000.0	7900.0	10700.0

资料来源：国家发展改革委能源研究所研究员王斯成《中国光伏产业发展现状和问题》。

光伏市场日益成熟

2008年11月以来，光伏组件价格不断下降，这对于光伏发电成本的下降和光伏产业的发展无疑是极其有利的。

目前，虽然经过经济危机的洗礼，多晶硅的价格大幅下降，光伏发电成本也随之下降了许多，但平均成本仍在人民币1.5元/千瓦时以上，比常规火电价格要高许多。考察美国的工业太阳能电价，其成本在逐年下降。目前，美国工业光伏发电的价格是19.6美分，已很接近美国部分地区的常规火电价格。

随着常规电价的逐年上涨和光伏电价的下降，在2012~2015年，光伏发电的成本将极可能低于火电价格，使光伏产业摆脱政策的补贴，走上完全商业化运营的大路。

风电发展依旧迅猛

2008~2009年的金融危机并没有对风电的快速发展带来大的影响。作为成熟的新能源产业，风电成本已接近并低于部分火电成本。在这种情况下，未来十年，全球风电产业仍将保持高速的发展。分保守、中性和乐观三种情况预测未来十年全球风机累计装机容量，其中保守情况是年均增长率为10%，中性情况是年均增长率为15%，乐观情况是年均增长率为20%。到目前为止，我国风电机组的总装机容量不足可开发风能总量的1%，今后发展空间极大。2009年7月29日，国家发展改革委颁布了《关于完善风力发电上网电价政策的通知》，制定了全国风力发电上网标杆电价，分为0.51、0.54、0.58、0.61元/千瓦时等四类。标杆上网电价的制定对保证今后风电行业的稳定发展起到了积极作用。

进入2009年下半年，国家开始不断强调风电产能过剩：8月26日，国务院常务会议指出，多晶硅、风电等新兴产业出现重复建设倾向。8月31日，国家发展改革委、商务部、财政部三部委联合发出《关于发布鼓励进口技术和产品目录（2009年版）的通知》。将“2兆瓦以上风力发电设备设计制造技术”、“风电、盾构机用轴承”、“2兆瓦以上风电设备制造”从鼓励进口的先进技术、重要装备中剔除。

2009年9月30日，国务院批转发展改革委等部门《关于抑制部分行业产能过剩和重复建设引导产业健康发展的若干意见》，要求严格控制风电装备产能盲目扩张，鼓励优势企业做大做强，优化产业结构，维护市场秩序。原则上不再核准或备案建设新的整机制造厂；禁止落后技术产品和非准入企业产品进入市场；加强风电技术路线和海上风电技术研究，重点支持自主研发2.5兆瓦及以上风电整机和轴承、控制系统等关键零部件及产业化示范。积极推进风电装备产业大型化、国际化，培育具有国际竞争力的风电装备制造业。这种情况表明，政府并不是在限制风电产业的整体发展，而是在调控风电产业中的整机装备环节。由于风电技术发展较快，目前国际市场风机主流产品已是2.5兆瓦及3兆瓦以上，而我国近年来发展迅速的整机装备众多企业仍然以750千瓦、850千瓦、1兆瓦等为主，属于落后产能。在上游无法掌握关键零部件技术，产能不足，下游风机需求有限的情况下产生了恶性竞争，营业利润率不断下降，从最早的平均30%以上，降至目前最低不足15%，损害到企业自身的生存，也危害到整个产业的健康发展。在这种情况下，政府的调控措施是积极的、必须的。

同时，在政策之中重点支持自主研发2.5兆瓦及以上风电整机和轴承、控制系统等关键零部件及产业化示范。积极推进风电装备产业大型化、国际化，培育具有国际竞争力的风电装备制造业。可见并不是整个风电产业受限，经过此次政策调控，风机整机制造企业经过优胜劣汰，将迎来今后更加健康的增长。到2012年，我国风机累计装机容量年均复合增长率仍将保持在50%以上。

2020年全球风能形势预测见图1。

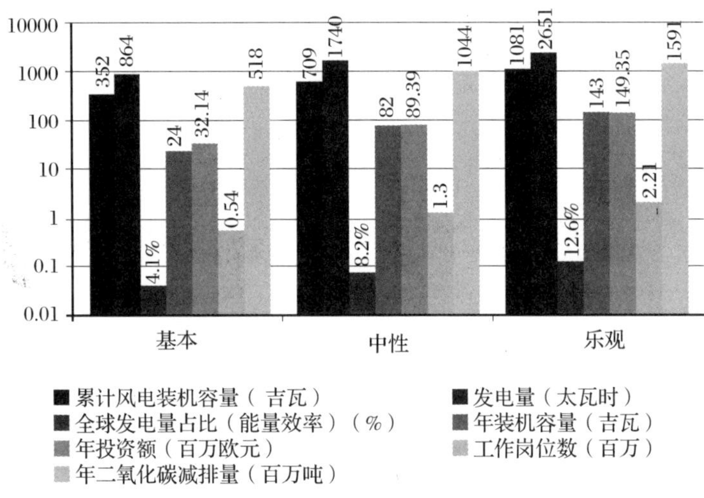

图1 2020年全球风能形势预测

资料来源：全球风能理事会。

新能源汽车开始启动

2009年以来，我国政府不断推出对节能和新能源汽车的补贴政策。根据目前的研究进展和汽车技术格局看，新能源型汽车将会沿着“短期混合动力、中期纯电动、终极燃料电池”的技术进程进行发展，在未来的十年内，汽车产业格局将发生较大变化。整个新能源汽车的产业链，分为上中下游三个部分，下游是汽车整机的制造厂商，中游是电池制造企业，上游是各种金属材料的冶炼和金属矿的开采企业。由于新能源汽车占汽车行业整体比例极低，现阶段新能源汽车的中游制造业，电池生产商将面临较大机遇。

据统计，目前电动汽车上常用的动力电池有铅酸蓄电池、镍氢电池、锂离子电池（包括钴酸锂、锰酸锂、磷酸铁锂）和燃料电池。目前，铅酸蓄电池和镍氢电池虽成本较低，但由于其能力密度和使用寿命较小，已不是电池技术的发展方向。而燃料电池由于成本太高，目前还无法为市场所接受。因此虽然在6月25日工信部发布的《管理规则》中认为镍氢电池是最为成熟和重要的产品，但经了解和调研，锂电池应是目前动力电池市场化发展的主要方向。从目前锂电池的种类看，钴酸锂由于存在一定的安全隐患，不适宜做大型的动力电池，锰酸锂和磷酸铁锂应是锂电池发展的两大主力。锂电池的主要成本集中在隔膜、锂材料和电解液等组成部分上，而这些正是决定锂电池性能的关键所在。目前，经过一段时间的发展，我国电动车用锂电池性能指标已与美国等发达国家的产品相当。

《可再生能源法》的修订与执行

全国人大环境与资源保护委员会法案室主任　薛惠锋
国家发展和改革委员会能源研究所可再生能源发展中心主任　王仲颖

我国的能源需求将保持持续快速增长，2009年我国能源消费总量为30亿吨标准煤，2020年总需求可能达45亿吨。目前我国一次性能源消费结构中90%以上为化石能源，按照国务院2009年底提出的目标，2010年可再生能源消费比例要从现在不到10%提高到15%左右，可再生能源发展的速度必须比能源需求总量的增速更快。

在这样的背景下，2009年全国人大对仅出台4年的《可再生能源法》进行修订，并于当年年底审议通过新的修正案。这样的速度在人大立法史上也十分罕见。新的修正法案为未来可再生能源的大发展提供了必要的法律保障，为政府制定下一步发展规划和具体政策的实施细则提供了依据。

"局部饱和"、"全局饥饿"成修订动因

《可再生能源法》颁布之初就确立了强制上网和全额收购制度。但从目前可再生能源发展的情况来看，在中国电网企业能源销售网络实施垄断经营的条件下，强制上网制度取得较

好效果，但也存在较为突出的问题，主要是电网企业和可再生能源发电企业之间的调控机制存在缺失。

举例而言，内蒙古的风电资源非常丰富，但与蒙东电网相连的东北电网负荷十分有限，能够收购的风电量十分有限，如果单靠东北电网的消纳能力，蒙东丰富的风电资源似乎再没有发展空间。再如，甘肃酒泉一地的风电装机容量2015年将达1500万千瓦，2020年将超过2000万千瓦，而目前西北电网的最高负荷也才2000万千瓦出头（不包括独立新疆电网），即使为酒泉千万千瓦级风电基地电力输出而建的750千伏输电线路建成后，以西北电网目前的负荷能力也仅能解决到2015年的风电发展问题。

西北、内蒙古、东北地区本地无法消纳的风电必须送到京津唐、华东、华中这些地区去。如果能够依靠全国近9亿千瓦装机的全国电网内互送电力，还可以形成西南和三北地区的风电、水电互补以及风电、光电互补，在我国目前可再生能源发电还处于初级发展阶段的情况下，可以以更小的经济代价发展更多的可再生能源。

然而，由于存在负荷、输电、电不能储存等多个因素，全国各区域电网之间处于相对独立的状态。目前跨省输电的机制尚未完全建立起来，同时缺乏解决利益分配问题的有效手段。这在一定程度上造成内蒙古的风电送不到高负荷的京津唐地区，西北的风电到不了华中、华东的问题。

在这种情况下，原《可再生能源法》的“全额收购”很容易流为一句空话，实则是有条件的全额收购。问题的症结就在区域电网负荷能力有限，风电场发再多电，本地电网企业能够消纳的却极为有限，这就是“局部饱和”和“全局饥饿”的矛盾。此外，原《可再生能源法》在规划编制方面作出了规定，但没有把可再生能源开发利用规划编制同其他能源规划编制衔接起来，也没有对规划编制的原则和内容做出必要规范，造成可再生能源开发利用规划同能源规划以及电力规划、电网规划脱节。

修正案的四大亮点

新修订的《可再生能源法》坚持市场配置与政府宏观调控相结合的原则，在坚持可再生能源并网发电招标制度的同时，通过保障性收购的最低限额指标，加强政府对可再生能源市场的宏观调控能力。

其新亮点首先是政府职能增加，国务院能源主管部门会同国家电力监管机构和国务院财政部门，按照全国可再生能源开发利用规划，确定在规划期内应当达到的可再生能源发电量占全部发电量的比重，制定电网企业优先调度和全额收购可再生能源发电的具体办法，并由国务院能源主管部门会同国家电力监管机构在年度中督促落实。

同时对电网企业和发电企业的责任、义务进行了更为翔实、详细的规定。修正案要求电网企业应当与按照可再生能源开发利用规划建设，依法取得行政许可或者报送备案的可再生能源发电企业签订并网协议，全额收购其电网覆盖范围内符合并网技术标准的可再生能源并网发电项目的上网电量。电网企业还应当加强电网建设，扩大可再生能源电力配置范围，发展和应用智能电网、储能等技术，完善电网运行管理，提高吸纳可再生能源电力的能力，为可再生能源发电提供上网服务。同时强调发电企业有义务配合电网企业保障电网安全。

法律的实施效果在本次法律修订中也受到重视。修订案明确规定电网企业未按照规定完成收购可再生能源电量，造成可再生能源发电企业经济损失的，应当承担赔偿责任，并由国家电力监管机构责令限期改正；拒不改正的，处以可再生能源发电企业经济损失额一倍以下的罚款。

本次法律修订的另外一个亮点是可再生能源发展基金的设立。原《可再生能源法》规定电网企业附加征收的有关费用在销售电价中全民分摊，且通过电网企业网间结算方式调配。这一规定在现实中很难操作，一是可再生能源附加计为电网企业收入，所缴纳增值税和所得税等要占全部附加资金的1/3；二是资金调配周期长，补贴资金不能及时到位，电力企业资金压力较大。

法律修订坚持资金集中统一使用的原则，在现有资金渠道不变的情况下，将国家财政设立的可再生能源发展专项资金和可再生能源电价附加资金集中使用，调整资金管理方式，形成政府统一调控的可再生能源发展基金。

三字之变力促企业提升

从“全额收购”到“全额保障性收购”，在措辞上仅“保障性”三字之变，其影响却明确了政府、发电企业、电网企业各自的职能、责任和义务，并加强了监督、惩罚机制，有利于政府、发电企业、电网企业之间关系的明确和理顺。

政府的角色不是干涉或指挥电网企业的行为，而是通过立法为其设立标准和目标，如在规划中明确最低的收购比例，电网企业有义务从国家的大局、全局考虑，解决可再生能源电力输送和调配问题。在这方面，欧洲、美国提供了可供借鉴的经验，它们在没有过分强调或过高要求风电机组技术的时期，电网已接纳了相当高比例的风电，个别国家瞬时的风电负荷可达到60%。

不同的发展阶段，应采取不同措施促进可再生能源的发展。在发展初期阶段，我国有一个强大的全国电网做后盾，应该给予电网更多的责任和义务。但与此同时，发电企业或风电机组的制造企业也会在激烈的市场竞争环境下，不断地提升自己的技术水平或为自己提出更高要求，促进技术进步。

本次法律修订坚持统筹规划原则，加强可再生能源开发利用规划与国家能源发展战略的综合协调，强化国家规划对地方规划的指导调控作用，这充分体现了科学发展观的基本要求，从源头上防止不具备基本条件时盲目发展、无序发展和违规发展，从而保障可再生能源产业快速有序发展。

作为重要的环境与资源保护法律之一，《可再生能源法》修订有助于推动中国可再生能源产业的健康快速发展，促进能源结构调整，加强环境友好型和资源节约型社会建设。尤其是，在全球性经济危机和气候变化“双重危机”的新形势下，《可再生能源法》的修订，顺应国际发展趋势，符合中国发展实际，在以新能源为推动力的第四次产业革命中抢得先机，更进一步强化了中国应对气候变化的法律支持，体现了中国在发展可再生能源和应对气候变化方面的决心和信心。

2010年风电：装机预增1500万千瓦

国家发展和改革委员会能源研究所副所长　李俊峰

2009年，关于风力发电有两个统计口径，一个是中国电力企业联合会发布的风电并网总容量，在这一年达到1613万千瓦，比2008年新增897万千瓦；另一个是中国可再生能源学会企业工作委员会和风能专业委员会联合发布的统计数据，2009年吊装完成至少在1000万千瓦，有可能达到1200万千瓦，累计吊装完成2200万~2400万千瓦。

风电的发展速度，又一次超出了此前的估计。2010年，中国风电又将何去何从？

2010风电发展继续向好

2009年风电发展速度较快，有几个主要的原因：首先是气候变化和发展低碳经济的因素，中央政府、各地方政府和企业都把低碳经济发展作为很重要的突破口。更重要的是，风力发展具有一定竞争优势，其中有一个好处，风电场一旦建成，不需要再考虑买煤矿，也不需要担心煤价上涨、恶劣天气、运力不足这些问题。除了机器设备故障这些可控的风险，风电价格能保持长期稳定。而从长远改善能源结构的角度来看，风电是重要的清洁能源。

从以上几点来看，在2009年创造的良好基础上，风电在2010年仍会保持较快的增长速度，预计2010年新增容量约1500万千瓦。根据中国可再生能源学会企业工作委员会的测算，风电建设速度在2015年将达到年均新增2000万千瓦后，有可能出现增速的峰值，随后进入稳定增长期。到2020年，建成风电装机容量将至少达到1.5亿千瓦，风电装机容量约占届时我国发电装机总容量的10%，发电量约占5%，目前的相应数字为2%和1%。

我国风电近年来增速惊人、世界瞩目，2005~2009年风电装机容量连续4年翻番，2010年的增速还会在30%以上，按照常规判断，2015年后增速在10%~15%之间。

但是，即使如此，海上风电技术成熟尚需时日。目前，风电基本还是会以陆上为主，海上风电的发展会稍微滞后一些，现在国家在安排做规划，等待海上风电规划及其审批。去年海上风电虽然被炒得很热，但项目总装机不到20台，装机容量不到6万千瓦，是陆上的1/200，规模极其有限。华锐、西门子、上海电器、金风、联合动力等风电装备企业积极介入，除了华锐风电有一定的规模之外，其余都还处于尝试阶段。

风电价格不需大调整

风电投资回报率与电价密切相关，许多人认为风电价格偏低，现在风电的上网电价需要调整。其实这种看法不完全站得住脚，2010年风电上网电价应该不会有大的调整。2009年7月国家发展改革委《关于完善风力发电上网电价政策的通知》公布了四类风能资源区的分区固定标杆电价。企业是理性的，2009年装机容量达到1200万千瓦，说明市场可以接受这个价格。当然，这个价格在审批时也留有一定余地，有些地区的风电价格不能负担企业生产成本时由地方补贴一部分，如山东的上网电价从0.61元/千瓦时升到0.7元/千瓦时，地方补贴9分钱；广东也有类似补贴政策。我一直强调，能源，尤其电，是普通消费品，不能有暴利，否则就会造成混乱。

动态来看，至少煤电的成本在逐年上升，现在煤电的平均上网电价超过了0.35元/千瓦时，2011年后涨到0.55元/千瓦时，几乎没有悬念。我个人估计，2020年以后，即使风电成本不下降，除了需要补贴电网之外，风电和常规电力的上网电价基本上可以持平了。

“国退民进”的说法不合适

认为风电价格上调是一个误区，认为风电场领域“国退民进”是另外一个误区。

大型国有电力企业在风电场建设方面是非常活跃，可是，实际上，真正的纯国有企业在下降，比如，龙源通过上市转变成股份制企业，中广核也在谋求通过市场融资。风电是一个资本密集的行业，100万千瓦的风电场大致需要80亿~100亿元投资，首批至少需要16亿~20亿元的资本金投入。同时，它又是一个以长期稳定回报为特点的微利行业。客观上，需要具有大规模资本运营能力的大企业介入，大型的国有企业、大型的民营企业机会较多，例如汉能、保利协鑫、中国风电（HK）等都做得很好。风电投资的回报率在6%~10%，一些资本实力不强，追求短期、高回报的民营资本退出也是理性之举。

财政政策要对地方有所倾斜

从风电发展来看，尽管2009年出现了很多不同的声音，比如风电装备过剩，但到了年底政策又有所转向。对风电的政策都在向好的方面转化，如新颁布的《可再生能源法修正案》对电网企业提出明确的约束性要求、新增设立可再生能源基金等措施。为包括风电、光电在内的可再生能源发电的鼓励政策提供了法律保障，避免了大的波动。

风电作为一个新兴产业受政策驱动的因素较大，在这个领域需要关注的是，由国家支持风电发展的某些政策引发的一些问题。例如，对地方来说，风电企业享受增值税减免、所得税“两免、三减半”的优惠政策造成上项目的地方 9 年没有收入，极大影响了地方政府的积极性，对风电长期发展形成潜在的危险。以甘肃为例，上千万千瓦的风电基地投产、并网发电后，除去税收优惠，地方政府几乎一无所获；风电工程对当地的就业拉动效果也相当有限；当地没有装备制造业，增值税退税亦无法惠及本地企业。

因此，国家发展改革委、国家能源局和财政部等有关部门在制定政策时应当考虑对地方的合理回报，寻求多赢，而不是只有风电场一家独赢，这样的政策才是完善的。我们的研究机构也在进行一些调研，为政策调整提供参考。例如，西班牙政府规定，包括风电在内的可再生能源发电项目的收入，3%~5%归土地所有者，由此形成一个长效的收入分配机制，使得地方在发展风电时得到适当激励。我国风电资源丰富的地区大部分都在边远落后的贫穷地区，国家在财政政策上应加以调整，才能促进风电可持续发展。

风电设备业酝酿突破

值得一提的是风电设备业，2009年9月风电设备被国务院列入产能过剩行列，国内企业核心技术掌握不足、国产风机质量亟待提升。

装备制造业的状况在今后几年会有所改善。华锐、金风、东方电气已具备相当实力，2009年均实现100%增长，全球排名有希望进入前十名，这些企业都在积极行动寻求自主技术发展，如金风收购德国VENSYS获其技术优势，华锐也在奥地利、德国寻找技术合作方和联合设计。2010年1月初国家能源局对首批16个国家能源研发（试验）中心授牌，李克强副总理出席随后召开的技术现场会，表明国家对自主技术创新的重视和支持。

从经济学的角度，气候变化是一个价值衡量问题；从国际政治的角度，气候变化是一个国际公共物品和主权问题；而从大气学的角度，则是人类生存的环境对人类的适应能力带来的挑战性问题。

如何既对参与防止全球气候变化做出不可磨灭的贡献，又尽可能减少中国经济发展因此所受到的影响，让中国在担负国际责任的形象下继续把握发展的主动权，对政府而言，是参加旷日持久的国际气候谈判必须把握的尺度。

气候变化篇

全球碳减排亟须“道德”

天则经济研究所理事长　茅于轼

目前的估算结果表明，人类每年排入大气的二氧化碳为280亿吨，是植被和土壤呼吸及海表交换排入大气的二氧化碳平均自然通量（每年总量约为5500亿吨）的5%。可自然排放可通过植被光合作用和海洋吸收等自然过程抵消，所以，在过去的几千年中，海洋、陆地生态系统等自然源排入大气的大量二氧化碳已通过光合作用和海洋吸收等自然过程清除，几乎完全达到了平衡。

但是，人类碳排放的积累破坏了这种平衡，大气中有越来越多的二氧化碳的累积。工业化之前的10000年，大气二氧化碳浓度仅在280ppm附近以几个百分点的幅度变化表明，这一时期的自然碳收支处于很好的平衡态。可是，过去几百年，二氧化碳浓度增加到380ppm，上升幅度高达31%。全球碳收支中的累积“债务”急剧增加，让此前地球大气中的平衡态不复存在。

不能拿人类的命运和前程试错

于是，我们的未来生活充满不确定性：海平面上升、灾难性气候增加、迫使动物从栖息地迁移，甚至有研究表明，气候变暖会促使疾病分布改变，传染病源将向北移动，等等，一系列问题纷沓而至。

不过，应该承认，有关气候变化，我们知道的还很有限。

例如，虽然有各种各样的计算和统计结果，但是，气温上升能带来怎样的经济损失和经济收益，我们还不清楚。气候变暖如何影响人们的就业、生活条件，是一笔糊涂账。现在我们考虑的，大多是类似马尔代夫等海平面高的国家土地要被淹没这样的负面影响。但是，气温上升带来的当然不全是坏消息。更温暖的气候会更有利于植物成长，粮食、农作物的产量可能会增加，这可以算是气候变暖带来的收益。另外，从个体的角度，类似俄罗斯这样寒冷的国家，气温上升对其有好处，就乐于见到气候变暖。

气温上升到底会带来多少经济损失，这个问题现在还搞不清楚。但为了安全起见，我们还要想办法，减少二氧化碳的排放，以免进入未知领域。气候变暖虽然无法证伪，可我们不能拿人类的命运和前程来试错。所以，全人类都要尽快行动起来，从自己的工作和生活出发，制止全球变暖向不好的方向发展。

节约能源要以节约一切资源为前提

不过，任何事情的发展都有惯性。现在有什么方法减碳呢？一种直接的方法就是碳回收，但是到目前为止，成本很高，不可能大范围推广。另一个办法是使用低碳原料，比如天然气。种树从短期看也可以减碳，但是长远看则效果欠佳，无论是被直接燃烧还是演变成化石燃料后再被燃烧，最终仍会变成大气中的碳。还有一种办法是培养海藻把二氧化碳吸收掉。但这些措施，效果都不是立竿见影，要过几十甚至上百年才能看得见。如果任由碳排放无拘无束地发展，也许有一天气候变暖会产生许多我们想象不到的恶劣后果。

这种情形下，我们亟须推出一些虽然表面上看来与气候变暖无关，可更有针对性的举措。

比方，我一直在强调，我们节约能源，也要节约一切资源。这里有两层意思，一要节约能源，有效的方式是提高能源价格或者征收碳税。二要注意寻找化石能源替代方式方面的努力是否合算，寻找这些替代方式也要花费人力、物力、财力，都是资源，如果推出的一些替代方式没有价格优势，从经济学的角度看，就是对社会整体资源的一种浪费。

社会中有很多例子可以验证这个判断。俄罗斯的能源价格远比国际市场价格低，就造成了用能的巨大浪费。前几年我国一到夏季，就拉闸限电，这和低电价导致电的供不应求很有关系。而在我国的一次能源结构中，煤炭、石油所占的比重一直居高不下，就和化石能源的替代方式成本过高有关系。

不过，要正确理解节约能源与节约一切资源的关系。节约能源是节约资源的一种表现。一切有用的资源，除非像空气那样供应无限制，都是有价值的。我们不但要节约能源、土地等，还要节约一切有价值的资源。为了节约一种资源而多用了另外一种资源，最后要看投入的资源价值是不是小于所节约的资源的价值，否则可能得不偿失。

那种认为节约就是少用一些资源的观点是不对的。其实节约是用一种不太稀缺的资源替代更为稀缺的资源。节约的真正意义是因为资源的相对价格起了变化，比如能源涨价，过去用别的资源替代能源不合算，现在能源涨价以后，替代变得合算了。靠市场和价格的力量让人们自觉节约资源，这是市场经济的方法。如果资源的价格不提高，还想叫人们节约，事实上是做不到的。因为资源的低廉价格会鼓励人们更多地使用它。我们提出提高经济增长的质量已经多年，可是收效不大，原因就在于此。我们走了计划经济节约资源的老路，为了迎合百姓，政府尽量避免资源涨价。

当然，市场经济有时候在节约资源方面也不是万能的。发展中国家在沿着西方发达国家走过的市场道路前进的时候，就出现了一些问题。大家都知道，在小汽车发展问题上，发展中国家重复了发达国家犯过的错误。汽车、汽油、道路三者同时消费，补贴其中任何一种都会导致三者的过度消费。城市用路没有价格限制，必定造成排队和拥堵，排队和拥堵又反向作用政府为开小汽车的人修路。结果是，普通纳税人出钱修路免费供应开小车的人，这不但造成环境污染严重、资源浪费，而且造成了收入分配的扭曲。

从国际贸易的角度，还可以这样理解，发达国家出口小汽车到发展中国家，强迫发展中国家的政府为用路作补贴，用发展中国家的钱来支撑本国汽车产业的发展，并且让发展中国家成为碳排放的责任承担者。

在类似的情况下，政府应该采取适当的管制措施。还是以小汽车与道路拥挤的关系为例，政府可以对经常发生堵塞的路段进行收费。

气候变暖是个道德问题

气候变暖对各个国家的后果是不同的。有的影响大，个别不但无害，可能还有好处。俄罗斯就可能会从气候变暖中获得好处，北冰洋通航后，可能会拥有繁忙的港口。现在，北冰洋已经能够部分通航。

此外，很多地方、很多人存在着“搭便车”的心理。总想着让别的地方、别的人多承担防止气候变暖的责任，自己坐享好处。这都会让国际上采取针对气候变暖的一致行动变得愈加艰难。

所以，从根本上，减少碳排放是一个基于道德的国际协议，不能从利害得失来想，否则不可能取得协议。

当然，每个人的道德观、道德标准并不一样。可以靠教育来解决这个难题。通过批评、表扬、讲道理的方法来让人们形成一种共同来制止变暖的道德观。告诉人们哪些事情不可以做，哪些人是值得学习的，哪些事情是值得提倡的。

气候变暖最终会影响到每个人。它是个小利害和大利害的问题，为了大的利害，人们在小利害上的道理讲明白了，共同制止气候变暖就会成为被大家共同接受和弘扬的道德。久而久之，制止全球变暖就成了每个人生活的一部分。

无疑，还要看到，光靠道德约束是不够的，还要同时出台旨在推动人类应对气候变暖共同行动的法律、国际间规定。

这要求各国要超越利害。对于全球气候谈判共识的达成，我们只能有两点期待：第一，政治家能够不以个人进退为出发点；第二，大国，尤其是发达国家中的大国，要更有宽容心。一个社会一定阶段内的命运基本上是政治家们谈判的结果，所以，政治家们如果以天下为己任，真为世界、真为人类的未来着想，全球就会就气候变暖达成共识，导致形成一个有利于人类长远发展的决策。当发达国家中的大国愿意以社会责任来换取自身一定程度的对改善物质生活条件的追求时，目前有关其后谈判的僵局就可以被打破。

这是对全人类都有好处的事情。

公平就是大国要更多承担责任

气候变暖对各个国家的影响不一样。在构建应对气候变暖的道德观过程中，要不同的国家承担相同的责任，就显得有些不公平。

发达国家过去排的碳太多了，这才有今天的麻烦，所以，它们要承诺更多的责任，而且也要承认过去行为的责任，才能服人。我们也看到，它们中有很多也已开始检讨其发展模式，碳排放数量在逐步减少。

可随着中国、印度等国的发展，一些经济增长较快的发展中国家，碳排放数量每年都在增加。如果不加控制，会对冲国际社会作出的减少碳排放的努力。所以，现在，当气候变暖问题变得严重的时候，大家都得想办法，穷国也需要减排。

按照各国已形成的对气候变暖的影响，发达国家要多承担责任；而按照未来的发展趋势，发展中国家不闻不问也不对。因此，我比较赞成温家宝提出的“共同但有区别的责任”。

“共同”就是国际社会应对气候变化的决心不能动摇，“区别”就是不同国家要承担不同的责任。尤其是对那些穷国来说，是可以少承担制止气候变暖的责任的。当一个人还为吃不饱肚子、穿不上衣服而发愁的时候，你让他为别人或者几代以后的人的高品质生活质量着想，这不可能，也不公平。

很多人提到低碳经济，总是宣扬其带来的就业增加、经济发展多样性等优点。实际上，经济在这种约束条件下，肯定比没有这种约束条件发展更慢。这是可以用数学来证明的，多一个约束条件，求最优解的难度就增加了。在实体经济运行过程中，目标不变，约束条件越多，就越不容易达到。以此推断，发展中国家在低碳约束下要到达发达国家的经济发展程度，面临的挑战更大。低碳条件下，经济发展会受到影响，这是不容置疑的。发展中国家参与应对气候变暖，人力、物力、财力、智力都不如发达国家，抵御气候变暖的能力也不行，离不开发达国家的帮助。

因此，我主张发达国家在提供应对气候变暖这个全球性公共物品问题上，要多承担些责任。比方，减排的技术和专利，诸如风力透平（透平又称为涡轮，是将流体介质中蕴有的能量转换成机械功的机器）、清洁用煤、煤层气开发等，多是由发达国家拥有技术和专利，发展中国家使用这些技术和专利时，发达国家可以考虑免费提供，或者如果不能免费，也要由国际机构提供资助。发达国家从资金上也要帮助发展中国家的碳排放工作。

很自然，这不意味着发展中国家可以回避责任。发展中国家要力所能及地承担应对气候变暖的国际责任，更要想尽办法谋求发展，提高承担减排责任的能力。

重视但不夸大气候变暖问题

需要着重提及的一点是，我不建议我们过多宣扬气候变暖的恶劣后果。

制止气候变暖是人类必须面对的问题，可是不像一些人说的那么可怕。我曾经以中国为例计算过海平面上升造成的经济后果。中国的海岸线18000公里长，如果海平面上升1米，修1米长的堤坝需要花费1000元钱，18000公里需要180亿元。

180亿元是多少钱呢？苏州市2007年一天的税收就是1亿多元，半年180天，苏州市半年的税收可以修这样一个海堤。海平面上升1米要用好几百年，只用一个城市半年的税收就足以抵挡几百年才会积累起来的问题，海平面上升应该不是一件了不起的事情。无疑，海平面一上升，河流、湖泊，都需要修，花费会更多。我的这个例子，主要是想给大家一个大概的印象，这个问题的严重程度到底怎么样。

从这个意义上，气候变暖不是人类面对的唯一重要的问题，不是人类面对的最紧迫的难题，更不是唯一紧迫的难题。

人类面对的很多难题，如战争、恐怖主义、贫穷等，都要比气候变暖来得更急迫。核战争随时都可以把人类摧毁。你想想，把精力消耗在人与人之间的斗争上，产生矛盾然后再为了矛盾互相斗，这对人类的发展是多大的损失？我觉得，各国更需要尽快在防止使用大规模杀伤武器，对抗恐怖主义方面达成富有成效的协议。

我们应该投入多大的力气减少气温上升，取决于气温上升的边际损失和降低气温上升所花费的边际成本。全球要实现一定量的减排，根据成本最低的方案，必须使减排的边际成本达到一致。经济学家们可以以这一原则规定一个标准，用这个标准衡量一个国家或地区的碳该不该减，该减多少，然后，以此标准推动国际间碳交易市场的形成，发达国家通过购买发展中国家的碳排放量降低排放，因为后者减排的边际成本一般相对较低。可惜的是，此政策虽然在一定范围内付诸实施了，可基于各国法律上的障碍，效果尚不明显。

应对气候变暖：中国不逊于发达国家

国家气候变化专家委员会副主任、清华大学低碳能源实验室主任　何建坤

胡锦涛主席在联合国气候变化峰会上表示，我国到2020年单位GDP二氧化碳排放比2005年有显著下降。这反映了我国应对气候变化的努力和诚意。但是，中国以怎样的姿态参与全球防止气候变暖的努力并且做出应该的贡献，如何才能够处理好碳减排和经济发展之间的矛盾，显然都是需要回答的问题。

“相对减排”适合国情

应对全球变暖的核心是减少二氧化碳的排放。发达国家和发展国家要遵从“共同但有区别的责任”原则，这是国际社会达成的共识。这个共识能达成的原因众所周知：第一，二氧化碳的过度排放主要是由发达国家造成的，应承担历史责任；第二，发展中国家的首要任务是消除贫困和实现可持续发展，还无力像发达国家那样去减排二氧化碳。因此，发达国家和发展中国家在应对气候变化中的责任和义务是不同的。这也是哥本哈根气候谈判会议上必须坚持的原则。

中国是发展中大国，在保障经济社会持续、较快发展的同时，努力减缓二氧化碳排放的增速。由于中国处于快速工业化、城市化发展阶段，在相当一段时期内能源消费和相应二氧化碳的排放仍会有合理增长，这是世界大多数国家发展过程中所呈现的共同规律。同时我国大力推进节能减排、优化能源结构，努力减缓二氧化碳排放的增速。我国所做的不是绝对减少排放，而是在经济增长过程中，尽量减缓二氧化碳排放的增长速度，是相对减排。因此，我国用单位GDP二氧化碳强度下降目标来衡量我国减缓碳排放的效果，也就是说单位GDP二氧化碳的强度下降幅度越大，减缓碳排放的效果就越好。

我国碳排放强度下降很快

我国要实现GDP的二氧化碳强度显著下降的目标，意味着既要保持GDP较快增长，又要减缓二氧化碳排放的增长速度，这需要采取多方面措施并付出巨大努力。

实际上，我国单位GDP二氧化碳强度下降速度是很快的，1990~2005年的15年间，我国单位GDP二氧化碳的强度下降了47%，同期世界平均下降幅度只有14%，发达国家也只下降了26%。因此，用单位GDP二氧化碳强度的下降幅度来观察分析碳减排的效果，我国的努力和成就不逊于任何发达国家。

“十一五”期间，我国制定了单位GDP能源强度下降20%左右的目标，到2008年底，已下降10.1%，相应GDP的二氧化碳强度下降11.8%。从目前的发展趋势看，“十一五”期间GDP的二氧化碳强度可比2005年下降20%。这样的成效是世界上少有的。为实现这个目标，我国采取了一系列措施，包括大力推进节能、提高能源效率，比如淘汰落后的高能耗高排放产能，从2006年到2009上半年，我国用三年半的时间淘汰了单机容量10万千瓦以下火电站机组共5400多万千瓦，这相当于英国电力总装机容量的70%。世界上任何一个国家都不可能用这么大的力度来淘汰落后的高排放产能。同时我国大力发展新能源和可再生能源，优化能源结构，核能和可再生能源供应量从2005年到2008年增长了60%，占一次能源的比重由7.1%提高到8.9%，发展速度之快也是世界罕见。

总体而言，我国在“十一五”期间大力推进节能减排，优化能源结构，减缓二氧化碳排放，无论是在政策支持的力度上，还是实际行动上都取得了很大的成效，我国的努力和成效也越来越受到国际社会认可和赞扬。有些外国人指责中国，是因为他们对中国所做的努力不够了解，也不了解中国的国情。所以，我国在对外宣传上也要加强这方面的工作。

发达国家的二氧化碳排放有2/3是在消费领域产生的，他们目前的人均碳排放水平已经很高，平均每人每年有10吨以上。我国作为发展中国家，70%以上的二氧化碳排放产生在生产领域，这就意味着我国有大量的基础设施建设和城市化过程所产生的碳，这是人类发展和实现现代化必不可少的积累。从根本上说，发达国家要减少的是消费领域中的碳排放，而且他们具备了比较高的经济社会发展水平，有条件在维持经济稳定的情况下减少碳排放。而我国是要控制和引导发展中的碳排放。反映到具体的指标上，发达国家要承担具体量化的减排义务，绝对碳排放总量要减少，而发展中国家是减缓碳排放的增长速度，是GDP二氧化碳强度不断下降的相对减排，要不断提高发展过程中二氧化碳排放产生的经济效益。

碳排放和经济发展之间的矛盾如何破解

要协调发展与减排的关系，就只有加强技术创新，转变发展方式，走低碳发展的道路。发展低碳经济就是协调、解决我国经济发展和减缓二氧化碳排放之间矛盾的根本途径。发展低碳经济，应该强调发展路径和发展方式，而不是一种马上可以实现的社会形态。因此，更要倡导“低碳发展”。具体而言就是：第一，节约能源，提高能源效率；第二，发展新能源、可再生能源，改善能源结构；第三，改变消费方式，降低最终能源需求；第四，转变经济发展方式和产业结构，促进产业升级和向产业链高端发展。总之，要实现以低碳为重要特征的可持续发展。

我国近几年在能源技术方面发展很快，掌握了很多新技术，比如超超临界发电机组发展建设非常快，这是世界上哪个国家也无法相比的。当然，有一些先进的能源技术，我国还没有掌握核心技术，需要通过引进和再创新，来掌握这些技术。我国在能源工业技术的发展还是有非常好的基础，在世界低碳发展的形势下只要抓住机会，就会在先进能源技术创新上取得发展和突破。我国现在的能源工业体系和技术是能够支撑发展低碳经济的。

到2050年，发达国家按照他们拟定的目标就要削减80%的碳排放。我国在2050年可能还做不到像发达国家那样，但我国2050年的GDP比现在要增加10倍左右，但我国届时的二氧化碳排放可能仅比目前增长1倍左右，或者排放已开始从峰值下降。所以，我国必须从现在开始去做，努力向低碳经济转型。最终实现近零排放，需要几十年、上百年时间和几代人的努力。

气候谈判不存在“G2”

我国和发达国家所处的经济发展阶段不同，在应对气候变化领域有不同的责任与义务。气候变化谈判是一个多边议程，要以联合国气候变化框架公约为指导，由缔约方大会决定。任何双边或者任何国家集团都不可能主宰气候变化谈判的进程。美国和中国分别是碳排放量最大的发达国家和发展中国家，美中之间的交流、理解和合作有助于促进应对气候变化的进程。

美中两国都应该在联合国框架下的谈判中发挥积极的建设性作用，遵循《公约》的原则，承担各自应承担的责任和义务。在气候变化领域既不存在“G2”，也不存在任何一个国家或者国家集团能够主宰气候变化谈判，都必须要在联合国有关气候变化公约框架下，在所有的缔约方共同参与的情况下进行。

碳关税是新形势下的贸易保护主义

目前，包括北欧国家在内的一些发达国家都在征收碳税。我国财政部也在研究。但碳税是一种国内政策，任何国家针对各自的国情，都可以采取不同的碳税政策，不受任何国际因素的制约，是一种推进向低碳社会发展的政策工具。如何制定和实行，甚至不实行碳税而采用其他政策手段，都是完全根据国情而定。但需要说明的是，有些发达国家由于国内实行碳税政策，为保护本国企业的竞争力，扬言要对来自发展中国家的进口产品征收碳关税，这是新形势下的贸易保护主义，而且不利于全球合作应对气候变化，是广大发展中国家坚决反对的。

"寒带南移"、"南旱北涝"或现中国

中国科学院广州地球化学研究所研究员　匡耀求

最近两年，针对关于全球变暖导致导致"热带北移"的观点，我提出过全球变暖还会导致"寒带南移"以及中国"南涝北旱"的气候格局有可能会因全球变暖而转变为"南旱北涝"格局等观点，引起了社会上的关注。但是，这两个仅为表述简洁而提出的说法在被媒体报道的时候有些片面，所以，应《能源评论》之邀，在此撰文加以论述，并且尝试从地球气候系统的物理机制，分析全球变暖如何影响气候变化以及我们该怎样应对。

正确理解全球变暖

受地球温室效应持续增强的影响，虽然总体结果是地球表面平均气温升高，但全球变暖的表现并非只是暖冬或者夏季更炎热这样简单。

太阳辐射在地球表面的分布从时间和空间上看都是不均匀的。对同一个地方而言，白天和晚上不一样，四季分布也不一样。对于相同的时间段而言，不同的纬度地带和高度地带接受的太阳辐射也相差极大。

同时，大气系统下层直接接触的地球表面并不相同，有岩石、土壤、水体和植被等，其不同性质决定了吸收太阳辐射的能力和散发热量的方式也不相同。

这种热量分布的空间不均匀性以及地球表面的差异，使得地球表层大气在不同区域面对的温度环境很不一样。地球表面温度较高的区域，大气被加热而膨胀，因密度减少产生上升气流，出现湿、热的低压天气系统；而地球表面温度较低的区域，大气被冷却而收缩，因密度增加而形成下沉气流，出现干、冷的高压天气系统。上升气流与下沉气流在空间上的对接，形成了各种规模不同的大气环流。

气流上升的区域，其地面的天气会很热。但随着气流的上升，气流本身的温度会下降，一般来说，每上升1000米，气温就会下降6摄氏度左右。当气流上升到一定高度的时候，其中所含的水蒸气会冷凝形成降雨或者降雪，形成下沉气流。而遭遇到下沉气流的区域，高空的冷空气不断往下俯冲，当地天气就会变得更冷。

只要地球表面的总体格局不发生改变，大气温室效应强度不发生改变，太阳辐射强度不发生改变，地球的气候系统就会保持相对稳定，虽季节分明，但变化温和。

但温室效应的增强使得地球大气系统热能留存总量增加。这导致大气运动比原来要剧烈得多。

开车的人都知道，一部汽车的发动机和汽车所有的零部件是一个整体系统。如果你把某部排气量为1.8升汽车的发动机换成了排气量为2.4升的发动机，可相应的零部件没有更换，这部汽车虽然动力性能增强了，但是其可控性就明显减弱。地球的气候系统在遭遇全球变暖时就如同汽车发动机的动力得到加强时一样，其稳定性也大大减弱，因此，随着全球变暖的加剧，极端气候事件的出现就越来越频繁。

工业化社会以前，大气中的二氧化碳浓度长期保持在280ppm左右，地表散射到宇宙空间的热量与吸收的太阳辐射转化的热量基本保持平衡，地球表面的平均温度长期维持在15℃左右，地球长期演化形成的地球表层系统保持着一种动态的热量平衡状态。在这样一个系统中孕育出了目前我们人类赖以生存和发展的地表生态系统。

然而，工业化社会以来，这种情况发生了改变。随着人类大规模生产活动的展开以及对煤炭、石油、天然气等化石能源的大量使用，人类活动产生的热能增加并且大量排放温室气体，使地球大气中温室气体浓度逐年增加。据英国《卫报》报道，到2009年全球大气二氧化碳平均浓度已达387ppm，温室效应显著增强。

同时，太阳对地球的辐射条件基本不变，地球表层吸收的太阳辐射能量也没有大的变化，在地表向外层空间散发热量的过程受到温室气体阻碍的情况下，蓄积在地球表层大气系统中的能量越来越多。

因此，全球变暖的准确表述应该是蓄积在地球表层大气系统中的能量增加。

需要特别指出的是，温室效应对南北半球的影响是不同的。南半球多是海洋，北半球多为陆地，在同样遭受太阳辐射后，以陆地为主的北半球，其地表温度比以海洋为主的南半球明显要高一些。再加上工业排放的二氧化碳多为北半球国家制造，二氧化碳浓度明显高于南半球，这导致北半球的温室效应要比南半球强很多。

这种南北半球温室效应的差异，反过来又会加剧南北半球地面的温度反差，进而加剧全球尺度的大气环流活动，使气候变化的表现更为剧烈。

是冬季更冷，而非“暖冬”

了解了大气的热胀冷缩特性和温室效应在地表不同区域的表现之后，我们就可以比较容易理解所谓“寒带南移”是怎么回事了。

“寒带南移”只是一个简化的说法，主要针对一些学者提出所谓“热带北移”观点来说的。

在2007年12月于印度尼西亚巴厘岛召开的气候变化全球会议上，一些学者提出了气候变化使热带北移，暖冬越来越多的观点，并认为当时刚刚进入的那个冬季，我们将面临一个更暖的冬天。我认为这个观点不全面，而且气候变化的很多迹象表明那个冬季可能会异常寒冷。人们应该对这个即将到来的寒冬有所准备。因此，我通过媒体讲述了我的观点，希望人们作好迎接寒冬的准备，我用“寒带南移”这样的字眼来突出“热带北移”观点的片面性。

通过前面的分析，我们可知，在温室效应增强的区域，气温可能会升高。但是由于地球上同一区域接受太阳辐射的强弱存在显著的季节变化，即使在大气温室气体浓度相同的情况下，同一区域在不同季节的增温效果也大不相同。

在夏季，太阳主要照射北半球，全球变暖使北半球的增温幅度更大，因此，在夏季出现热带北移是可能的；但是，在冬季，太阳主要照射南半球，缺乏太阳辐射的北半球，尤其是北半球的高纬度地区，基本上没有太阳辐射的能量输入，即使温室气体浓度再高也不可能增温。相反，虽然南半球的大气中温室气体的浓度比北半球稍低，但是毕竟温室气体的浓度比过去升高了很多，由于冬季太阳主要照射南半球，南半球的地表就会出现相对过去而言非常明显的增温。南半球地表的增温必然使南半球的大气膨胀，结果必然对北半球的大气产生压缩，促使冬季北半球的高压天气系统出现的频率增加，气压增强，结果是冷空气活动的范围和强度均明显增大，给人们的感觉就是冬季更冷，寒冷的范围更大，按气候学的说法就是寒带南移。

1993年以来我国南方冬季气候的异常变化就是这种寒带南移的具体表现。一个明显的标志是，目前我国冬季降雪的范围已经跨越了南岭。而在往常，降雪在长江以南都不经常出现，至于南岭以南，人们在冬季最冷的时候也只要穿两三件衣服就可以了。可是，20世纪90年代以来，情况就变得明显不同了。1993年冬季，受强寒潮的影响，珠江三角洲地区不但出现了大面积的鱼类、香蕉、芭蕉冻死现象，而且还冻死了人。这和当时住房的保暖性能不好、没有足够的防寒衣服和被褥储备、大部分家庭的空调没有制热功能等有很大关系。2008年初的南方雪灾，损失更严重，交通瘫痪、电网中断，甚至很多地方性植物物种都出现了大范围冻死的情况，这是寒带南移的典型标志。

当然，气候变化在夏天的表现确实像“热带北移”。以前，欧洲基本上没有高温天气的。可是，现在每逢夏天，莫斯科的温度超过30摄氏度的炎热天气并不罕见，亚温带和温带的气候差不多了。

所以，确切地说，气候变化的一个明显后果是，夏天“热带北移”，冬天“寒带南移”。气温的变化幅度和变动的范围都加大了。

“南涝北旱”将变成“南旱北涝”

中国的气候格局从“南涝北旱”向“南旱北涝”演变，是气候变暖的另外一种表现。

影响我国气候的水汽主要是由来自西太平洋和南海的东南季风以及来自印度洋的西南季风带来的暖湿气流。

印度洋的北面是陆地，只有从红海通过一条狭窄的苏伊士运河往北与地中海相通。北印度洋接收的太阳辐射热量通过洋流的形式往北冰洋扩散几乎不可能。这种热量收支不平衡的状况使得印度洋北部大气系统影响的陆地区域气温比同纬度地区要高3℃~5℃。热量的蓄积促进了印度洋海面的水汽蒸发，在印度洋上空的水汽就要向四周扩散迁移，而非洲北部大陆和阿拉伯半岛由于来自地球内部的热流非常低而形成的热力洼地（地面温度明显低于周边区域的大气下垫面称为“热力洼地”），使得这些区域长期被下沉气流控制而使得印度洋上空的暖湿气流难以进入，因此来自印度洋的暖湿气流就形成西南季风往东北经孟加拉国和印度东北部跨越横断山脉进入中国西南地区、四川盆地，而从四川盆地则又顺着长江流域进入江淮地区。

来自西太平洋和南海的水汽则由南往北或由东南往西北迁移，形成东南季风。离暖湿气流源地最近的区域是东南沿海的广东和福建，所以这也是中国降雨量最多的地区，年平均降水量接近2000毫米。长江流域虽然离暖湿气流的源地有一定距离，但是位于西南季风和东南季风两股暖湿气流共同作用的区域，所以长江流域的降水量也不少，年平均降水量在1000~1300毫米。而到了北边的黄河流域和华北平原，由于受到暖湿气流的影响已经非常有限了，年平均降水量通常在500~800毫米。

所以我国的降水分布，基本上是“南涝北旱”的格局，南方的长江、珠江流域水量大，十年九涝，而黄河流域水量少，十年九旱。不过，由于气候变暖对南极大陆的影响，原来这种我们习以为常的格局可能会发生改变。

南极大陆本来就很少有太阳辐射能够光顾，由于常年被冰层覆盖，射入的少量阳光也被反射回了太空，因此温室效应增强对南极大陆几乎不会产生增温效果。

但是，在全球变暖之后，温室效应的增强会对南极大陆周围的海域产生一定的增温效果。周围海面大气温度的升高会使南极大陆整体作为一个大的热力洼地的特性得到增强，因而在南极洲极地形成的下沉气流更为强烈。在强烈的下沉气流作用下，环南极大陆周边的表层海水蒸发加快，由于被蒸发的水汽为纯淡水，因此剩余在海面的表层海水盐度增加，温度下降，其密度增大，这种温度为1℃左右、具有高盐度的高密度海水会在重力作用下下沉，形成南极底流，在洋底向大洋深处流动。

尽管太平洋、印度洋和大西洋均延伸到了南极大陆边缘，然而，各个大洋洋底的地形又限制了南极底流的活动空间。由于大西洋的洋中脊为南北向海底山脉，印度洋的洋中脊为东西向海底山脉，太平洋为北东向海底山脉。因此，南极底流在大西洋海底可以长驱直入向北往洋底最深处流动；在印度洋洋底的流动却会碰到东西向的洋中脊的阻碍而难以进入北印度洋；而在太平洋有多条海沟引导南极底流进入中太平洋最深处。

中太平洋底部海水深度超过5000米，温度为1~3℃，长期与大气的隔绝以及下沉的海洋动物尸体的分解需要消耗有限的氧，使得海底沉积环境长期为还原状态。而从南极大陆周围海面表层海水下沉形成的南极底流是含氧海水，遇到这样的还原环境时，含氧海水的氧与含碳的有机质反应，就会生成二氧化碳，随着洋底水体中二氧化碳分压的增大，二氧化碳就会以气泡的形式往上冒。

二氧化碳气泡上冒过程中会将洋底的部分冷海水带到海面，形成上涌洋流，从而降低海面温度。在靠近赤道的太平洋海域，正常海面温度在28℃左右，而这样的上涌洋流发育区域海面温度可以下降到24℃左右。太平洋洋面温度降低，会减少水汽的蒸发并进而削弱来自太平洋的东南季风。

因此，全球变暖的结果就是，来自印度洋的西南季风给中国带来的水汽将会更多，而来自太平洋的东南季风带来的水汽将会大大减少。与此相对应的是，受来自印度洋的西南季风影响的中国长江流域及其以北区域降水量势必增加；而主要受东南季风影响的珠江流域降水量可能会显著减少。

再考虑到中国珠江三角洲、长江三角洲、京津唐地区等经济发达地区的温室气体排放强度比较大，其中又尤以珠三角地区为甚。珠三角地区三面环山，只有一个珠江出口，封闭的盆地环境会加剧温室效应。与之相比，长三角地区和京津唐，虽然排放的二氧化碳也多，但大气环境是全开放的，排放出来的二氧化碳能够迅速扩散，温室效应的增强不像珠三角地区这么明显。可以预计，随着全球变暖的加剧，中国的气候会将发生翻天覆地的变化。黄土高原的水土流失将在暴雨冲击下加剧，造成本来含沙量已很高的黄河出现更严重的淤积，暴雨频率的上升和洪峰水位的提高将增加黄河决堤的危险。而因为来自太平洋的水汽输送深受气候变暖的影响，珠江流域降水量将大大降低，加之气温升高，可能会经常出现干旱局面。

气候变化正在塑造21世纪的国际政治

北京大学国际组织研究中心主任　张海滨

可以说，气候变化议题已牢牢地占据着当今国际政治议程上的核心位置。联合国秘书长潘基文将应对金融危机、气候危机和核不扩散问题列为当前国际社会面临的三大挑战。从当今国际关系的实践来看，气候变化议题已赫然成为各种多边外交和双边外交讨论最多的话题。今年的哥本哈根气候大会甚至被称为第二次世界大战以来最重要的国际会议。超过115个国家的元首和政府首脑齐聚哥本哈根，挑灯夜战，直接参与谈判，规模之大，层级之高，创下联合国多边谈判的新纪录，凸显国际社会对气候变化问题的高度关注。总之，气候变化议题在很大程度上将定义21世纪上半叶国际政治的内涵。

重绘国际政治版图

气候变化的一个直接后果就是海平面的上升。海平面的上升将对世界上近50个低海拔的小岛屿国家构成直接的生存威胁，导致这些国家从世界政治版图上消失。这一前景已经引起小岛屿国家的极度不安。哥本哈根会议上小岛屿国家代表泪洒会场，令人动容。历史上我们经常见到一个国家在战争中消亡，但一个个国家被海水所灭，却是前所未有。2008年11月，马尔代夫新当选总统穆罕默德·纳希德（Mohamed Nasheed）对外宣布，他将开始从每年10多亿美元的旅游收入中拨出一部分，纳入一笔“主权财富基金”，用来购买新国土，一旦海平面上升加剧，为马尔代夫举国搬迁做好准备。消息一出，舆论哗然。其实，这并非创举。早在2001年，图瓦卢政府就已正式向澳大利亚和新西兰提出举国搬迁至两国的申请。

严重威胁国际安全

近年来，气候变化和环境退化对国际安全的影响受到国际社会的重视。2007年4月17日，联合国安理会举行专题会议，就能源、安全和气候变化之间的关系问题进行公开辩论。联合国秘书长潘基文强调，能源和气候变化的问题会对国际和平与安全带来影响。他呼吁国际社会尽早就气候变化问题采取行动。这是安理会历史上第一次讨论气候变化问题，意义深远。

由于全球气候变暖的影响，北极冰川开始加速融化。由此引发有关北极航道和水下资源问题的新一轮激烈的国际竞争。据报道，全世界1/4的石油和天然气蕴藏在北极地区的海底，此外，那里还蕴藏着锡、锰、金、镍、铅和白金。随着冰层的融化，将为开发北极大陆架和开采这些宝贵的矿产资源提供新的可能性。2007年7月9日，加拿大政府宣布将加强在北极地区的军事存在，向西北航道的北极水域派出6到8艘巡逻舰，并将在当地修建一个深水港，以捍卫加拿大在此区域的领土主权。2007年8月2日，俄罗斯在北极海底立下一面钛合金国旗，宣誓对北极的主权。俄罗斯此举引起加拿大和美国的不满。8月6日，美国海岸警卫队派出“希利”号重型破冰船从西雅图港起锚，驶往北极海域。美国国会也加紧审议拨款一亿美元维护海岸警卫队的三艘破冰船，并准备再造两艘重型破冰船。8月7日，加拿大在北极地区展开为期十天的军事演习，加总理哈珀亲临助阵，并随后宣布一系列开发北极新计划。加军方欲斥资七十多亿美元建造八艘巡逻舰艇，“以更好地保护加对北极地区的主权”。丹麦方面则宣称，北极非丹莫属，因为“北极点与格陵兰岛最为接近”。北极争夺战愈演愈烈，成为气候变化影响国际安全的生动例证。

国际关系格局大调整

与历史上其他所有的环境问题不同，气候变化问题的渗透性极强，与一国尤其是大国的发展空间、能源结构、经济结构以及经济增长方式和消费方式的关系空前密切。应对气候变化必然要求对传统的能源结构、经济发展模式和消费方式进行彻底变革，事关国家切身利益。新的能源和技术革命正呼之欲出。谁能占得先机，谁就将处于领先地位，国际格局则随之面临新一轮的洗牌。简而言之，对这场变革应对的快慢和成败将重排国家座次。正因如此，胡锦涛主席强调："妥善应对气候变化，事关我国经济社会发展全局和人民群众切身利益，事关国家根本利益。"大国之间在国际气候变化谈判中的博弈也因此异常激烈。与此同时，全球气候变暖的加剧将使未来国际竞争的核心发生位移，从争夺对世界的统治转向拯救地球。谁能拯救地球，谁将拥有最大的国际影响力。

新形势下中国参与全球气候变化问题谈判的策略

招商银行总行　韦倩

气候是人类赖以生存的自然环境的一个重要部分，气候变化会对人类产生重要影响。过去一百多年来的工业文明，使人类拥有影响气候的能力，工业革命以来大量排放的温室气体增强了地球的温室效应。目前，全球变暖问题已经超越国界，深刻影响着全人类的生存和发展，是各国共同面临的重大挑战。近三十年来，气候变化越来越引起国际社会的关注，世界各国纷纷采取行动，积极应对气候变化。气候变化问题目前已经成为国际合作的重要内容，联合国、G8峰会、上海合作组织、亚太经济合作组织（APEC）等均把气候合作作为重要议题。在这些合作过程中，一些具有历史意义的公约和议定书的出台，让我们看到了全世界人民应对气候变化的决心。

但是，由于大气资源具有典型的公共物品特征，在温室气体减排过程中，全球共同享用温室气体减排的福利，而却需要自己负担减排的巨额经济成本，因此，应对全球气候变化问题的国际合作进展并不顺利。从1992年在巴西里约热内卢150多个国家制定《联合国气候变化框架公约》到最近在哥本哈根举行的第15次缔约方大会（COP15），国际社会关于全球气候变化问题的谈判与协作已经进行18年的时间，但是，歌本哈根会议依然“未能达成真正有效的气候拯救方案”。可以预见，哥本哈根之后的气候变化谈判将更为复杂、更为艰巨，中国在日后谈判中如何应对就成为一个非常重要的问题。

力促国际合作的制度设计

从理论上讲，下列措施可以增进应对全球气候变化问题方面的国际合作：

第一，分阶段实施。博弈理论表明，当重复互动的概率足够大且折扣率足够低的时候，即使存在短期欺骗的动机，自利主义者们也会形成一个完全合作的均衡。合作方在未来撤回合作的威胁使得经济主体为了长期利益而不得不抑制自己的欺诈或不合作行为，因此，在重复交易中，合作并非背叛就有可能成为一个稳定的演化结果。可见，合作的基础并非真正的信任，而是关系的持续性。因此，采取一定的措施适当地延长合作各方交互行为的持续性可以在一定程度上增进合作。在实践中，分解是一个广泛使用的原则，即把问题分解成若干小的步骤，从而使双方有更多次的相遇。例如：苏联和美国在消减核武器方面的合作就采取多阶段实施的方式，这使得当前步的背叛对于整个未来的接触过程来说不是那么有诱惑力；商人喜欢一个大订单分别按每次发货时间付款，而不愿等到最后付总账。同样，应对气候变化问题的国际间的合作也可以采取这种分解的形式，首先制定一个远期合作目标，然后把这些目标分解成若干个小的目标，然后逐步实现这些目标。在应对气候变化问题上，在这方面有着一定的教训，《京都议定书》虽然明确规定了发达国家至2012年第一承诺期的减排指标，但没能细化目标实现的步骤，使得实际执行情况是不少发达国家的排放不减反增，距离《京都议定书》目标甚远。

第二，全等的制度安排。所谓全等的制度是指收益分配与付出成本相匹配的制度。田野调查的证据显示，全等的制度安排成为维持群体合作的一个基本必要条件。Bardhan曾运用印度泰米尔纳德邦6个地区48条灌溉系统的数据，通过实证分析发现，实行合作成本的分担与成员拥有的土地成比例的分配制度，要比平均分担合作成本的制度更能促进灌溉系统的维护。Dayton-Johnson也曾对墨西哥瓜纳华托州的灌溉系统进行了实证研究，发现公平的分配制度是水渠维护状况的最重要的决定因素。因此，在应对气候变化的国际合作中必须坚持的一个原则就是“谁排放，谁付费”。《联合国气候变化框架公约》坚持的“共同但有区别的责任”原则符合公平原则，有利于国际间应对气候变化问题的合作。在过去一百多年里，美国人口仅占全球人口的3%至4%，而排放的二氧化碳却占全球排放量的25%以上，为全球温室气体排放量最大的国家，因此，美国必须为气候变化承担最大的责任。

第三，改变收益值。惩罚与奖励机制的运用会使合作的净收益超过背叛的净收益，从而合作对于双方来说都是最好的选择。2009年诺贝尔经济学奖获得者Ostrom女士认为，惩罚机制可以提高群体的合作，事前就应当建立可信的对违规者的制裁机制，并且惩罚行为应当公开。Fehr和Gächter基于一个群体规模固定为4人的10轮公共物品博弈实验发现惩罚机制在维持群体的合作中具有重要的作用，他们发现，当允许实施有代价的惩罚机制时，合作不会最终崩溃；而在惩罚不被允许的时候，随着博弈的进行，同一批的受试者最终面临合作恶化的局面。当然，惩罚或制裁有许多方式。正规的制裁方式包括罚款、法律施加约束等；非正规的制裁方式包括流言蜚语和社会排斥等。非正规的惩罚对于维持群体成员之间的合作也具有重要的作用。Masclet等人通过实验发现，非货币的制裁，比如成员被允许去分配反对点的话，这不会降低他们或者接受者的货币支付，但是却可以增进合作。在初始阶段，非货币制裁和货币制裁差不多可以提高相同的捐献，但是随着实验的展开，货币形式的制裁比非货币形式的制裁导致了更高的捐献率。他们还发现，当非货币的惩罚机制可以利用的时候，伙伴情景要比陌生人情景下的捐献更高。与惩罚机制相似，奖励机制也可以维持群体的合作，但是奖励机制的作用可能稍差一些。Andreoni等人以一个简单的最后通牒博弈作为实验分析框架，通过设置四种环境：只具有惩罚机制、只具有奖励机制、二者同时具有和二者都没有，分别检验了惩罚机制和奖励机制以及二者同时具有的效应，发现在维持群体合作方面，奖励机制的作用要比惩罚机制小，而当奖励和惩罚的措施联合使用的话，可以维持更高的合作。Sefton等人通过公共物品实验也得出了相似的结论，发现奖励机制和惩罚机制的联合使用可以导致最慷慨的公共物品贡献。因此，在应对气候变化问题的国际合作上应充分使用激励与惩罚机制，对没有达到排放标准的国家要严厉制裁，比如征收高关税，同时对采取良好措施的国家给予鼓励，比如给予植树造林者或不乱砍伐森林者现金补偿等。

第四，良好的沟通与交流机制。许多研究表明，如果在博弈开始时允许成员之间进行沟通，那么合作程度就会提高，并且当博弈的每一轮都允许沟通的话，合作程度会提高的更快。在沟通机制存在的情况下，群体成员就会利用这个机会去交换信息来估算最优的群体策略，并对能够获得这种最优结果的制度达成一致同意。Cardenas安排了一个八人群体共同使用相同森林的重复博弈实验。这是一个典型的个体理性和集体理性相冲突的环境。实验分为两个阶段：在第一个阶段中成员不允许沟通；而在第二阶段成员被允许在每一轮博弈开始时有5分钟的面对面的沟通机制。实验结果发现，在引入面对面的沟通机制之后，群体成员每轮的平均投入时间有显著的降低，可见，沟通机制可以提高群体的合作程度。目前，针对气候变化问题已经构建了许多有价值的各层级的沟通与交流平台，比如联合国、G8峰会、上海合作组织、亚太经济合作组织（APEC）、大城市气候联盟等。这些都是非常好的现象，对于合作的达成起到重要的推动作用。

第五，促进公众环保意识的提高。一个促进合作的最好方法就是教育人们关心他人的利益。毫无疑问，在一个关心他人的社会里，即使遇到“囚徒困境”，成员之间也很容易达成合作。而激发人们亲社会行为的最好方法就是规范的内化。内化意味着当违背内心已经形成规范时，虽然直接的物质利益可能为正，但是在心理上会遭受痛苦。在整个人类社会中规范内化的现象无疑非常普遍，无论在日常生活还是在实验中，我们都可以观察到人们会比他们应有的行为表现出更多的绅士风度。无疑，当人们去内化一种规范的时候，它在人群中的发生率要比人们仅仅为了自己的利益才会去做时高得多。因此，我们必须加强人们的环保意识，把环保意识内化到人的内心中。

中国该选择什么

中国目前已经成为仅次于美国的第二大排放国，在未来几年排放量有可能会超过美国，因此，自然要承受欧盟等其他国家的减排压力，完全奢望不承担减排的责任是不可能的，因此，必须要加强自身修炼，争取将减排对经济的副作用降至最低。要调整产业结构，遏制高耗能、高排放行业过快增长，淘汰落后生产能力；要优化能源结构，大力发展可再生能源，加强水能、核能、石油、天然气、风能和太阳能的开发和利用，加快优质清洁能源的快速发展；继续实施植树造林、退耕还林还草、天然林资源保护、农田基本建设、自然保护区建设等重点工程和政策措施，进一步增强林业作为温室气体吸收汇的能力。

但在自身减排问题的谈判中，应当采取更灵活的策略。哥本哈根会议上，中国政府重申了自己雄心勃勃的减排计划：到2020年，单位GDP二氧化碳排放比2005年下降40%~45%，且减排目标不附加任何条件，不与任何国家的减排目标挂钩。这显示了一个负责任大国的风范。但由于承诺太僵硬，不具有弹性，仍然引发了一些西方国家的发难。当美国提出自己的资金援助方案后，由于中国在减排目标之外没有宣布新政策，欧盟一些国家就把矛头转向了中国。由此看来，中国在气候谈判上应调整策略，可以多宣传自己在节能减排方面的努力以及国内面临的经济压力，另外也要多宣传一些在其他国家比如援助非洲的工作。

此外，在谈判中必须坚持《框架公约》和《京都议定书》中确认的“共同但有区别的责任”的原则。不能割断历史谈责任，发达国家在过去200年间利用了全球超过80%的排放空间，这是由发展中国家免费提供的，因此，要求发展中国家承担与发达国家相同的责任不公平。中国坚持“共同但有区别的责任”既有理又有利，中国本身属于发展中国家，并且这种要求还可以得到广大其他发展中国家的支持。对持不同立场的国家，中国必须要给予义正辞严的回击，并可以在其他层面上给予一定奖励或惩罚以引导其改变立场。

全球气候变化问题的国际谈判非常复杂，指望在某个会议上一次达成协议是不现实的，因此，不能对哥本哈根会议期望过高。只有采取几个主要排放国先达成一致、再与其他国家进行协调的途径，才可能达成目的，因此，应对全球气候变化问题需要通过多个层面的多种平台来解决。随着中国排放量的增加，谈判越晚，对中国越不利，中国应当积极促进全球气候变化的谈判。中国可以通过上海合作组织、亚太经合组织等平台积极推动全球气候变化问题的谈判进程，与美国、欧盟、俄罗斯、日本等排放大国先达成排放共识，最终再在联合国层面上进行国际谈判，合作要更容易达成一些。北京、上海等城市也可以通过参与城市间的合作来减缓全球变暖。

附　录

国家能源局　2009年能源经济形势及2010年展望

张国宝　转变发展方式　调整能源结构　为促进经济平稳较快发展提供能源保障

2009年能源经济形势及2010年展望

国家能源局

刚刚过去的2009年，是新世纪以来我国经济发展最为困难的一年。党中央、国务院审时度势、科学决策，实施了应对国际金融危机、扩大内需的一揽子计划，较快扭转了经济增速明显下滑的局面，实现了国民经济总体回升向好。能源行业化危为机，在困难中前行，抓住全球能源需求放缓的有利时机，加大结构调整力度，加快推进发展方式转变，努力提升行业整体素质；把握国际能源资源价格下跌的难得机遇，创新模式加强能源国际互利合作；紧紧围绕构建稳定经济清洁安全的能源供应体系，团结奋进，开拓进取，能源运行总体平稳，有力地支持了国民经济的平稳较快发展。

一、2009年能源经济的总体情况

2009年全国原煤产量29.6亿吨，比上年增长12.7%。全年发电量36506亿千瓦时，增长7%；全社会用电量36430亿千瓦时，增长5.96%。原油产量1.89亿吨，大体持平，下降0.4%；原油净进口1.99亿吨，增长13.6%。天然气产量829.9亿立方米，增长7.7%；煤层气（瓦斯）抽采量达到71.8亿立方米，利用量23.5亿立方米，分别增长23.8%和36.6%。

（一）全年能源运行前低后高，总体平稳

2009年宏观经济持续向好，能源需求逐步回升，呈现“前低后高”走势。年初国内外市场需求萎缩，能源运行低迷。二季度开始，宏观经济止跌企稳，能源需求逐渐回暖，煤炭、电力、石油消费结束了持续下滑的势头。上半年国内能源供应总体较为宽松，价格平稳。三季度，随着大规模基础设施建设和房地产开发项目的施工，企业开工率明显回升，加之夏季降温负荷高，能源消费转旺。进入四季度，钢铁、建材、化工和有色等行业快速恢复，拉动能源需求快速增长。入冬后，全国大部分地区长时间遭遇极端低温天气，居民取暖用能迅速攀升，华中、华东地区天然气、煤炭先后出现供应紧张。总体上看，下半年能源消费趋于活跃，全国能源供需总体仍保持平衡，部分地区、部分时段、部分能源品种出现供应紧张。

（二）积极转变能源发展方式，结构调整力度加大

1. 煤炭主产省企业兼并重组、资源整合工作有序推进

至2009年年底，山西省重组整合企业正式签订协议率达98%，主体接管到位率达94%。煤矿复工复产、改造建设、矿井关闭工作全面展开，“多、小、散、低”的产业格局发生根本转变。

（1）产业水平明显提升。矿井数由2598处压减到1053处，办矿企业由2200多家减少到130家。30万吨／年以下的小煤矿全部淘汰，平均单井规模由36万吨／年提高到100万吨／年以上，保留矿井将全部实现机械化开采。

（2）产业集中度明显提高。形成4个年生产能力亿吨级的特大型煤炭集团，3个5000万吨级、11个1000万吨级以上的大型煤炭企业集团。

（3）办矿机制明显优化。形成了以股份制为主要形式，国有、民营并存的办矿格局。其中，国有企业办矿占20%，民营企业占30%，股份制企业占50%。

（4）安全保障能力明显增强。整合后的保留矿井将建成安全质量标准化矿井，实现安全生产状况持续稳定好转。

（5）可持续发展能力明显增强。全省煤炭资源回收率和循环利用率、原煤洗选加工率、主要污染源治理达标率、煤层气（瓦斯）抽采和利用量都将得到显著提高。贵州省通

过国有大矿托管、兼并、收购等形式整合小煤矿，河南省推进现有国有重点煤矿强强联合。2009年全国累计关闭小煤矿1000个，煤矿个数下降到1.5万个。

2. 电力结构继续优化

（1）火电比重下降，可再生能源比重上升。至2009年年底，全国火电装机容量6.52亿千瓦，比上年增长8.2%，约占全国电力总装机容量的74.6%，较2008年年底下降1.5个百分点；水电装机容量1.97亿千瓦，增长14%，约占22.5%，较2008年年底上升0.74个百分点；风电装机容量突破2000万千瓦，光伏发电超过20万千瓦。

（2）火电建设继续向高参数、大容量、环保型机组发展。至2009年年底，全国单机容量30万千瓦及以上火电机组比重达64.6%，比2005年年底提高21个百分点。全国在运百万千瓦超超临界机组21台，在建12台。

（3）核电建设步伐加快。目前，全国在建核电机组20台，为全世界在建机组最多的国家，在建规模2192万千瓦。

（4）积极推进风电规模化发展。内蒙古自治区风电突破500万千瓦，我国第一座千万千瓦级风电示范基地——甘肃酒泉风电基地和国内第一个兆瓦级太阳能光伏发电示范项目——甘肃敦煌太阳能光伏电站开工建设。

（三）创新模式加大能源国际合作力度，努力实现互利双赢

2009年，我国分别与俄罗斯、巴西、委内瑞拉、哈萨克斯坦、土库曼斯坦等国签订总计600多亿美元的贷款换石油协议，每年可获得约7500万吨进口原油保障，约为2008年进口原油总量的42%。中俄原油管道俄方境内段和我国境内段工程均已开工，2010年年底投产。中亚天然气管道单线建成投产，中哈原油管道二期开工建设。中缅油气管道项目政府间协议已经签署，将建设通往云南昆明的油气管道。与我国周边国家修建油气管道，不仅为我国提供了稳定的能源资源，也为过境国创造了大量就业机会，带动沿线地区装备制造业、机械加工业以及服务业的发展，有利地促进了当地经济发展。

（四）依托重大工程开展科技创新，能源装备自主化成绩显著

国家把重大能源装备自主化作为提升我国能源产业素质和竞争力的重要环节，依托重

大工程重点推进天然气长输管线、大型LNG成套技术和重型燃气轮机装备自主化。2009年三代核电超大型锻件、主管道、安全壳等关键设备自主化研制取得重大突破。国产1.5兆瓦风机已成为主力机型，亚洲首台3兆瓦海上风机成功并网发电。海上钻井平台、海洋工程设备、LNG运输船自主化水平大大提升，百万千瓦超超临界、空冷和循环流化床发电机组达到国际先进水平，建成世界上第一条±800千伏特高压直流输电线路和1000千伏特高压交流输电示范工程。2009年电站成套设备出口1800万千瓦。

二、2009年主要能源行业发展特点

2009年，在宏观经济复苏带动下，煤、电、油气行业发展呈现出不同的特点。

（一）煤炭供应前松后紧，我国从传统的煤炭出口国转为进口国

2009年煤炭经济总体保持了平稳运行的态势，煤炭产销稳定增长，需求经历了缓慢回升到加速增长的明显变化。上半年受需求疲软影响，煤炭供应总体宽松，价格平稳；下半年在宏观经济持续回暖带动下，主要用煤行业需求快速回升。前三季度，全国煤炭日均消费量环比分别增长8.2%、4.1%和5.3%，同比增长-1.9%、0.2%和11%。进入四季度，电力、钢铁、冶金等主要用煤行业加速增长，煤炭需求超过预期，煤炭供应从相对宽松、供需基本平衡转为紧平衡，部分地区、个别煤种供应偏紧。主产地煤炭坑口价、重点集散地动力煤市场交易价以及主要消费地煤炭交易价格普遍上涨，年末秦皇岛港山西优混（5500大卡）煤炭价格比7月上涨了近40%。2009年秦皇岛港煤炭平仓价变化趋势（山西优混5500大卡）见图1。

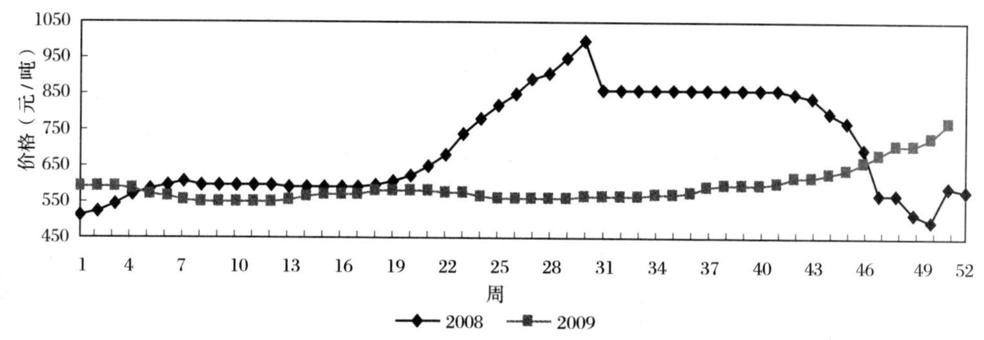

图1 2009年秦皇岛港煤炭平仓价变化趋势（山西优混5500大卡）

2009年累计进口煤1.26亿吨，比上年增长211.9%；出口煤2240万吨，下降50.7%；全年净进口1.03亿吨，第一次成为煤炭净进口国。煤炭进口大幅增长的主要原因是：受金融危机影响，2009年以来日本、韩国和菲律宾等亚太主要煤炭消费国需求锐减，国际煤炭价格及航运费大幅下跌，南方沿海电厂购买国际煤炭的成本低于从国内购买；我国经济率先恢复，煤炭需求稳步增长，价格从下半年开始持续上扬；从2007年开始，我国取消了煤炭等资源性产品的出口退税等。煤炭进口大幅增长，标志着我国煤炭供需已深度参与国际市场平衡。

（二）全国用电市场稳步恢复，产业素质显著提升

2009年全国发、用电增速稳步回升，全年发电量增速比上年提高1.28个百分点，全社会用电量增幅提高0.47个百分点，各季度用电量同比增幅分别为-4.02%、-0.59%、7.97%和20.72%，总体呈现逐步回暖、加速增长的态势。6月月度用电量增速结束了8个月来的负增长，8月累计用电量增速年内首次转正，12月全社会用电量达到历史最高水平。2008~2009年全国月度发电量见图2。

2009年一、三产业和城乡居民生活用电受金融危机影响较小，比上年分别增长7.9%、12.1%和11.9%，均超过全社会用电增速；第二产业用电量增长4.2%，低于其他行业用电增幅。主要用电行业中，建材行业从3月开始最早实现正增长，化工行业7月恢复正增长后持续好转，黑色金属冶炼行业在四季度带动全社会用电量高速增长，有色金属行业用电下滑幅

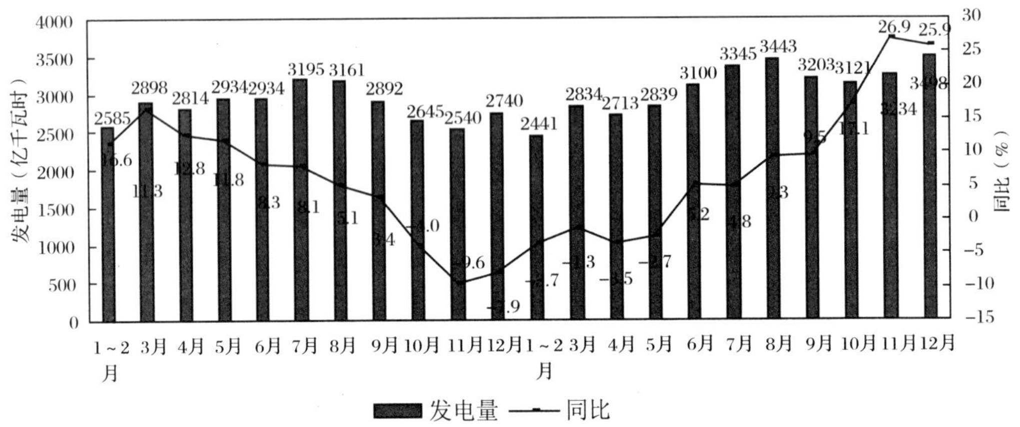

图2　2008~2009年全国月度发电量

度最大，但在12月末累计实现了正增长。工业增长是拉动电力需求的主要因素，2009年轻工业用电受金融危机影响小、恢复早，但增速较慢，重工业用电受影响深、恢复晚，但增长迅速。在经济走出增速低谷的背景下重工业增速快于轻工业，预示着用电量增长具有一定持续性。

受全社会用电需求持续回升带动，月度发电设备利用小时逐步恢复到常年水平。全年发电设备利用小时累计为4527小时，比上年下降121小时，降幅减小251小时。分季度看，一、二、三季度发电设备利用小时分别比上年同期低151、114、18小时，降幅明显缩小，而四季度比上年同期高出130小时。12月，全国火电设备利用小时为462小时，高出上年同期59小时，比居于高峰的2007年同期仅低19小时，已恢复至常年水平。

至2009年年底，全国累计关停小火电机组6006万千瓦，提前一年半实现“十一五”关停5000万千瓦的任务，每年可节约原煤6900万吨，减少二氧化硫排放约120万吨，减少二氧化碳排放1.39亿吨。为鼓励淘汰小火电，国家累计核准清洁、高效、环保的“上大压小”项目6552万千瓦，另有4260万千瓦开展了前期工作。全国燃煤火电机组平均供电标准煤耗由2005年年底的每千瓦时370克，降至目前的342克，累计降低28克。2006年年至今，由于燃煤火电机组煤耗降低、能效提高，全国累计节约原煤约2.1亿吨。南方电网区域内五省节能发电调度试点积极推进，两年来累计减排二氧化碳1850万吨、二氧化硫10万吨。

（三）成品油市场供大于求，天然气保供能力增强

2009年年初石油石化行业市场需求萎缩，价格大幅下滑，炼厂开工率一度降至70%，成品油库存居高不下。二季度以后，随着一系列扩大内需政策效应逐步显现，石油石化产品需求逐渐恢复、价格回升。进入四季度，国内成品油需求趋于活跃。10月成品油表观消费量创年内最高，达1926万吨，同比增长13%。11、12月成品油表观消费量同比均为正增长，全年表观消费量为2.07亿吨，同比增长1.4%。

随着2009年国内重点炼化项目的顺利实施，新疆独山子石化千万吨炼油百万吨乙烯装置建成投产，广西石化千万吨炼油主体装置基本建成，四川炼化一体化工程开工建设，中海油惠州炼油装置顺利投产等，全年新增炼油能力近4000万吨。执行新的成品油价格机制以来，炼油企业生产积极性高涨，地方炼厂加工负荷提高，市场上非标、替代等隐性资源增

加。相对于缓慢恢复的市场需求，国内成品油市场总体呈供大于求态势。

2009年国内油气骨干管网建设稳步推进。主要有：兰郑长成品油管道兰郑段建成投产，西气东输、陕京二线增输工程等建成投用。核准了涩宁兰复线、安阳—洛阳管道等项目。至2009年年底，国内天然气管道里程达到3.4万公里，比上年增加1800公里。LNG项目取得新进展。江苏、大连LNG项目开工建设，核准浙江LNG项目，山东和海南LNG项目已开展前期工作。

三、近期能源运行新情况与应对措施

2009年冬季，我国遭遇罕见的强冷空气袭击，部分地区出现阶段性能源供应紧张现象。11月中旬，华中、华东等地陆续出现天然气供应紧张；12月下旬，湖北、湖南、江西等地电煤告急，部分城市甚至出现拉闸限电现象。分析原因，一是入冬以来，长江中下游地区来水较常年偏枯三至六成，华中地区水电出力明显不足，火力发电大幅上升，电煤需求迅速攀升。二是进入四季度，宏观经济加速回升，全国发、用电量大幅增长，其中，火电量11、12月环比分别增长7.7%和9.8%。12月全国直供电厂日均耗煤246.2万吨，达到历史最高水平，同比增长34.2%；库存2147万吨，可耗用8天。三是华中、华东地区煤炭资源匮乏，绝大部分需从省外调入，由于上半年煤价一直平稳，电力企业维持较低库存运行，而铁路运力短期内无法大幅提升。四是11、12月低温雨雪天气袭击全国大部分地区，居民取暖用能迅速攀升。

为缓解上述地区用煤、用气紧张状况，国家能源局紧急采取措施，协调有关地方和能源企业，从源头上抓起，加强需求侧管理，努力保障地方经济发展和人民生活需要。

（1）组织协调跨区送电。主要是：通过灵宝背靠背直流工程，从陕西向河南送电111万千瓦；经宝鸡—德阳直流输电线路，从陕西向四川送电100万千瓦；利用晋东南—荆门1000千伏特高压交流试验示范线路，送电湖北200万千瓦。上述三个通道，合计支援华中电网约400万千瓦电力。为解决西藏电网缺电问题，国家能源局组织实施援建西藏应急燃油机组工程，总装机容量10万千瓦。

（2）组织增加煤炭市场供应。第一，指导煤矿企业合理组织生产。全国煤炭产量从7

月份开始逐月增加，11月份达到2.9亿吨，同比增长26.3%。第二，积极协调主要产煤省和煤炭企业增加对缺煤省份的煤炭供应。湖北出现拉闸限电后，国家能源局迅速与有关地方能源行业管理部门沟通，加大煤电双方衔接力度。

（3）加大煤层气抽采及供应。一方面，积极指导晋城煤业集团、中联煤层气、中石油煤层气公司加大煤层气抽采量，提高输送能力，日抽采煤层气突破400万立方米，比最低时增加25%，保障河南、山西等地民用燃气和工业用气。另一方面，将煤层气液化成LNG（日供150吨左右），向江苏、浙江、河南等地输送。

（4）紧急协调增供天然气。第一，紧急进口LNG现货增加供应。协调中石油、中海油、上海申能集团等单位，利用上海LNG项目富余接收能力紧急采购一船LNG 现货供应上海市，将原供应上海的部分气量转供西气东输沿线其他省市。12月16~31日，西气东输管道实际减供上海气量2400万立方米（日均160万立方米），1月份全月还可减供 6200 万立方米（日均200万立方米）。中石油采购的第一船LNG现货已于1月2日抵达上海，总气量860万立方米。第二，协调中石油向武汉市增供。11月，武汉市天然气最低日用气需求急剧上升至210万立方米左右。经国家能源局协调，中石油临时调集气源，通过淮武线向武汉市增供部分天然气，目前日供气约220万立方米，基本可以满足城市民用。

（5）推动加快储气调峰设施建设。督促中石油、中石化加快现有地下储气库建设，已列入规划的储气库尽快开工；启动中原油田枯竭油气藏地下储气库前期工作；在东部用气负荷中心启动地下储气库选址工作；就建立城市 LNG 储气调峰体系与有关部门协商出台鼓励政策；组织编制天然气基础设施和市场运营管理条例，为解决供气安全问题提供法律保障。

四、2010年能源经济形势展望

2010年我国宏观经济有望保持较快增长势头。中央经济工作会议明确，将继续实施积极的财政政策和适度宽松的货币政策。中央应对金融危机一揽子计划中的投资项目大多数在2010年进入了大规模建设期，将带动全社会能源需求保持增长。我国正处于工业化、城镇化加速发展阶段，能源需求还有比较大的增长空间，将带动全社会能源生产稳步增长。但2010年我国经济发展面临的形势依然十分复杂。全球经济复苏基础仍不稳固，国际金融危机的影响仍然持续，石油等初级原材料产品价格振荡可能加剧，美元疲软态势持续。从国内环境看，我国经济中深层次矛盾特别是结构性矛盾仍然突出，经济增长内生动力不足，保持经济平稳较快发展、推动经济发展方式转变和经济结构调整难度增大，通货膨胀预期抬头等。2009年四季度以来，钢铁、建材以及化工等高载能重化工产品产量大幅回升，企业开工率显著提高，在通胀预期影响下，能源、原材料产品再库存化趋势明显，重工业快速反弹带来潜在的能源供给压力。

综上所述，预计2010年我国能源生产总量将继续保持增长态势，受基数和政策效应等因素影响，能源增速可能呈现典型的“前快后慢”特点。

1. 煤炭

预计煤炭供应偏紧的格局将持续到一季度末。随着产煤省煤炭生产趋于正常和山西产能释放，煤炭供应量相应提高，市场将逐步趋于平稳，但其他产煤省企业重组和资源整合进程将对国内煤炭市场产生一定影响。全年原煤产量预计增长5%左右。2010年全球经济逐步复苏拉动煤炭需求增加，国际煤炭价格将保持目前的上升势头，预计2010年我国煤炭进口增势将明显减缓。

2. 电力

综合考虑当前国内外经济形势、发展环境和国家转方式、调结构的要求，预计2010年全社会用电量将呈“前高后低”的发展态势，电力消费弹性为1左右，年底发电总装机容量约9.6亿千瓦，全年发电设备利用小时将在2009年基础上略有下降。

3. 油气

2010年国内成品油消费将呈恢复性增长。机动车仍然是成品油消费的主要推动力，汽车销量的增加将带动汽油消费继续增长，建筑施工用油、工矿企业及物流运输业的持续恢复将提升柴油需求，航空煤油在世界经济复苏和旅游业好转拉动下也将保持一定增长。但2010年全国将新增炼油能力2000万吨以上，加上地炼和社会资源，成品油市场总体仍将供大于求。预计全年成品油表观消费量将增长4%左右。

转变发展方式　调整能源结构 为促进经济平稳较快发展提供能源保障

国家发展和改革委员会副主任、国家能源局局长　张国宝

一、2009年的能源工作

2009年是新世纪以来我国经济发展最为困难的一年，也是全国能源行业应对国际金融危机，顽强拼搏，经受严峻考验的一年。一年来，能源行业认真贯彻落实党中央、国务院关于应对国际金融危机冲击的一揽子计划和政策措施，按照“保增长、扩内需、调结构”的要求，从危机中抢抓机遇。开工一批重大能源工程项目，加强能源基础设施建设，拉动经济增长；大力推进能源结构调整，坚持“上大压小”，淘汰落后产能，积极发展可再生能源和核能；加强能源国际对话与交流，开展能源资源互利合作和战略油气通道建设；提高能源科技自主创新能力，重要关键技术和重大能源装备自主研发又有新的进步；能源行业管理工作得到加强，企业经济效益得到改善，行业凝聚力、向心力进一步提高。国家能源局、各省（区、市）能源主管部门和广大能源企业，经受住了国际金融危机的严峻考验，为保持经济平稳较快发展作出了积极贡献。

过去一年的能源工作，可以概括为以下几个方面：

（一）开工重大能源项目，着力拉动内需增长

为应对国际金融危机带来的严峻冲击，按照“出手快、出拳重、措施准、工作实”的要求，加大了能源领域投资力度，陆续开工一批重大能源项目。

在2008年核准四个核电项目14台机组的基础上，2009年又核准三门、海阳、台山三个核电项目6台机组。目前在建百万千瓦的核电机组共19台，按照每千瓦机组造价1.2万元计算，直接投资在2500亿元以上。开工建设西气东输二线东段工程，全长5300公里，带动相关投资3000亿元以上。启动国家石油储备二期项目建设。加强大型煤炭基地建设，呼伦贝尔煤电基地、宁东煤电化基地全面开工。加强农村电力建设，安排中央预算资金117亿元，带动社会资金400多亿元。加强少数民族地区能源建设，新疆昌吉热电厂、哈密至乌鲁木齐750千伏输变电线路、西藏10万千瓦柴油发电机组等能源项目先后开工。1～11月，全国电力、煤炭、石油行业固定资产投资共14130亿元，比上年增长17%。能源投资拉动内需作用明显。

（二）能源结构调整取得积极成效，淘汰落后产能取得重大进展

1. 继续推进电力工业“上大压小”

（1）关停小火电成绩突出。截至2009年年底，全国累计关停6006万千瓦，提前一年半实现了“十一五”关停5000万千瓦小火电机组的任务，每年可节约原煤6900万吨，减少二氧化碳排放1.39亿吨。

（2）火电建设节奏明显放缓。2009年火电投资比重大幅缩减到电源投资的42%，比上年下降7个百分点。

（3）电力结构进一步优化。在役火电机组中，60万千瓦以上机组占到33.4%，30万千瓦以上机组占到67.6%，分别比上年提高2.1个百分点和 2.4个百分点。全国燃煤电厂每千瓦时供电标准煤耗342克，同比下降6克。

2. 加大煤炭资源整合力度

（1）继续推进大型煤炭基地建设。核准山西高家庄、陕西三道沟等7个煤矿项目，总规模3900万吨；同意20个煤矿项目开展前期工作，总规模3800万吨。

（2）加快煤矿企业兼并重组。山西省提出到2010年年底，全省煤炭企业将由2000多家减少到100家，矿井个数由2600处减少到1000处，年产30万吨以下的矿井一律淘汰关闭。2009年，预计全国关闭小煤矿1000个，煤矿个数下降到1.5万个。

3. 加快天然气发展

1～11月，天然气产量、消费量分别比上年增长8%和11%，天然气在一次能源消费中的比重占3.95%，比上年提高了0.18个百分点。

（1）加快国内天然气管道工程建设。国内天然气管道里程达到3.4万公里，比上年增加1800公里。

（2）推进LNG项目建设。核准浙江LNG项目，山东和海南LNG项目开展前期工作。

（3）境外天然气资源引进和管道建设取得进展。2009年12月14日，中亚天然气管道和西气东输二线工程西段建成投运，土库曼斯坦天然气陆续送达我国北京、天津、河北、山东、山西、陕西6个省市，沿线近5000万人口可以使用上境外天然气。

（4）加快煤层气开发利用。煤层气抽采利用达到26亿立方米，比上年增长45%。

4. 加快核电建设步伐

近年来，新开工建设核电站8个，核准规模3140万千瓦，在建核电规模2067万千瓦，占世界在建核电机组的30%以上，我国成为世界在建核电规模最大的国家。推进核电自主化，三代核电自主化依托项目、世界首批AP1000机组，已于2009年4月在浙江三门、9月在山东海阳动工。加强核电安全管理，已投运核电机组安全运行业绩高于世界平均水平。

5. 大力发展可再生能源

1～11月，全国新增发电装机中水电、风电占29.35%，比上年提高了3个百分点。

（1）一批大型水电项目建成投产。预计2009年新增水电装机容量1700万千瓦，累计水电装机容量达到1.9亿千瓦。

（2）风电规模化发展。启动建设第一个千万千瓦级风电基地——甘肃酒泉风电基地，大规模风电并网送出工程同步建设。预计全年风电装机容量将突破2000万千瓦，新增装机容量800万千瓦，在建规模1000万千瓦。

（3）建设大型太阳能光伏发电示范项目。国内第一个兆瓦级大型太阳能光伏发电示范项目——甘肃敦煌太阳能光伏电站公开招标，确定了1.09元/千瓦时的招标上网电价。

（三）能源国际互利合作取得重大成果

2009年以来，我国分别与俄罗斯等国家签订了能源合作协议，与哈萨克斯坦等能源资源国开展了勘探开发、管道建设、工程服务等互利合作。中俄原油管道项目俄境内段工程和我国境内段工程均已开工，计划2010年年底投产；中亚天然气管道单线已经投产，预计2010年双线贯通；中哈原油管道二期项目开工建设。国家石油储备一期项目4个基地陆续建成投运，有效增强了我国能源安全保障能力。

积极开展双边、多边国际能源对话交流。开展中美战略与经济对话、中美能源政策对话和油气工业论坛，举办中美清洁能源圆桌会议，推进中美能源务实合作。成功组织2009年全球核能合作伙伴（GNEP）部长级会议，参加第三届亚洲能源生产国和消费国部长级圆桌会议、第六次东盟+3能源部长会议、八国集团+5能源部长会议、首届亚欧能源部长会议等一系列高级别国际交流活动，在国际能源事务中的影响力明显提升。

（四）能源科技工作得到加强，重大装备国产化工作取得可喜成就

1. 能源科技工作得到加强

抓好“大型油气田及煤层气开发”、“大型先进压水堆和高温气冷堆核电站”两个国家重大科技专项，编制完成项目工作实施方案。开展国内能源科技成果普查，组织编制《能源科技发展指南》。建立国家级能源科技成果鉴定评价机制，确定首批16家国家级能源研发实验中心。建立国家能源行业标准体系（NB），颁布首批116项能源行业标准。

2. 推进能源装备国产化

依托重大工程，重点推进天然气长输管线、大型LNG成套技术和重型燃气轮机装备自主化。重点支持核电、风电装备优势企业发展。推进三代核电装备自主化，国产1.5兆瓦风机已成为主力机型，亚洲首台3兆瓦海上风机成功并网发电。首台百万吨乙烯裂解气压缩机研制成功，乙烯“三机”国产化研制首战告捷。海上钻井平台、海洋工程设备、LNG运输船自主化水平大大提升，百万千瓦超超临界、空冷和循环流化床发电机组达到了国际先进水平，建成世界上第一条±800千伏特高压直流输电线路和1000千伏特高压交流输电示范工程。

（五）能源行业管理体制进一步完善，体制机制改革继续深化

云南、吉林、浙江、江西、河南、河北、安徽、江苏、广东等省先后组建能源局，增强了地方能源行业管理力量。

国家能源局坚持转变职能，将工作重点逐步转变到制定实施能源战略、规划、法规和政策上来，谋划重大战略布局。着手拟定《国家能源发展中长期规划纲要》。组织编制《新兴能源产业发展规划》。全面启动了“十二五”能源规划编制工作。

能源体制改革取得了进展。有关部门出台实施了成品油价税费改革方案，使国内成品油价格能够反映国际市场价格变动。完善风电价格形成机制，依据风电资源状况，实行不同的区域标杆电价，使风电价格比较真实地反映了开发成本，继续推进电力体制改革。

（六）广大能源企业苦练内功，经受住了金融危机的严峻考验

金融危机发生后，能源企业生产经营面临很大困难。面对严峻的挑战，广大能源企业把应对国际金融危机，作为深入学习实践科学发展观活动最大的实践，变经营压力为发展动力。中石油集团曾经一度成品油库涨库，油田减产，通过科学组织油气生产，加强生产优化和对标管理，强化了成本费用控制。中石化集团努力开拓市场，强化产销衔接，开展精细管理。国家电网公司顾全大局，努力降本增效，承担消化了每度电两分钱的上网电价涨价因素。发电公司从增发电量和控制发电成本两方面狠抓增收节支，消化煤价上涨因素。中核集团通过债务重组大幅降低财务成本。国核技公司加强国际合作项目汇率风险评估与防范。广大石油、煤炭、电力企业，在逆境中保持了生产经营的稳定，企业素质得到提高，行业效益有所好转，实属不易。

二、当前的能源形势

当前我国已经有效遏制住了经济明显下滑态势，在国际上率先实现经济形势总体向好。能源发展存在着不少有利因素。

（1）宏观经济走势逐步向好，能源需求回升、行业效益好转。2009年，我国能源供

求经历了从低迷到回稳的过程。一季度受工业生产增速快速回落影响，电力、煤炭、成品油需求出现负增长，能源生产增速大幅回落，企业生产经营困难。二季度以来，在国家出台的应对国际金融危机的一揽子计划拉动下，煤炭需求逐季回暖，电力、成品油需求降幅收窄，国内能源生产企稳回升。进入11月，电力需求加速回升，当月发电量达到3234亿千瓦时，超过7、8月迎峰度夏时水平；煤炭需求呈上升趋势，局部地区电煤供应紧张。总体上看，2010年宏观经济走势将继续保持目前的回稳势头，进一步带动全社会能源生产消费的稳步增长，能源行业效益将会在2009年有所好转的基础上继续向好。

（2）国内能源供求总体上将保持相对宽松的局面，仍然是推进能源结构调整的有利时机。当前，能源需求出现积极回升态势，但新增生产能力不断投入，这种情况，仍有利于继续推动电力工业“上大压小”，关停小火电机组；继续加大煤炭资源整合力度，关停整顿小煤矿。

（3）国际能源需求回升缓慢，仍然有进一步扩大利用海外能源资源。发达国家能源需求增长缓慢，国际能源资源价格上涨的动力不足，天然气等一些能源产品处于供大于求的状况，一些大的能源资源国仍存在与我加强能源合作的意愿。总体上看，2010年仍然存在着我们扩大能源国际合作的重要机遇。

（4）国家大力转变经济发展方式，将为培育战略性新兴能源产业创造良好条件。国家确定在新能源等领域，选择具备突破条件的关键技术作为主攻方向，并制定相应的政策措施。我们要抓住这个机遇，加快新能源技术研发，以新的能源科技引领我国能源产业发展。

（5）从中长期看，我国正处于工业化、城镇化加速发展的历史阶段，能源需求还有比较大的增长空间。我国人均能源消费水平还很低，中西部许多地区的用能条件还很差。农村电网虽然经过了一轮改造，但仍显落后，农村用电水平低。全面建设小康社会，提高人民生活水平，改变广大农村地区农民用能条件，这些都决定着我国能源需求在较长时期内仍将保持增长态势。

但同时，在能源发展中也面临着一些突出矛盾和挑战。

（1）应对气候变化和保护环境的压力越来越大。我国能源结构以煤为主。这种能源结构在较长时期内不会很快扭转。实现到2020年单位GDP二氧化碳减排目标和非化石能源占一次能源消费比重达到15%左右的目标，难度和压力很大。

（2）能源资源约束矛盾仍将长期存在。我国能源资源总体上比较丰富，但人均资源占有量远低于世界平均水平。煤炭只有世界人均水平60%左右，石油、天然气只有世界人均水平7%左右，而且优质能源不足。

（3）能源发展方式转变依然滞后。这些年来，我们主要依靠增加煤炭产量、增加石油进口，来满足经济较快发展对能源不断增长的需求。无论是发展风电，还是核电，都存在“跑马圈风”、“跑马圈核”的现象。煤矿“小、散、乱、差”的现象依然严重。多晶硅产能迅猛增长，风电设备企业遍地开花。各地攀比争上火电项目，不是从市场、资源、布局和环境出发，增加GDP、财政收入实际成为建设电厂的最主要内在动因。这些现象的产生，存在着极其复杂的体制机制因素，转变能源发展方式道路漫长。

（4）能源应急保障能力亟待提高。汶川特大地震和雨雪冰冻灾害都证明，一旦发生严重自然灾害，电网受损首当其冲。美国加州、莫斯科和巴西发生的大面积停电事故提醒我们，电网安全运行隐患丝毫不容忽视。天然气消费规模不断扩大，需求旺盛，储备和调峰能力建设远远没有跟上。

三、2010年能源工作的总体要求和主要任务

2010年是“十一五”规划的最后一年，做好各项能源工作，对巩固经济回升向好势头、保持经济平稳较快发展、应对全球气候变化挑战、为“十二五”规划启动实施奠定良好基础，具有十分重要的意义。能源工作的总体思路是：全面贯彻党的十七大和十七届三中、四中全会精神，以邓小平理论和“三个代表”重要思想为指导，深入贯彻落实科学发展观，认真落实中央经济工作会议和全国发展和改革工作会议精神，进一步转变发展方式、调整能源结构，继续扩大能源国际合作、利用好两种资源，加快能源科技装备进步、提高自主创新能力，加强农村能源建设、统筹能源发展和改善民生，推动体制机制改革、增强能源可持续发展的动力，构筑稳定经济清洁安全的能源供应体系，为促进经济平稳较快发展提供坚实的能源保障。

2010年我国能源发展的主要预期目标是：一次能源生产总量约28.5亿吨标准煤，比上年增长3.6%。争取非化石能源占一次能源消费比重比上年提高0.5个百分点左右。

贯彻落实以上总体要求，要扎扎实实抓好以下十个方面的工作。

（一）加强能源战略规划研究和编制工作

国务院决定，到2020年我国单位国内生产总值二氧化碳排放比2005年下降40%～45%，非化石能源占一次能源消费的比重达到15%左右。根据现有的资源禀赋、经济结构和能源需求增长态势，实现上述目标，难度还是非常大的。必须立即着手，抓紧编制能源总体规划，全方位系统地研究实现这一目标的路径、举措和政策，有计划、有步骤地实施和推进，确保2020年能够完成这一艰巨任务。

1. 编制2020年能源发展总体规划

根据初步分析判断，实现非化石能源占一次能源消费总量15%左右的目标，到2020年我国水电装机要达到3亿千瓦以上，核电投运装机容量达到6000万～7000万千瓦以上，风电、太阳能及其他可再生能源利用量达到1.5亿吨标准煤以上。如果能源消费总量增长过快，水电、核电、风电及太阳能的发展力度还要更大，否则不可能实现这一目标。要加强战略性能源重大问题研究，为编制能源发展中长期规划打下坚实的基础。

2. 编制“十二五”能源发展规划

目前，“十二五”能源发展规划编制工作已经启动，2010年内要基本完成编制任务。“十二五”能源发展规划，不仅包括总体规划，还包括煤炭、石油、天然气、电力、可再生能源、炼油及煤制燃料等多部专项规划，以及重点区域能源规划，各省和大型能源企业也要根据实际情况编制规划。

（二）继续推进电力工业结构调整

当前，我国电源结构仍以火电为主。为保护环境、应对气候变化、实现可持续发展，电力工业面临着十分艰巨的结构调整任务。我们要在科学预测经济发展对电力需求的基础上，合理确定电力建设规模，留足可再生能源电力和核电发展的空间，合理把握火电核准规模和建设节奏。

1. 继续推进“上大压小”

“上大压小”是淘汰落后与优化结构的有机结合，这几年的实践证明是行之有效的办法。目前20万千瓦以下的纯凝火电机组还有8000万千瓦。要继续推进“上大压小”，扩大关停范围，鼓励跨地区替代。对符合“上大压小”条件的，要优先核准。2010年计划关停小火电机组1000万千瓦。

2. 积极发展热电联产

在充分考虑电力平衡和落实热负荷的基础上，支持北方大中城市建设集中供热的热电机组，鼓励工业园区建设背压供热机组，优先安排以“上大压小”方式建设的热电项目。制定热电联产发展规划，明确热电项目的核准要求。

3. 稳步推进大型煤电基地建设

在市场落实、水资源保证、输电走廊具备、环境容量容许的煤炭资源富集地区，规划和建设煤电基地，鼓励发展煤电联营坑口电站。在大城市和沿海地区原则上不再布局新的纯燃煤电站。根据天然气资源条件，在特大城市和大城市等负荷中心，适度布局和有序开工建设一批调峰机组，改善城市空气质量。

4. 加快电网建设

继续增强“西电东送”三大通道输送能力。结合可再生能源并网技术标准的研究制定，解决好酒泉等大型风电基地配套送出工程。加大城乡配电网建设改造力度，努力解决供电“卡脖子”问题，提高农村电网覆盖面。中央经济工作会议提出要启动新一轮农网改造，我们对此要加紧部署。做好特高压交流试验示范工程的竣工验收工作，开展智能电网研究与试点。

（三）加快转变煤炭工业发展方式

1. 推进大型煤炭基地建设

继续建设13个大型煤炭基地，批复一批大型煤炭矿区总体规划。鼓励和支持基地内有实力的大型煤炭企业联合、收购、兼并或重组中小煤炭企业。按照“上大关小、产能置换、优化结构”的原则，有序核准大型煤矿项目。

2. 加快煤炭企业兼并重组

抓住当前煤炭供求关系相对宽松的有利时机，加快推进煤炭资源整合。尽快出台《关于加快煤矿企业兼并重组的意见》，加大对煤炭资源整合的政策支持力度。通过几年坚持不懈的努力，使煤炭工业“小、散、乱、差”的局面得到改变。

3. 继续加大煤矿瓦斯防治和煤层气抽采利用工作

加大煤矿安全改造投入。加强瓦斯突出机理、低渗透性煤矿瓦斯抽采等关键技术研究，鼓励煤层气抽采利用。加快沁水盆地和鄂尔多斯盆地东缘煤层气勘探开发，建好晋城、两淮、松藻等6个矿区煤层气抽采示范工程，推广低浓度瓦斯发电。

4. 稳妥发展煤制燃料产业

近年来，国内煤制燃料产业出现了加快发展的趋势。当前要认真总结神华集团煤直接液化、伊泰集团和潞安集团煤间接液化项目的经验，完善煤制油技术。依托示范项目，推进甲烷化等关键技术和装备的国产化。

（四）加快石油、天然气工业发展

目前，我国石油、天然气消费比重在一次能源消费总量中仅为23%，与全世界59.4%的平均水平差距较大。同等热值的石油、天然气燃烧排放的二氧化碳分别比煤炭减少22%、41%。提高石油、天然气的消费比重，有利于改善能源结构、减少二氧化碳排放。

1. 确保石油供应稳定增长

加大国内石油资源勘探开发，稳定东部老油田产量，加快西部油气区上产，提高海域油气田产量。适度利用境外石油资源。

2. 加快天然气开发利用

（1）加大中西部地区主力气田开发建设，大力开发海上天然气资源，保持国内天然气产量快速增长。

（2）利用境外天然气资源，推进珠海等LNG项目建设。

（3）重视页岩气、煤层气、煤制天然气等非常规天然气资源的开发。

（4）加快国内天然气管道建设。做好西气东输二线、川气东送天然气管道等在建项目建设。

（5）加强天然气调峰能力建设。针对天然气消费的季节特点，加快布局和建设一批天然气储气库，增强冬季用气高峰时段的调峰能力。

（6）加强天然气消费管理。优先保证居民生活用天然气消费增长，控制工业用天然气项目过快增长。

3. 推进大型炼化基地建设

继续推进中委合资揭阳2000万吨/年超重油加工项目、中科合资广东1500万吨/年炼油项目和中俄天津1000万吨/年炼油项目，形成以东部为主、中西部为辅的炼化格局。

（五）大力发展可再生能源和核能

1. 合理开发水电

应对气候变化，水电是最值得大力开发利用的清洁能源。影响我国水电开发的瓶颈制约，主要是移民和环保问题。推进水电开发，必须要转变水电开发思路，把水电开发与帮助移民脱贫致富、促进地方经济发展有机结合起来。继续抓好溪洛渡、向家坝、锦屏一二级、瀑布沟等在建大型水电站的建设工作，处理好金沙江中游、澜沧江流域水电站的前期及项目核准工作。

2. 积极推进核电建设

研究调整核电中长期发展规划，加快沿海核电发展，积极推进内陆核电项目。加强核电安全、质量管理，把握核电核准和建设节奏，使核电建设与现有的技术装备、专业人才、安全监管力量相适应。加强核电人才培养，推进核电重大关键装备国产化。

3. 促进风电规模化利用

加强风电开发规划管理，同步考虑电网配套建设和接入问题。制定风电开发管理办法，完善风电项目核准管理制度，严禁不按规划擅自核准和建设新的风电项目。完善财税政策，调动地方政府发展风电的积极性。支持优势风电设备企业发展。完善风电设备标准和检测体系，制定实施风电机组并网技术标准。开展电网对风电的接纳能力研究，通过改进电网调度水平、提高风电设备性能、发展储能技术、加强风能预测等途径，改善风电与电网的协调性。继续推进大型风电基地建设，特别是海上风电要开展起来，协调解决好内蒙古、甘肃酒泉、吉林白城、河北张家口的风电市场消纳和外送问题。

4. 开发利用太阳能

按照科学规划、适度发展的原则，启动太阳能发电内需市场。编制太阳能发电发展规划，制定电站建设和电网接入标准，电站建设和电网输送工程同时核准、同步施工、同时投运。研究出台光伏发电价格、财政、税收等扶持政策。加大太阳能发电技术研发。建设好甘肃敦煌10兆瓦光伏电站示范项目。在太阳能资源富集地区，组织建设一批大型太阳能电站。

5. 开发利用生物质能和其他可再生能源

开展沼气发电示范项目建设。规范生物质发电项目管理，运营好现有生物质发电站。推进非粮生物燃料乙醇试点，建设以木本植物为原料的生物柴油示范项目。在保护地下水资源的前提下，推广热泵等地热能高效利用技术。加强对潮汐能、波浪能等海洋能技术的跟踪和研发。

（六）开展国际能源资源平等互利合作

充分利用双边、多边能源合作机制，围绕能源安全、气候变化和技术资金等问题，继续加强与主要能源生产国和消费国的政策对话和交流。加强同能源资源国的务实合作，进一步扩大合作领域和范围，从以油气为主，拓展到煤炭、电力、可再生能源、重大能源装备等多个领域；从资源开发和项目投资合作，到帮助资源地人民增加收入、扩大就业、改善基础设施条件。

（七）推动能源行业科技装备进步和节能工作

1. 依托重大能源项目推进装备自主化

继续抓好大型LNG成套技术装备、天然气长输管线、海洋钻探装备自主化工作。重点推进先进核电、海上风电、海洋油气工程、大型煤炭综采和特高压直流输电装备的国产化。完成陆地大型风机、重型燃气轮机、抽水蓄能电站设备国产化工作。

2. 调动各方面力量加快推进能源科技进步

重点抓好大型油气田及煤层气开发、大型先进压水堆和高温气冷堆两个国家科技重大专项。依托行业骨干企业，设立一批国家级风能、太阳能、生物质能等新能源和可再生能源研发实验中心。实施《能源科技发展指南》，重点推进可再生能源和清洁能源关键技术研发。

3. 加强能源领域节能工作

推动和开展能源领域的节能工作，研究确定总体思路、工作重点和政策措施，选择好工作着力点。在电力、煤炭、石油行业开展节能和资源综合利用试点示范工作，推广节能技术和产品，建立节能考核制度。

（八）加强农村地区和少数民族地区能源建设

1. 加强农村能源建设

（1）改造和完善农村电网。继续安排国债资金加强农网改造，实施中西部地区农网完善工程，提高电网覆盖面和供电质量。落实农村电力建设资金渠道，建立健全农网投资的长效机制。

（2）加快无电地区电力建设。重点支持西藏、新疆、青海、云南、四川等无电人口集中的省区，因地制宜采用小型光伏电站、离网风电系统及微型水电，解决无电人口用电问题。

（3）开展农村清洁生活用能建设。支持农村公共设施和农民家庭安装使用太阳能热水器，支持发展农村生物质气化工程和生物质成型燃料项目，推进农村能源综合服务体系建设。

2. 加快少数民族地区能源建设

支持资源丰富的边疆地区加快电源建设，改善电网条件。在人口聚集、供热负荷集中的城市，优先核准建设热电联产项目。抓好新疆750千伏网架工程等重大能源项目建设，加快气化南疆、北疆的规划及管道建设。制定和实施西藏能源建设规划，解决好西藏电力当前和长远供应问题。积极推进青藏联网和甘新联网工程建设。在中西部地区合理布局大型煤炭油气资源转化项目，促进民族地区经济发展和人民生活水平提高。

（九）加强能源法制建设和重大问题研究

1. 进一步健全能源法律法规体系

《能源法》送审稿已上报国务院，要积极配合国务院法制办，做好修改和审议工作。配合全国人大常委会，做好《石油天然气管道保护法》的审议和《可再生能源法》的修订工作。积极推进《电力法》、《煤炭法》的修订。抓紧起草国家石油储备、天然气开发利用、核电管理、水电开发管理等法律法规。加强能源规章、规范性文件的制定工作，逐步把各项能源管理工作纳入法制化轨道。

2. 加强前瞻性、综合性、战略性能源问题研究

当前，能源发展中面临着一系列亟待解决的问题。要动员全行业力量，开展重大能源问题研究，建立能源政策研究支撑体系，组织优秀研究成果评奖，召开各种形式的研讨会、座谈会，活跃学术气氛。

（十）加强能源预测预警和应急保障能力建设

1. 加强能源预测预警工作

建立完善能源经济运行信息系统，加强日常监测和旬度、月度、季度分析。紧密跟踪世界能源发展动态，加强对国际能源形势的分析预测。建立健全能源预测预警机制，发现问题，及时提出对策建议，为科学决策提供准确依据。

2. 增强能源应急保障能力

扩大石油储备规模，全面开工建设国家石油储备二期项目。加快天然气储气库建设，强化天然气管网体系，做好应对冬季天然气供求紧张的各项准备。加强电网安全建设，提高安全意识和调度水平，防范大面积停电事故的发生；提高电网抗灾能力，加强应急物资和抢险设施储备，把严重自然灾害对电网造成的损失降到最低。建立完善应急保障机制，制定应急预案，加强应急演练。